企业会计处理与纳税申报真账实操

会计 出纳 做账 纳税·岗位实战宝典·

第六版

栾庆忠◎著

中国市场出版社
China Market Press
·北京·

图书在版编目（CIP）数据

企业会计处理与纳税申报真账实操/栾庆忠著．—6 版．—北京：中国市场出版社，2019.9（2021.1 重印）
ISBN 978-7-5092-1864-8

Ⅰ．①企… Ⅱ．①栾… Ⅲ．①企业管理-税收管理-中国 Ⅳ．①F812.423

中国版本图书馆 CIP 数据核字（2019）第 142795 号

企业会计处理与纳税申报真账实操（第六版）

QIYE KUAIJI CHULI YU NASHUI SHENBAO ZHENZHANG SHICAO

作　　者　栾庆忠
责任编辑　张　瑶（zhangyao9903@126.com）
出版发行　中国市场出版社 China Market Press
社　　址　北京月坛北小街 2 号院 3 号楼　**邮政编码**　100837
电　　话　编 辑 部（010）68032104　读者服务部（010）68022950
发 行 部（010）68021338　68020340　68053489
68024335　68033577　68033539
总 编 室（010）68020336
盗版举报（010）68020336
邮　　箱　474885818@qq.com
经　　销　新华书店
印　　刷　河北鑫兆源印刷有限公司
规　　格　185 mm×260 mm　16 开本　**版　　次**　2019 年 9 月第 6 版
印　　张　20.75　**印　　次**　2021 年 1 月第 2 次印刷
字　　数　322 千字　**定　　价**　60.00 元
书　　号　ISBN 978-7-5092-1864-8

总序

初衷

我遇到过许多刚刚走出大学校门的财税专业本科毕业的大学生，虽然在从事着一份会计工作，却连基本的会计分录、报表编制、纳税申报都做不好，缺乏实战经验，工作起来相当吃力，没有老会计指导很难胜任会计工作，只能拿着微薄的薪水，为快速改变现状而苦苦摸索。

会计新手如此，老会计也不容乐观。

我遇到过不少工作了多年的老会计，甚至是干了大半辈子的老会计。他们独立处理一家中小企业的账务可能不是问题，但是对税法知识知之甚少，对税收规定一知半解，对税务处理模棱两可，在处理涉税事项时深感力不从心。他们非常渴望提升自己的税务处理水平，却不知从何下手。有的财税人员买了不少书籍来充电，但总觉得多数图书理论有余而实操不足，对提高实际工作水平帮助不大。

作为一名注册会计师、注册税务师，一名在集团公司、会计师事务所、税务师事务所、税务咨询公司都工作过的财税工作者，我也在苦苦思索，思考着如何让财税人员在短时间之内提升财税业务水平。我想，若是能够把多年的实战经验整理归纳，写出极具实操性的真正适合财税人员的书，也许是一种不错的方式。

财税人员的需求就是我创作的动力和源泉，能够尽我所能为广大财税人员服务，将自己的财税实战经验与大家分享，提高广大财税人员的业务水平，真正降低企业财税风险，是我的一份责任，更是我多年的心愿。

几年前的某一天，中国市场出版社胡超平副总编的一个电话激发了我的灵感，于是种种思路相继在我的脑海里酝酿，并最终转化为一本本实用的财税图书，我的心愿也得以实现。

图书特色

短短几年的时间，我共写出了十几本适合不同水平财税人员阅读的实战操作型财税图书。这些书充分考虑了企业财税人员的实际需求，让读者以最少的时间、用最少的精力、花最少的银子取得最理想的效果，真正提高财税实战操作技能。具体来说，系列图书具有以下特点：

（1）内容均是我多年财税工作经验的总结，我将多年财税工作的实战经验和操作技巧精心整理、提炼、汇总成书。

（2）案例高度仿真，完全根据企业真实业务设计，为读者营造一个真实的财税环境，通过案例让读者真正学会实际的财税处理操作，从而提升自身财税实际操作水平。

专家和读者强烈推荐

金奖银奖不如读者的夸奖，金杯银杯不如读者的口碑！一本书的价值，读者最有发言权！几年来，我撰写的书得到了许多业内专家的高度评价，更是得到了广大读者的好评和厚爱，下面摘录部分专家和读者的推荐或评价：

作者具有丰富的实战经验，每本书都是作者用心写就，是作者多年实战经验的总结。所著财税图书本本精彩，内容丰富翔实，思路条理清晰，作风认真严谨，案例贴近实际，语言通俗易懂，极具操作性和实战价值，特别是“温馨提醒”写得非常到位，在实际工作中容易忽略的细节问题也都一一点到，对财税工作者提高自身财税水平和防范税务风险很有帮助！

——樊剑英，中国注册税务师，中国“得法网”业务总监，“中国税网”房地产项目总监

初识栾庆忠，是在一次网上收集资料时，当看到他的《企业税务风险自查与防范》的内容介绍，就想欣赏一下。收到书后，从事税务工作近三十年的我很快就被书的内容所吸引，《企业税务风险自查与防范》通过案例资料、税收政策、税务风险、自查切入点、相关阅读以及独特新颖的编排，让你很快就从多角度对风险的防范有了很熟练的掌握，这么好的作品让我爱不释手，随后又读《小企业会计从入门到高手》《企业会计处理与纳税申报真账实操》《企业税务处理与纳税申报真操实练》《营业税改征增值税实战操作》《增值税纳税实务与节税技巧》。逐一阅读，本本都受益匪浅，各本图书都有其独到之处，但共同的特点是“连点成线、织线成面”，从实战操作角度使人读后很快上手，形成会计知识与税收政策的有效归集，能短时间内提高实际操作水平，迅速成为一名熟练的会计高手，甚至查账能手。

——许培升，嘉祥县税务局稽查局

对于纳税人来说，增值税可以说是其最大的税收负担，因此，税收筹划首先想到的一定是增值税的筹划问题。《增值税纳税实务与节税技巧》把所有可能的增值税节税方法都做了非常详细的介绍，尽管可能存在挂万漏一的问题，但是，对于纳税人来说，这已经足够了。

——王红领，南京财经大学财政与税务学院副教授

说来我手上有好几本栾老师的书，从基础的《企业会计处理与纳税申报真账

实操》到专业深入的《增值税纳税实务与节税技巧》和《企业税务风险自查与防范》。我发现栾老师的书都很有系统性、实用性、专业性，为了让会计朋友们能真正掌握、能学以致用，这些书都是花了心思的，也能感觉得出栾老师具有深厚的知识积累与经验沉淀，否则写不出这么有实用性与专业性的书。以《增值税纳税实务与节税技巧》来说，从最初增值税一般纳税人资格认定开始讲解，到各个涉税环节的情况处理及难点应对，到各种情况下的风险把握及日常工作中的提前自查，就连后面的答疑也是经典实例。大量的实例介绍与讲解，让人茅塞顿开，可以说把日常工作中未注意的、疑难的问题都讲解明白了。对于初入会计行业的涉税会计人员来说，这是一本不可多得的岗前培训书籍，可以当“佛脚”抱抱；对于已入行的人员来说，也可以作为自我提升与知识补充的好工具。

——吴宇凌，某食品上市公司华东区销售财务副经理

西方有句谚语：“税收和死亡是人生无法避免的两件大事。”既然逃避不了，我们就应准确把握涉税事务。栾老师的书刚好抓住了企业实际工作中税务及其会计处理的热点和难点，案例全面，基本上涉及了各个涉税事项，覆盖了各个涉税要点，具有极强的实践性和操作性。

栾老师的书所提供的不仅是知识，更是一种技能和方法，能让我们这些读者在繁杂的税务中把握住方向，提高自身的税务风险自查与防范能力；此书既可以当成教科书，也可以作为工具书，一书多用！

——楼月芳，浙江众泰税务师事务所有限公司

《增值税纳税实务与节税技巧》以案例的形式将增值税的原理、日常业务处理涵盖其中，结合编者的丰富经验，为企业财务人员指明了办理增值税业务方面需要掌握的知识点、可能产生税务风险的地方，是财务人员在增值税方面的一盏指明灯。

——刘永孝，中国新时代国际工程公司，注册会计师、高级会计师

栾老师的好几本书都有一个共同的特点——重点突出，易于理解！与实际工作相符，对提高大家的实际操作水平有很大帮助！

——史俊娟，北京市海淀区上地信息路26号

全面、具体、详细、实用，是我对栾老师所著系列图书的一个简洁概括。作为一个企业财务人员，这些图书对我在实际工作中遇到的一些具体问题给出了详尽的答案，从而提高了我的业务水平。一本好书可以丰富一个人的知识，感谢栾老师为广大财税人员带来如此实用的好书。以后将继续关注您的著作。

——高毅，黑龙江昊天通信工程有限公司

我是一个会计初学者，非会计专业毕业，刚刚考取了会计从业资格证书，看了您写的《增值税纳税实务与节税技巧》，真是拍案叫好！感觉读您的书非常值！于是我又继续购买了好几本您的倾心力作！您为广大读者慷慨地奉献了大量的宝贵经验，这些宝贵经验是一个初学者需要慢慢摸索花好多时间才能积累到的！万分感谢!!!

——陈明远，广西南宁读者

最实用的干货，最直白的表达，高度贴近实战的描述，您让我不再迷茫，一本书，一份执着，一个梦想启航。曾有枯木面对霜雪的绝望，因为你我坚信为春天的蓬勃，曾有山溪面对峭壁的绝望，因为你我一纵成为瀑布的壮观。

我原本在海尔管理位置，因照顾孩子离职，时隔十年重新拾起自己的财务专业，时间不长，在栾老师书籍帮助下，利用柠檬云财税等众多财务公众号，集中学习迅速走向财务岗位，目前是财务经理。

——李娜，青岛华业联合医疗管理有限公司财务经理

我是从事税务工作的。栾老师的每一本书，我都爱不释手。栾老师的书，操作性很强。《企业会计处理与纳税申报真账实操》案例高度仿真，好学、易懂，可以快速学会。初入行者读此书，等于最优秀的财税老师来到了你身边，手把手地教你，能在短时间内提高实际操作水平。《增值税纳税实务与节税技巧》从纳税人

资格登记到发票的使用以及纳税申报，实务中遇到的每个环节的具体问题都能从此书中找到答案，让我受益匪浅。我是栾老师书籍的受益者，在此，对栾老师表示深深感谢！愿更多的财税工作者能成为栾老师书籍的受益者！

——秦菊玲，陕西榆林税务局稽查局

作为一名税务稽查员，平时爱好学习财税知识，通过学友的推荐，买了栾老师这本《增值税纳税实务与节税技巧》，几次完整地品读下来，每次都有不同的收获。书涉及的面很广，遇到不懂的问题，在书中往往能找到答案，是财税人员必备的一本工具书。同时栾老师的视频课程很有特色，善于运用小案例，将复杂问题简单化，易于消化吸收。书与视频课，使得学习财税更轻松。

——潮起潮落，注册会计师、税务师、律师，江苏淮安税务局稽查局

值此《企业会计处理与纳税申报真账实操（第六版）》出版之际，我再次衷心地感谢所有的读者朋友！如果我的书能够带给大家一点点思考和启发，将是我最大的荣幸和快乐。

一人难称百人心，我以真心换称心，读者的满意将是我永远不懈的追求。

栾庆忠

2019年7月

修订说明

金奖银奖不如读者的夸奖，金杯银杯不如读者的口碑！《企业会计处理与纳税申报真账实操》自第一版问世以来，以“实战性、操作性、可读性”的特色赢得了广大读者朋友的支持和厚爱。为了帮助广大会计新手朋友迅速学会实际操作，更好地胜任财务工作，笔者根据最新财税政策再次进行了修订和完善。修订后的本书将继续以实战性为特色，让读者“花最少的时间、用最少的精力、花最少的银子、取得最理想的效果，真正学会实际操作”。

本次修订的主要内容如下：

1. 根据最新财税政策对本书所涉及的票据、财务报表、纳税申报表等图表样式做了全面细致的修订。

2. 根据《财政部 税务总局 海关总署关于深化增值税改革有关政策的公告》（财政部 税务总局 海关总署公告 2019 年第 39 号）、《国家税务总局关于实施小型微利企业普惠性所得税减免政策有关问题的公告》（国家税务总局公告 2019 年第 2 号）、《国家税务总局关于办理增值税期末留抵税额退税有关事项的公告》（国家税务总局公告 2019 年第 20 号）、《国家税务总局关于修订〈中华人民共和国企业所得税年度纳税申报表（A 类，2017 年版）〉部分表单样式及填报说明的公告》（国家税务总局公告 2018 年第 57 号）等最新政策修订和增加了部分业务内容。

3. 根据最近时期企业咨询的常见和热点问题对部分业务的“温馨提醒”“延

伸阅读”内容进行了补充和完善。

4. 根据最新税收政策编写了带有公式只需要填写基础数据便能够自动生成的《中华人民共和国企业所得税年度纳税申报表（A类)》，供读者练习书中业务，并随书赠送，可通过作者公众号（二维码见封面内页）下载。其他税费纳税申报较为简单，无须编制自动生成版报表，大家根据书中表格练习即可。

赠人玫瑰，手留余香。本着对读者认真负责，为读者真心服务的宗旨，笔者每周都会抽出时间阅读读者来信，认认真真地进行回复，及时解决读者遇到的疑难问题，在帮助读者提升业务水平的同时，自己的业务素质也同样得到了提升！一人难称百人心，我以真心换称心，读者的称心就是我不懈的追求。

一本书的价值，读者最有发言权。下面摘选部分读者对本书的评价：

1. saberss（广东）：信息量大，照顾新手的各方面知识盲点，多数业务后面同时附有知识扩展部分，很贴心，很精彩！

2. 章松鹤（北京）：书不错，很适合没有会计实战经验的人群，里面有真正的原始凭证，实际工作中需要的差不多齐全了，凭证编制、会计账簿、会计报表、纳税申报表一系列的资料齐全。我最满意的还是其中的纳税申报，因为在很多书里，都没有如此详细的描述，图文并茂，让人一目了然。个人极力推荐给想从事会计工作，而又没有工作经验的人群！

3. 江鱼儿（广东）：书的性价比高，内容也很容易理解，很适合会计人员人手一本。切身的体会，不错的选择。

4. 梦琪（山东）：这本书确实给人身临其境之感，真真正正达到短时间之内学会实际操作之目标，上大学时的模拟实验和社会上的许多会计上岗实操培训在本书面前都黯然失色！正如作者所言“花最少的时间、用最少的精力、花最少的银子、取得最理想的效果，真正学会实际操作”！

5. 练奎宝贝（福建）：这本书与现实的工作很结合，值得慢慢研读，对于会计新手来说很实用，我看了三遍，照着做了三遍，真的不错。

6. 储爱蔼（河北）：这本书太好了，让人很快入门，很实用。

7. gl7250（江苏）：非常实用，讲的内容很实际，我打算买一套栾老师写的书了。

8. 吴一鸣（北京）：关于会计实务处理的书当当上有很多，我为了选出这本书，在当当上逛了四五天，看目录看内容看评论，了解栾庆忠老师的背景资料，收到书后迫不及待粗翻了一下，感觉很兴奋、很有一种细细品读的欲望，目前细看到了五十多页，非常满意，推荐给大家。准备把增值税实务那本也请回来好好学习一下，以便年后能自信满满地找到一份合适的工作。

9. 罗墨（广西）：喜欢栾老师的书，言简意赅，没有长篇累牍的废话，一针见血地直击要点！

10. 李铭（重庆）：非常好的一本书，作者写得深入人心，知识点全面接近实际工作，有会计知识的人一看就懂，不像那些只有枯燥理论的书，有了这本书可以不用求别人了。

借此修订之际，我再次衷心地感谢所有的读者朋友！读者的支持和厚爱就是我创作的动力和源泉，读者的需求和建议就是我创作的方向和目标。

同时，我再次感谢中国市场出版社耐心细致的编辑工作，特别感谢胡超平副总编和张瑶、钱伟等编辑对我的帮助和支持。

在修订过程中，本书严格按照最新会计准则和税收政策进行编写，精益求精，力求做到权威、专业、准确，但是限于时间和水平，本书难免会存在一些疏漏和不足之处，敬请广大读者批评指正。

需要学习后续相关内容的读者，可以关注我的公众号“栾庆忠税缘”与“丰收税务”。谢谢大家。

栾庆忠

2019 年 7 月

内容简介

写作的确不是一件容易的事，要对读者负责，也要对自己负责，更要考虑怎样才能让读者一看就懂，怎样才能让读者一看就会，怎样才能让读者有种身临其境的感觉，怎样才能更加贴近实际，怎样才能达到让会计新手“花最少的时间、用最少的精力、花最少的银子、取得最理想的效果、真真正正学会实际操作”之目标。

尽我所能帮助广大会计新手实现这一目标是笔者多年的心愿，这一心愿在中国市场出版社和广大读者朋友的大力支持和鼓舞下终于得以实现，在此，笔者衷心地感谢大家，同时希望得到大家的宝贵建议和意见，大家可以通过公众号（订阅号“栾庆忠税缘”、服务号“丰收税务”）与我交流。

为了达到让会计新手更快更好地学会实际操作之目标，实现笔者多年的心愿，笔者精心编制了一个会计案例，通过本案例的学习，大家可以系统地学习并掌握企业会计核算流程、企业日常会计与税务处理、会计报表编制、增值税纳税申报、企业所得税汇算清缴、其他常见税种纳税处理等知识。

对本书身临其境地学习，将使您迅速胜任一般中小型企业的财务人员，甚至可以担任中小型企业的会计主管。若将本书与笔者公众号相结合，效果更佳，一定会让您大大缩短成为财税高手的时间。

本书具有以下特点：

1．本书旨在提高会计人员的实际操作水平。本书以雨泽公司 20×2 年财税业务为例进行企业实景模拟实战演练，图文并茂（共含 189 个图表，其中原始凭证 110 个，账簿、会计报表、纳税申报表等其他图表 79 个，完全根据真实业务设计），带领读者朋友们迅速掌握企业的整套财务流程（审查原始凭证——编制记账凭证——登记会计账簿——编制会计报表——完成纳税申报）。

2．本书基本包括了中小工业企业日常生产经营中可能涉及的常见会计业务。这些会计业务全而精（为了节省读者朋友们的宝贵时间，对于相同类似频繁发生的业务只编制一笔），既有每笔业务的财务处理流程，又有原始凭证，具有很强的实用性和操作性，实现在实际业务中学习掌握会计核算方法与纳税处理之目的。

3．本书在编制过程中，充分考虑了中小工业企业通常需要缴纳的税种（增值税、企业所得税、城市维护建设税、教育费附加、地方教育附加、印花税、个人所得税、房产税、土地使用税等），并重点设计了企业所得税汇算清缴过程中常见的纳税调整事项以及企业增值税业务常见处理事项，切实提高会计人员纳税处理与申报水平。

4．本书在编制过程中，充分考虑了中小企业实际工作中常用的银行结算方式，包括支票、银行汇票、电汇、信汇、银行承兑汇票等，各种结算方式都充分设计（比如银行承兑汇票设计了申请承兑、签发、背书转让、贴现、委托收款、划付票款等业务），以满足读者所需。

相信读过本书的您会更快、更好、真真正正地学会财税业务实际操作！

目录

写在前面

会计新手朋友，你还在为企业提出的两年以上工作经验的招聘要求而摇头叹息吗？还在为没有一家企业给你一个实习的机会而苦苦等待吗？还在为自己空有会计证书却不能胜任会计工作而束手无策吗？还在为寻找一个快速提升自己会计实战水平的方法而四处奔走吗？还在为刚刚参加工作业务不熟却没有一个老会计带带你而缺乏信心吗？……

那么，恭喜你！因为，这些烦恼马上就会离你而去，自信也会随之而来！

我，丰收，人送外号“铁算盘”，便是你要找的那个老会计，经验丰富、真诚善良、乐于助人，愿把你扶上马，送一程！

我现在L市雨泽有限公司担任财务部经理，手下有3个兵，大小也算个领导了。我们公司又是工业企业，财税业务比较全，这就更加有利于你的业务学习了。现在，我就把你带到我们公司，让你亲身体验一下我们是怎么工作的！

相信你只要跟着我们把这些业务做一遍，都学会了，就完全可以胜任一家中小企业的会计工作，甚至可以去一家中小企业当个会计主管。

好了，废话少说，言归正传，我们先熟悉一下公司的基本情况，然后就开始工作！

Chapter 01

第一章

雨泽公司基本情况及 20×2 年期初会计资料

一、雨泽公司基本情况

雨泽公司是一家位于 L 市的工业企业，主要生产销售 A、B 两种产品，公司拥有一个基本生产车间和两个辅助生产车间（供电车间和机修车间），系增值税一般纳税人，通常适用的增值税税率为 13%，企业所得税税率为 25%。

1. 基本信息

纳税人识别号：910370000000000088

所属行业：工业企业

纳税人名称：L市雨泽有限公司

法定代表人姓名：雨泽

注册地址：L市××区××路6号

营业地址：L市××区××路6号

开户银行及账号：中国××银行××支行3700000800660000×××

企业登记注册类型：有限责任公司

电话号码：05××—6660000

公司部分人员姓名及职务见表1-1。

表1-1　　公司部分人员姓名及职务

姓名	职务	姓名	职务
雨泽	总经理	萧晓	销售部经理
丰收	财务部经理	车剑	生产部经理
何花	主管会计	郑业	行政事业部经理
丹丹	会计	任丽	人力资源部经理
娜娜	出纳	巩英	供应部经理

2. 采用的会计政策

新《企业会计准则》。

3. 会计核算方法

原材料主要有甲材料、乙材料、丙材料及其他材料，采用实际成本法进行核算。

存货的发出和领用采用加权平均法核算。

产品生产成本采用品种法核算。

生产工人工资分配方法采用计时工资制。

辅助生产成本分配方法采用直接分配法。

制造费用分配采用生产工时比例分配方法。

所选方法均为企业最常用的方法，不管采用哪种分配方法，其基本原理和计算方式基本相同，相信大家可以举一反三、触类旁通。

4. 账务处理程序

科目汇总表账务处理程序。

5. 会计账簿

总分类账、现金日记账、银行日记账、明细分类账（三栏式、数量金额式、多栏式）、备查账。

6. 会计报表

资产负债表、利润表、现金流量表。

7. 所涉税种

增值税、企业所得税、城市维护建设税、教育费附加、地方教育附加、印花税、个人所得税、房产税、土地使用税等。

8. 雨泽公司会计科目及其核算内容表

见书末的附录 1。

二、雨泽公司 20×2 年期初会计资料

（1）雨泽公司 20×2 年 12 月期初科目余额表（见表 1-2）。

表 1-2 **期初科目余额表**

编制单位：L 市雨泽有限公司 20×2 年 12 月 单位：元

科目名称	方向	期初余额
库存现金	借	22 669.80
银行存款	借	6 099 876.26
其他货币资金——银行承兑汇票保证金	借	1 000 000.00
应收票据	借	2 000 000.00
应收账款	借	149 400.00
预付账款	借	170 000.00
坏账准备	贷	7 470.00
原材料	借	2 900 000.00
库存商品	借	3 900 000.00
固定资产	借	1 260 000.00
累计折旧	贷	217 246.53
无形资产	借	600 000.00
累计摊销	贷	55 000.00
短期借款	贷	800 000.00
应付票据	贷	2 000 000.00
应付账款	贷	500 000.00
预收账款	贷	1 000 000.00
应交税费——应交城市维护建设税	贷	2 076.89
应交税费——应交个人所得税	贷	6 000.00
应交税费——未交增值税	贷	29 669.87
应交税费——应交教育费附加	贷	890.10
应交税费——应交地方教育附加	贷	593.40
实收资本	贷	12 000 000.00
盈余公积——法定盈余公积	贷	185 903.66
利润分配——未分配利润	贷	1 297 095.61

说明：为了节省空间，期初无余额的会计科目省略，本期有发生额时再添加。而在实际会计工作中，此表格要按全部常用会计科目设置，并设置自身表内公式及与会计报表的表间公式，作为模板，可以大大减少工作量，提高工作效率。

（2）雨泽公司 20×2 年 12 月期初往来账款主要明细（见表 1-3）。

表 1-3 **往来账款主要明细**

会计科目	客户/供应商名称	期初账面余额（元）
应收账款	L 市发发发有限公司	100 000
应收账款	M 市顺顺顺有限公司	37 400
应收账款	L 市艳玲有限公司	12 000

续表

会计科目	客户/供应商名称	期初账面余额
预收账款	L市双福有限公司	1 000 000
应付账款	M市双喜有限公司	500 000
预付账款	L市双财有限公司	170 000

（3）雨泽公司 20×2 年 12 月期初原材料明细表（见表 1-4）。

表 1-4　　原材料明细

原材料名称	数量（千克）	单价（元/千克）	金额（元）
甲材料	15 000	100	1 500 000
乙材料	8 000	100	800 000
丙材料	3 000	200	600 000
合计	—	—	2 900 000

（4）雨泽公司 20×2 年 12 月期初库存商品明细表（见表 1-5）。

表 1-5　　库存商品明细

库存商品名称	数量（件）	单价（元/件）	金额（元）
A产品	2 000	1 200	2 400 000
B产品	1 500	1 000	1 500 000
合计	—	—	3 900 000

Chapter 02

第二章

雨泽公司 20×2 年的经济业务

假设这些业务都发生在 20×2 年 12 月份，相似业务只列一笔。

业务 1　提取现金

12 月 1 日，娜娜从银行提取现金 6 000 元备用。

【原始凭证】

见表 2-1。

【财务流程】

根据公司资金安排和库存现金余额情况开具现金支票⟶到银行提取现金⟶将现金存入保险柜备用⟶根据支票存根编制记账凭证。

【账务处理】

借：库存现金　　　　6 000.00

表 2-1

现金支票

中国××银行 现金支票存根 32303716 01473279	中国××银行现金支票　　32303716 01473279
附加信息 …………	付款期限自出票之日起十天
	出票日期（大写）贰零×贰年壹拾贰月零壹日　　付款行名称：××银行××支行
	收款人：L市雨泽有限公司　　出票人账号：3700000800660000×××
	人民币（大写）陆仟元整
出票日期20×2年12月1日	
收款人：L市雨泽有限公司	用途　备用金　　密码：______
金额：6000.00	上列款项请从
用途：备用金	我账户内支付
单位主管　会计	出票人签章　　复核　　记账

亿	千	百	十	万	千	百	十	元	角	分
				¥	6	0	0	0	0	0

贷：银行存款——中国××银行××支行3700000800660000×××

6 000.00（按支票存根记载金额）

温馨提醒

1. 提取大额现金时必须通知保安人员随行，路途较远的银行还要用专车接送，注意保密，确保资金安全。

2. 现金一般从“基本存款户”中提取，一般规定结算账户不能提取现金。

3. 签章应为企业在银行的预留印鉴，一般为财务专用章、法人章，有的为财务专用章、法人章、财务负责人章，也有少数企业预留公章、法人章的。

4. 银行存款科目应按照开户行和账号设置明细科目，由于假设该公司只有一个银行账号，后面部分会计分录中未列出明细科目。

业务 2 报销日常费用（一）

12 月 2 日，娜娜用现金支付行政事业部员工李四报销购买办公用品款 600 元。

【原始凭证】

见表 2-2 至表 2-5。

表 2-2

费用报销单

20×2年 12月 2 日　　附单据 2 张

项　目	单据（张）	金额（元）	备注
购买办公桌	1	500.00	凭证2-4
购买卫生用具	1	100.00	凭证2-5
合　计	2	600.00	
金额（大写）陆佰元整			

注：①差旅费报销请填差旅费报销单。②费用报销单需和粘贴单一起使用。

总经理：雨泽　　财务经理：丰收　　部门经理：郑业　　报销人：李四

表 2-3

粘贴单

粘 贴 须 知（背面粘贴原始票据）

1. 原始票据由右至左呈“鱼鳞状”错叠粘贴。不要超过规定的粘贴纸。
2. 原始凭证按规定分类标准（同类业务、同类发票）粘贴。
3. 发票 5 张以下可以不填“费用报销单”，但需负责人在原始发票背面签字。
4. 财务人员对“费用报销单”进行审核中，票据金额与报销人所填写的金额有差异，以审核后的票据金额为准。如果审核后的票据金额大于“费用报销单”所填写的费用金额，须负责人重新签字确认。

表 2-4　　　　　　　　增值税普通发票（发票联）

××增值税普通发票

014001800904　　　　　　　　　　　　　№ 00000609　　014001800904 00000609

机器编号：××××××××××××　　　　发票联　　　　开票日期：20×2年12月02日

国税函[20XX]XX号XX公司

购买方	名称：L市雨泽有限公司 纳税人识别号：910370000000000088 地址、电话：L市××区××路6号05××-6660000 开户行及账号：中国××银行××支行37000000800660000×××	密码区	略

货物或应税劳务、服务名称	规格型号	单位	数量	单价	金额	税率	税额
*木制品*办公桌		张	1	442.48	442.48	13%	57.52
合　计					¥442.48		¥57.52
价税合计（大写）	ⓧ伍佰元整				（小写）¥500.00		

销售方	名称：L市明泽文体用品有限公司 纳税人识别号：910370000000001089 地址、电话：L市××区××路88号05××-6669999 开户行及账号：中国××银行××支行37000000899660009×××	备注	L市明泽文体用品有限公司 910370000000001089 发票专用章

收款人：××　　　复核：CC　　　开票人：DD　　　销售方：(章)

第二联：发票联　购买方记账凭证

表 2-5　　　办公用品发票（定额）

××通用定额发票

国家税务总局

发票联

发票代码：000000000032

发票号码：00000027

密码：

××××××

壹佰元

（加盖发票专用章有效）

×××××××××××××××××

×税发票字[20×2]1552号1.6千本×50×2

发票专用章

××发发科技发展有限公司20×2年10月印

【财务流程】

审核费用发票、收据等原始凭证与费用报销单是否一致，原始凭证是否真实、完整、合理、合法、金额正确→审核审批手续是否完备→审核部门、个人费用支出额度（如超计划额度，可拒绝报销）、是否有前期借款→报销人签字→付款→编制记账凭证。

【账务处理】

借：管理费用——办公费　　600.00

　贷：库存现金　　600.00

温馨提醒

1. 公司日常报销的费用主要是指公司正常经营活动中经常发生的费用，主要有差旅费、交通费、通讯费、办公费、招待费、水电费等。根据部门性质，相应记入“管理费用”“销售费用”等科目。但是，根据会计准则，销售部费用除招待费外其他费用一律记到“销售费用”科目，招待费一律记到“管理费用”科目中。为了考核各部门费用指标，可以分部门设置明细科目，如：“管理费用——销售部——招待费”“管理费用——财务部——招待费”。

某些会计自以为是地把招待费记入“在建工程”“销售费用”“制造费用”等科目是不符合会计准则规定的。记入“销售费用”只要进行了企业所得税纳税调整不存在税务风险，而记入“在建工程”“制造费用”等科目将给企业所得税纳税调整带来很大的麻烦。

2. 支付现金坚持“先签字再付款”的原则。

3. 费用审核依据公司制定的费用控制办法（差旅费开支范围及标准、通讯费报销限额标准、招待费标准，等等），其要点有：计划额度内费用须经部门负责人、分管领导、财务经理审批；计划外费用须总经理审批。

4. 报销人有前期欠款时，报销费用一律先冲抵欠款，开具还款收据，贷记“其他应收款——员工部门——员工姓名”。

5. 一般情况下，费用须在取得发票之日起1个月内报销，以便及时入账。

6. 当年费用一般应在当年12月31日前报销处理完毕。部分费用的发票若当年无法取得而只能在次年1月份取得的，应在1月份取得时立即办理报销手续，虽未能及时取得这部分发票，财务部门也应进行账务处理，把这部分费用计入当年的费用，以防形成跨年度费用，引起不必要的麻烦。跨年度发票处理技巧参见后文第9项内容：“跨年度取得发票账务处理有技巧，税前扣除无障碍”。

7. 报销凭证的填写要求如下：

（1）必须按费用报销单要求填写相关内容。

（2）报销事项的内容、用途说明必须清晰准确，并注明费用归属（属于哪个单位或项目，便于分类核算或转账），必要时附清单详细说明。

（3）凡是费用需要在公司和各单位之间分摊的，报销人填写相应的报销凭证。

（4）报销金额大小写必须一致，不得涂改，不得使用铅笔、圆珠笔、红色墨水笔填写。

（5）财务在审核时按相关制度规定有权去除不符合要求的票据（如白条、不符合要求的发票等），可以核小报销金额；但审核金额超过原报销金额时，应退回经办人重填或按申报金额报销。

8. 票据是判断成本费用支出能否准予在企业所得税税前扣除的重要依据，费用支出须取得合法票据。以不符合规定的票据列支费用的表现形式主要有：

（1）发票无抬头，即单位名称一栏未填写内容，或只填写“北京”“山东”等字样。

（2）抬头名称不是本企业，即用票面为其他单位的发票列支费用，这在存在关联方的企业比较常见。

（3）抬头名称为个人，即单位名称一栏填写某人姓名，通常为公司老板、股东等人员的姓名，如在个人名下的车辆保险费用等。

（4）抬头名称不是本企业全称。这种发票最为普遍，通常填写企业的简称，像“L市雨丰商贸有限公司”填写为“雨丰”，有的甚至填写为“雨风”“雨沣”等别字。

（5）发票未盖章。发票一般应当加盖发票专用章，未盖章的发票无效。《中华人民共和国发票管理办法》第九条规定：开具发票应当按照规定的时限、顺序、栏日，全部联次一次性如实开具，并加盖发票专用章。原来的规定是可以加盖发票专用章或者财务专用章，而现在只能加盖发票专用章。

（6）过期发票，也称旧版发票。《国家税务总局关于税务机构改革有关事项的公告》（国家税务总局公告2018年第32号）第六条规定：新税务机构挂牌后，启用新的税收票证式样和发票监制章。挂牌前已由各省税务机关统一印制的税收票证和原各省国税机关已监制的发票在2018年12月31日前可以继续使用，由国家税务总局统一印制的税收票证在2018年12月31日后继续使用。纳税人在用税控设备可以延续使用。也就是说，2018年12月31日前，原各省国税机关已监制的发票就成了旧版发票，不再允许税前扣除。

（7）收据、白条。收据可以分为内部收据和外部收据。外部收据又分为税务部门监制、财务部门监制、部队收据三种。内部收据是单位内部的自制凭据，用于单位内部发生的业务，如材料内部调拨、收取员工押金、退还多余出差借款等，这时的内部自制收据是合法的凭据，可以作为成本费用入账。单位之间发生业务往来，收款方在收款以后不需要纳税的，收款方就可以开具税务部门监制的收据。行政事业单位发生的行政事业性收费，可以使用财政部门监制的收据。单位与部队之间发生业务往来，按照规定不需要纳税的，可以使用部队监制的收据，这种收据也是合法的凭据，可以入账。除上述几种收据外，单位或个人在收付款时使用的其他自制收据，就是日常所说的“白条”，是不能作为凭证入账的。

（8）发票开具内容笼统含糊。发票开具内容笼统含糊，往往为虚假的经济业务，此类发票内容多为“办公用品”“计算机耗材”“打印纸”“烟、酒、茶”“培训费”“宣传费”“会议费”“维修费”等，且发票金额较大。如在大型商场购买代金券，分成若干办公用品发票开具，把酒店餐饮支出列入会议费，公费旅游支出开具培训费等。

《国家税务总局关于转发中纪委〈关于坚决制止开具虚假发票公款报销行为的通知〉的通知》（国税函〔2003〕230号）规定：财务报销必须规范报销凭证，附正规发票，如果采购商品较多，货物名称、单价、数量等不能在发票中详细反映，还应附供应商提供的明细清单。以上要求不仅限于办公用品的购置，对会议费、培训费、印制费、物业管理、维修、劳务、软件开发、设备租赁、车辆保险等各项费用的支出，亦应按以上要求办理。

《国家税务总局稽查局关于重点企业发票使用情况检查工作相关问题的补充通知》（稽便函〔2011〕31号）规定：对企业列支项目为“会议费”“餐费”“办公用品”“佣金”和各类手续费等的发票，须列为必查发票进行重点检查。对此类发票要逐笔进行查验比对，重点检查企业是否存在利用虚假发票及其他不合法凭证虚构业务项目、虚列成本费用等问题。对必查发票要逐笔进行查验比对，通过对资金、货物等流向和发票信息的审核分析，重点检查其业务的真实性。

《国家税务总局关于修订〈增值税专用发票使用规定〉的通知》（国税发〔2006〕156号）第十二条规定：一般纳税人销售货物或者提供应税劳务可汇总开具专用发票。汇总开具专用发票的，同时使用防伪税控系统开具《销售货物或者提供应税劳务清单》，并加盖发票专用章。

2017年7月6日，国家税务总局货物和劳务税司有关负责人就增值税发票开具有关问题答疑：如果购买的商品种类较多，销售方可以汇总开具增值税普通发票。购买方可凭汇总开具的增值税普通发票以及购物清单或小票作为税收凭证。

目前需要附证明的发票主要是会议费、差旅费、培训费、办公用品费等。会议费和培训费的证明材料应包括：会议时间、地点、出席人员、内容、目的、费用标准、会议材料（会议议程、讨论专件、领导讲话）、支付凭证等。召开董事会会议的会议费也应该按照上述规定提供资料。差旅费的证明材料包括出差时间、地点、人数、事由、天数、费用标准等。

(9) 费用项目与发票不符。这主要是发生费用后无法取得发票而使用其他发票顶替入账，比如，有的企业费用项目为招待餐费，后面附的发票却是盖有鞋店章的发票；有的企业费用项目为装卸费，后面附的却是公共汽车票。

(10) 假发票。有的假发票很好识别，比如，发票代码的2～5位为行政区划代码前4位，若行政区划代码与发票专用章上的单位所在地不符，则肯定为假票；《国家税务总局关于印发〈全国普通发票简并票种统一式样工作实施方案〉的通知》（国税发〔2009〕142号）规定，手工发票的限额应严格控制在百元版和千元版，若为万元版通用手工发票则肯定为假票。又比如，一些时间跨度较大的不同日期的连号发票一般为假发票。有的假发票不易识别，需要到税务局网站查询。

(11)"购买方纳税人识别号"栏未填写购买方的纳税人识别号或统一社会信用代码的发票。《国家税务总局关于增值税发票开具有关问题的公告》（国家税务总局公告2017年第16号）第一条规定：自2017年7月1日起，购买方为企业的，索取增值税普通发票时，应向销售方提供纳税人识别号或统一社会信用代码；销售方为其开具增值税普通发票时，应在“购买方纳税人识别号”栏填写购买方的纳税人识别号或统一社会信用代码。不符合规定的发票，不得作为税收凭证。

该公告所称企业，包括公司、非公司制企业法人、企业分支机构、个人独资企业、合伙企业和其他企业。

该公告仅适用于通过增值税税控开票系统开具的增值税普通发票，对于使用印有企业名称发票的行业，如电商、成品油经销等，可暂不填写购买方纳税人识别号，仍按照企业现有方式开具发票。

（12）发票内容与实际交易不符的发票。国家税务总局公告 2017 年第 16 号第二条规定：销售方开具增值税发票时，发票内容应按照实际销售情况如实开具，不得根据购买方要求填开与实际交易不符的内容。销售方开具发票时，通过销售平台系统与增值税发票税控系统后台对接，导入相关信息开票的，系统导入的开票数据内容应与实际交易相符，如不相符应及时修改完善销售平台系统。

9. 跨年度取得发票账务处理有技巧，税前扣除无障碍。

我们用一个案例来说明这种情况。

【案例资料】

下面是大多数纳税人对跨年度取得发票的账务处理几种常见方法。

第一种方法：

20×1 年 12 月 2 日，支付甲公司装卸费。

借：预付账款——甲公司　　9 000

　　贷：库存现金、银行存款等　　9 000

附件：付款审批单、转账支票头。

20×2 年 1 月 7 日，收到甲公司装卸费普通发票。

借：销售费用　　9 000

　　贷：预付账款——甲公司　　9 000

附件：一份 20×1 年 12 月份装卸费普通发票。

第二种方法：

20×2 年 1 月 9 日，收到水电费普通发票。

借：管理费用　　2 600

　　贷：库存现金　　2 600

附件：一份 20×1 年 12 月份水电费普通发票、付款审批单、对方收据。

第三种方法：

20×2 年 3 月 4 日，支付租赁费。

借：以前年度损益调整　　40 000

　　贷：银行存款　　40 000

附件：一份 20×1 年 12 月份租赁费发票、付款审批单、转账支票头。

这三种方法，均用以前年度费用发票补记以前年度费用，或通过“以前年度损益调整”核算，在税前扣除时往往得不到税务人员的认可，造成不能税前抵扣的风险。

某些税务人员认为，对企业汇算清缴期间通过“以前年度损益调整”“管理费用”“销售费用”“生产成本”等科目补记的以前年度应计未计费用、应提未提折旧等不能税前扣除，既不能在费用入账年度 20×2 年扣除，又不能在费用发生年度 20×1 年扣除（即调减 20×1 年应纳税所得额），某些税务人员视为企业对扣除权利的放弃。

【税收政策】

1.《中华人民共和国企业所得税法实施条例》第九条规定：企业应纳税所得额的计算，以权责发生制为原则，属于当期的收入和费用，不论款项是否收付，均作为当期的收入和费用；不属于当期的收入和费用，即使款项已经在当期收付，均不作为当期的收入和费用。本条例和国务院财政、税务主管部门另有规定的除外。

2.《国家税务总局关于企业所得税若干问题的公告》（国家税务总局公告 2011 年第 34 号）规定：企业当年度实际发生的相关成本、费用，由于各种原因未能及时取得该成本、费用的有效凭证，企业在预缴季度所得税时，可暂按账面发生金额进行核算；但在汇算清缴时，应补充提供该成本、费用的有效凭证。

3.《国家税务总局关于印发〈企业所得税汇算清缴管理办法〉的通知》（国税发〔2009〕79号）第十条规定：纳税人在汇算清缴期内发现当年企业所得税申报有误的，可在汇算清缴期内重新办理企业所得税年度纳税申报。

4.《国家税务总局关于企业所得税应纳税所得额若干税务处理问题的公告》（国家税务总局公告2012年第15号）第六条规定：

“根据《中华人民共和国税收征收管理法》的有关规定，对企业发现以前年度实际发生的、按照税收规定应在企业所得税前扣除而未扣除或者少扣除的支出，企业做出专项申报及说明后，准予追补至该项目发生年度计算扣除，但追补确认期限不得超过5年。

企业由于上述原因多缴的企业所得税税款，可以在追补确认年度企业所得税应纳税款中抵扣，不足抵扣的，可以向以后年度递延抵扣或申请退税。

亏损企业追补确认以前年度未在企业所得税前扣除的支出，或盈利企业经过追补确认后出现亏损的，应首先调整该项支出所属年度的亏损额，然后再按照弥补亏损的原则计算以后年度多缴的企业所得税款，并按前款规定处理。”

5.《中华人民共和国税收征收管理法》第五十一条规定：纳税人超过应纳税额缴纳的税款，税务机关发现后应当立即退还；纳税人自结算缴纳税款之日起三年内发现的，可以向税务机关要求退还多缴的税款并加算银行同期存款利息，税务机关及时查实后应当立即退还。

【税务风险】

通过上述税法政策规定，我们可以看出，某些税务人员的做法是不符合税法政策规定的。分析如下：

《中华人民共和国企业所得税法实施条例》确定企业应纳税所得额的计算是以权责发生制为原则的。

财税字〔1996〕79号文件（已废止）的第一条“企业纳税年度内应计未计扣除项目，包括各类应计未计费用、应提未提折旧等，不得移转以后年度补扣”之规定，强调了不能结转以后年度补扣，并没有说明不能回到费用发生年度扣除。

国家税务总局公告2011年第34号则允许汇算清缴之前取得发票等有效凭证的可以在费用发生年度进行申报扣除。

国税发〔2009〕79号文件允许纳税人发现企业所得税申报有误的可以在汇算清缴期内重新办理企业所得税年度纳税申报。

国家税务总局公告2012年第15号对于汇算清缴时未得到税前扣除的以前年度应扣未扣支出，允许企业做出专项申报及说明后追补至该项目发生年度计算扣除，但追补确认期限不得超过5年。多缴的企业所得税税款，可以在追补确认年度企业所得税应纳税款中抵扣，不足抵扣的，可以向以后年度递延抵扣或申请退税。

尽管某些税务人员的理解是错误的，但是，企业如果这样进行账务处理，向这些税务人员解释起来会比较麻烦。现实工作中，某些税务人员业务素质有限，企业财务人员又不能据理力争，还是存在这部分费用无法在税前扣除的可能。为了减少不必要的麻烦，使税前扣除无障碍，我们可以选择下列两种方法进行账务处理：

方法一：

当年，企业可以在成本费用实际发生但尚未取得发票时，

借：生产成本、管理费用、销售费用、财务费用等

贷：应付账款

当年或次年，在支付款项时，

借：预付账款

贷：银行存款、库存现金等

次年，在取得跨年度发票时，

借：应付账款

贷：预付账款

方法二：

当年，企业可以在成本费用实际发生但尚未取得发票时，

借：生产成本、管理费用、销售费用、财务费用等

贷：应付账款

次年，在取得跨年度发票时，

借：应付账款

贷：银行存款、库存现金等

这种处理方法，当年已经付款的时候，“银行存款”或“库存现金”科目余额与实际情况会造成暂时的差额，可以通过编制余额调节表来处理。

这样进行账务处理，既符合权责发生制，又可以仅根据国家税务总局公告2011年第34号一个文件规定就实现税前扣除，也容易得到税务机关的认可。

顺便说一句，企业习惯性地按发票取得时间记账的方法是不符合会计和税法要求的，习惯性的做法不见得正确。这种习惯性的记账方法很容易造成未取得发票不记账而形成当年应计未计支出，当年应计未计支出的处理方式也可以参考上述政策进行税务处理，这里不再赘述。

10. 报销审批付款流程。

下面的报销审批付款流程仅供参考，实际工作中应根据公司规模大小、岗位设置情况和内控需要等进行适当调整。

(1) 经办人：根据本单位实际业务需要，在费用事项发生后，按照报销流程管理要求分类粘贴原始凭证，填写报销单，交部门负责人审核。经办人对其发生费用的真实、合理、合法、完整性负全责，严禁虚报、假公济私。

(2) 部门负责人：按管理及责任权限对本部门发生费用的真实性、合理性进行审核并签字，对费用是否符合部门计划、预算承担责任；对审核不通过的予以退回。

(3) 财务经理：财务经理（或授权财务人员）对报销凭证的相关内容，根据财务制度要求、标准进行审核，并复核报销的金额，确定是否有备用金或其他借

款，是否从报销款中扣回相关借款；根据本单位的各项具体管理制度结合税法规定对票据的合法性、合规性、真实性、相关性及节税等方面进行审核并签字，对审核不通过的予以退回。

(4) 副总经理：行政副总经理对公司费用的合理性进行再审核，分管副总经理对分管业务事项的费用的合理性进行再审核。

(5) 财务总监：对财务负责人（或授权财务人员）审核后的报销凭证，根据公司相关规定、本单位的制度进行整体审核，并结合本单位月度、年度预算的使用情况和实际资金情况，签署预付款意见。对不符合要求，有损本单位利益的要坚决予以拒绝和退回，如有弄虚作假的，扣留票据上报总经理并追究有关人员责任。

(6) 总经理：对财务总监审核后的报销凭证根据公司月度、年度预算及资金实际情况审核决定财务总监的预付款意见，对整个报销的合法性、合规性承担责任。

(7) 董事长：对报销总金额超过 10 000 元（企业根据自身要求自行确定额度）的或者总经理认为需要的费用进行审批；总经理的费用，由财务总监审核后，交由董事长审批。董事长的费用由财务总监和总经理审核。

(8) 出纳：审核报销单是否完成上述签字流程，是否本人签字，对审批签字手续不全的坚决予以退回。对报销金额再次进行复核，复核金额（付款金额）只能小于等于报销人申报金额，对复核金额大于申报金额的，退回经办人重新办理（或按申报金额办理）。

11. 企业所得税税前扣除凭证管理。

《企业所得税税前扣除凭证管理办法》（国家税务总局公告 2018 年第 28 号发布）规定：

“第一条　为规范企业所得税税前扣除凭证（以下简称‘税前扣除凭证’）管理，根据《中华人民共和国企业所得税法》（以下简称‘企业所得税法’）及其实施条例、《中华人民共和国税收征收管理法》及其实施细则、《中华人民共和国发票管理办法》及其实施细则等规定，制定本办法。

第二条　本办法所称税前扣除凭证，是指企业在计算企业所得税应纳税所得额时，证明与取得收入有关的、合理的支出实际发生，并据以税前扣除的各类凭证。

第三条　本办法所称企业是指企业所得税法及其实施条例规定的居民企业和非居民企业。

第四条　税前扣除凭证在管理中遵循真实性、合法性、关联性原则。真实性是指税前扣除凭证反映的经济业务真实，且支出已经实际发生；合法性是指税前扣除凭证的形式、来源符合国家法律、法规等相关规定；关联性是指税前扣除凭证与其反映的支出相关联且有证明力。

第五条　企业发生支出，应取得税前扣除凭证，作为计算企业所得税应纳税所得额时扣除相关支出的依据。

第六条　企业应在当年度企业所得税法规定的汇算清缴期结束前取得税前扣除凭证。

第七条　企业应将与税前扣除凭证相关的资料，包括合同协议、支出依据、付款凭证等留存备查，以证实税前扣除凭证的真实性。

第八条　税前扣除凭证按照来源分为内部凭证和外部凭证。

内部凭证是指企业自制用于成本、费用、损失和其他支出核算的会计原始凭证。内部凭证的填制和使用应当符合国家会计法律、法规等相关规定。

外部凭证是指企业发生经营活动和其他事项时，从其他单位、个人取得的用于证明其支出发生的凭证，包括但不限于发票（包括纸质发票和电子发票）、财政票据、完税凭证、收款凭证、分割单等。

第九条　企业在境内发生的支出项目属于增值税应税项目（以下简称‘应税项目’）的，对方为已办理税务登记的增值税纳税人，其支出以发票（包括按照规定由税务机关代开的发票）作为税前扣除凭证；对方为依法无需办理税务登记的单位或者从事小额零星经营业务的个人，其支出以税务机关代开的发票或者收款凭证及内部凭证作为税前扣除凭证，收款凭证应载明收款单位名称、个人姓名及身份证号、支出项目、收款金额等相关信息。

小额零星经营业务的判断标准是个人从事应税项目经营业务的销售额不超过

增值税相关政策规定的起征点。

税务总局对应税项目开具发票另有规定的，以规定的发票或者票据作为税前扣除凭证。

第十条 企业在境内发生的支出项目不属于应税项目的，对方为单位的，以对方开具的发票以外的其他外部凭证作为税前扣除凭证；对方为个人的，以内部凭证作为税前扣除凭证。

企业在境内发生的支出项目虽不属于应税项目，但按税务总局规定可以开具发票的，可以发票作为税前扣除凭证。

第十一条 企业从境外购进货物或者劳务发生的支出，以对方开具的发票或者具有发票性质的收款凭证、相关税费缴纳凭证作为税前扣除凭证。

第十二条 企业取得私自印制、伪造、变造、作废、开票方非法取得、虚开、填写不规范等不符合规定的发票（以下简称‘不合规发票’），以及取得不符合国家法律、法规等相关规定的其他外部凭证（以下简称‘不合规其他外部凭证’），不得作为税前扣除凭证。

第十三条 企业应当取得而未取得发票、其他外部凭证或者取得不合规发票、不合规其他外部凭证的，若支出真实且已实际发生，应当在当年度汇算清缴期结束前，要求对方补开、换开发票、其他外部凭证。补开、换开后的发票、其他外部凭证符合规定的，可以作为税前扣除凭证。

第十四条 企业在补开、换开发票、其他外部凭证过程中，因对方注销、撤销、依法被吊销营业执照、被税务机关认定为非正常户等特殊原因无法补开、换开发票、其他外部凭证的，可凭以下资料证实支出真实性后，其支出允许税前扣除：

（一）无法补开、换开发票、其他外部凭证原因的证明资料（包括工商注销、机构撤销、列入非正常经营户、破产公告等证明资料）；

（二）相关业务活动的合同或者协议；

（三）采用非现金方式支付的付款凭证；

（四）货物运输的证明资料；

（五）货物入库、出库内部凭证；

（六）企业会计核算记录以及其他资料。

前款第一项至第三项为必备资料。

第十五条　汇算清缴期结束后，税务机关发现企业应当取得而未取得发票、其他外部凭证或者取得不合规发票、不合规其他外部凭证并且告知企业的，企业应当自被告知之日起60日内补开、换开符合规定的发票、其他外部凭证。其中，因对方特殊原因无法补开、换开发票、其他外部凭证的，企业应当按照本办法第十四条的规定，自被告知之日起60日内提供可以证实其支出真实性的相关资料。

第十六条　企业在规定的期限未能补开、换开符合规定的发票、其他外部凭证，并且未能按照本办法第十四条的规定提供相关资料证实其支出真实性的，相应支出不得在发生年度税前扣除。

第十七条　除发生本办法第十五条规定的情形外，企业以前年度应当取得而未取得发票、其他外部凭证，且相应支出在该年度没有税前扣除的，在以后年度取得符合规定的发票、其他外部凭证或者按照本办法第十四条的规定提供可以证实其支出真实性的相关资料，相应支出可以追补至该支出发生年度税前扣除，但追补年限不得超过五年。

第十八条　企业与其他企业（包括关联企业）、个人在境内共同接受应纳增值税劳务（以下简称‘应税劳务’）发生的支出，采取分摊方式的，应当按照独立交易原则进行分摊，企业以发票和分割单作为税前扣除凭证，共同接受应税劳务的其他企业以企业开具的分割单作为税前扣除凭证。

企业与其他企业、个人在境内共同接受非应税劳务发生的支出，采取分摊方式的，企业以发票外的其他外部凭证和分割单作为税前扣除凭证，共同接受非应税劳务的其他企业以企业开具的分割单作为税前扣除凭证。

第十九条　企业租用（包括企业作为单一承租方租用）办公、生产用房等资产发生的水、电、燃气、冷气、暖气、通讯线路、有线电视、网络等费用，出租方作为应税项目开具发票的，企业以发票作为税前扣除凭证；出租方采取分摊方式的，企业以出租方开具的其他外部凭证作为税前扣除凭证。

第二十条　本办法自2018年7月1日起施行。”

业务 3 报销日常费用（二）

12 月 3 日，娜娜用现金支付销售部业务员叶武差旅费报销款 200 元。

【原始凭证】

见表 2-6 至表 2-8。

表 2-6 差旅费报销单

20×2 年 12 月 3 日　　　单位：元

起讫时间地点						出差补助		车船费		住宿费		会议费		其他		小计	
月	日	起点	月	日	终点	张数	金额	张数	金额	张数	金额	张数	金额	张数	金额	张数	金额
11	29	L 市	11	29	M 市			1	50	1	150					2	200
小计								1	50	1	150					2	200
合计（人民币大写）：贰佰元整												¥ 200.00					
出差事由：联系业务						出差人数：1 人				预借 0.00 核销 0.00 应退（补）200.00							

总经理：雨泽　　财务经理：丰收　　部门经理：萧晓　　报销人：叶武

表 2-7 ××省公路汽车客运发票

国统一发票监制 国家税务总局监制

L 市（CC）0082660

11-29　06:24　　124-00082660　　终点：M 市

始站	到站	票价	车次
L 市站	M 市站	50.00 元	33 次
检票口	座号	乘车日期	发车时间
3 号	21 座	20×2 年 11 月 29 日	6 时 30 分

1. 本客票含旅客站务费，具有商务合同、保护旅客合法权益的作用。
2. 限乘当日当次车，过期、涂改、污染、撕损即失效。

表 2-8　　住宿费发票

××增值税普通发票（卷票）

××
发票联

发票代码　000000000001
发票号码　00000099
机打号码　00000099　　机器编号 661600000009
销售方名称××××宾馆有限公司
纳税人识别号　910390000000007789
开票日期20×2-11-29　　收款员 01
购买方名称 L市雨泽有限公司 910390000000007789

纳税人识别号:910370000000000088

项目	单价	数量	金额
*住宿服务*住宿费			150.00

合计金额（小写）￥150.00
合计金额（大写）：壹佰伍拾元整
校验码：00009000900008007009

【财务流程】

审核原始凭证与差旅费报销单是否一致，原始凭证是否真实、完整、合理、合法、金额正确⟶审核审批手续是否完备⟶审核部门、个人费用支出额度（如超计划额度，可拒绝报销）、是否有前期借款⟶报销人签字⟶付款⟶编制记账凭证。

【账务处理】

借：销售费用——差旅费　　200.00

　贷：库存现金　　200.00

温馨提醒

1. 差旅费报销一般使用专门的差旅费报销单，不适用一般的费用报销单。

2. 差旅费的审核：(1) 报销单内容是否填写齐全；(2) 所附的餐饮费发票、住宿费发票、交通费发票等差旅费发票是否与行程相关；(3) 出差人员名单是否属实；(4) 差旅费报销单是否经审核签批。

3. 该业务客票未注明旅客身份信息，不能计算进项税额。

《财政部 税务总局 海关总署关于深化增值税改革有关政策的公告》（财政部 税务总局 海关总署公告2019年第39号）第六条规定：

纳税人购进国内旅客运输服务，其进项税额允许从销项税额中抵扣。

纳税人未取得增值税专用发票的，暂按照以下规定确定进项税额：

（1）取得增值税电子普通发票的，为发票上注明的税额；

（2）取得注明旅客身份信息的航空运输电子客票行程单的，为按照下列公式计算进项税额：

航空旅客运输进项税额＝(票价＋燃油附加费)÷(1＋9％)×9％

（3）取得注明旅客身份信息的铁路车票的，为按照下列公式计算的进项税额：

铁路旅客运输进项税额＝票面金额÷(1＋9％)×9％

（4）取得注明旅客身份信息的公路、水路等其他客票的，按照下列公式计算进项税额：

公路、水路等其他旅客运输进项税额＝票面金额÷(1＋3％)×3％

业务4　收现金

12 月 3 日，娜娜收到甲公司因未按合同规定日期交货而支付的合同违约金 6 000 元。

【原始凭证】

见表 2-9。

表 2-9

收据　　NO.000001

20×2年12月3日

今收到　甲公司	第二联记账联
交来　合同违约金	
人民币（大写）陆仟元整	
￥6 000.00　■现金　□支票 □转账 □其他　　收款单位（盖章）	

会计：何花　　记账：丹丹　　出纳：娜娜　　经手人：娜娜

收据一般分为三联：存根联、记账联、付（交）款人联。

【财务流程】

收到现金⟶填写收据（金额开具正确、大小写一致），收款人签字（盖章）并加盖“现金收讫”章⟶将收据（付款人联）加盖公司财务章给付款人⟶将收据（记账联）编制记账凭证。

【账务处理】

借：库存现金　　6 000.00

　贷：营业外收入　　6 000.00

温馨提醒

收现金，坚持“先收款再盖章”的原则，收到现金，当面点清金额，并注意现金的真伪，若收到假币予以没收。根据业务内容贷记“应收账款”“其他应收款”“营业外收入”“其他业务收入”等相关科目。

延伸阅读

1. 签订购销合同的双方，如合同未履行，收到违约金的一方作为营业外收入，并入当期应纳税所得额，计算缴纳所得税。因为未发生经营活动，所以不涉及流转税问题。

2. 签订购销合同的双方，合同未履行，如销售方因不能按期交货等（不包括质量问题）原因造成违约，购买方收到的违约金，作为营业外收入，并入当期应纳税所得额，计算缴纳所得税。因为未实际发生销售商品、提供服务等经营活动，所以不涉及流转税问题。

3. 签订购销合同的双方，如销售方因质量问题造成违约，对于购买方收到的违约金，目前存在争议，有两种观点：(1) 属于销售折让的范畴，购买方收到的违约金应做进项转出处理，销售方开具红字发票。(2) 不属于销售折让的，购买方收到的违约金，不属于价外费用，不属于缴纳增值税的范围，不需要开具发票，但是要在企业所得税税前扣除应具备必要的证据材料以证明该经济行为的真实性，具体证据材料包括：法院判决书或调解书，仲裁机构的裁定书，双方签订的合同、协议，收款方开具的收据等。

4. 合同已履行，因购买方违约而付给销售方违约金，该违约金应属于价外费用，要随同价款一起计征流转税。此时，销售方收到的违约金应出具发票。

业务5 收银行存款

12月2日，M市顺顺顺有限公司通过电汇向本公司汇款37 400.00元，12月3日，娜娜去银行查询得知该笔汇款已到账，取得中国人民银行支付系统专用凭证1份。

【原始凭证】

见表2-10。

表2-10　　中国人民银行支付系统专用凭证　NoQ000000000000

中国××银行小额支付系统专用凭证（贷报）

批量包委托日期：1900-01-01　批量包类型：PKG001　批量包序号：0
交易种类：小额　业务类型：汇兑　支付交易序号：0000000
发起行行号：000000000000　付款人开户行行号：000000000000　委托日期：20×2-12-02
发起行名称：中国银行M市分行营业部
付款人账号：000000000000000000
付款人名称：M市顺顺顺有限公司
付款人地址：M市
接收行行号：111111111111　收款人开户行行号：111111111111　收报日期：20×2-12-03
收款人账号：3700000800660000×××
收款人名称：L市雨泽有限公司
收款人地址：L市

货币名称、金额（大写）：人民币 叁万柒仟肆佰元整
货币符号、金额（小写）：￥37 400.00
附言：无
报文状态：已自动入账
流水号：00000001
打印次数：1　记账柜员号：23　打印柜员号：01332　打印时间：20×2-12-03　15:04:18

第二联　作客户通知单　　会计　复核　记账

【财务流程】

对方通过电汇、信汇支付货款的，收货款方不用填写进账单，得到对方汇款的通知后，直接到银行查询账款是否到账，取回《客户收账通知》或《中国人民银行支付系统专用凭证》等银行单据即可。

【账务处理】

借：银行存款——中国××银行××支行 3700000800660000×××

37 400.00

贷：应收账款——M 市顺顺顺有限公司 37 400.00

业务 6　缴存现金

12 月 3 日，娜娜将收到的现金 5 000 元缴存银行。

【原始凭证】

见表 2-11。

表 2-11　中国××银行现金存款凭条

20×2 年 12 月 3 日

<table>
<tr><td rowspan="3">存款人</td><td>全称</td><td colspan="25">L 市雨泽有限公司</td></tr>
<tr><td>账号</td><td colspan="14">3700000800660000×××</td><td>款项来源</td><td colspan="10">往来款</td></tr>
<tr><td>开户行</td><td colspan="14">中国××银行××支行</td><td>交款人</td><td colspan="10">娜娜</td></tr>
<tr><td colspan="16" rowspan="2">金额（大写）伍仟元整</td><td rowspan="2">金额（小写）</td><td>千</td><td>百</td><td>十</td><td>万</td><td>千</td><td>百</td><td>十</td><td>元</td><td>角</td><td>分</td></tr>
<tr><td></td><td></td><td></td><td>¥</td><td>5</td><td>0</td><td>0</td><td>0</td><td>0</td><td>0</td></tr>
<tr><td>票面</td><td>张数</td><td>十</td><td>万</td><td>千</td><td>百</td><td>十</td><td>元</td><td>票面</td><td>张数</td><td>十</td><td>万</td><td>千</td><td>百</td><td>十</td><td>元</td><td colspan="11" rowspan="8">备注</td></tr>
<tr><td>壹佰元</td><td>30</td><td></td><td>¥</td><td>3</td><td>0</td><td>0</td><td>0</td><td>伍角</td><td></td><td></td><td></td><td></td><td></td><td></td><td></td></tr>
<tr><td>伍拾元</td><td>40</td><td></td><td>¥</td><td>2</td><td>0</td><td>0</td><td>0</td><td>贰角</td><td></td><td></td><td></td><td></td><td></td><td></td><td></td></tr>
<tr><td>贰拾元</td><td></td><td></td><td></td><td></td><td></td><td></td><td></td><td>壹角</td><td></td><td></td><td></td><td></td><td></td><td></td><td></td></tr>
<tr><td>拾元</td><td></td><td></td><td></td><td></td><td></td><td></td><td></td><td>伍分</td><td></td><td></td><td></td><td></td><td></td><td></td><td></td></tr>
<tr><td>伍元</td><td></td><td></td><td></td><td></td><td></td><td></td><td></td><td>贰分</td><td></td><td></td><td></td><td></td><td></td><td></td><td></td></tr>
<tr><td>贰元</td><td></td><td></td><td></td><td></td><td></td><td></td><td></td><td>壹分</td><td></td><td></td><td></td><td></td><td></td><td></td><td></td></tr>
<tr><td>壹元</td><td></td><td></td><td></td><td></td><td></td><td></td><td></td><td>其他</td><td></td><td></td><td></td><td></td><td></td><td></td><td></td></tr>
</table>

【财务流程】

把每日收到的现金交存银行⟶填写现金缴款单（或现金存款凭条）和现金一起交给银行⟶按现金缴款单（银行收款凭证联）记载金额编制记账凭证。

【账务处理】

借：银行存款——中国××银行××支行 3700000800660000×××　5 000.00

　贷：库存现金　5 000.00

业务 7 员工借款

12 月 4 日，销售部员工叶武借款 3 500 元。

【原始凭证】

见表 2-12。

表 2-12

借款单	
20×2 年 12 月 4 日	
借款单位：销售部	
借款理由：招待客户	
借款数额：人民币（大写）：叁仟伍佰元整	¥3 500.00
总经理：雨泽　财务经理：丰收　出纳：娜娜　借款人：叶武	

【财务流程】

审核借款单（财务经理签字，大额要总经理签字）⟶审核是否还清前欠款（前欠不清者，拒绝再借）⟶审核借款额度⟶登记还款时间⟶编制记账凭证。

【账务处理】

借：其他应收款——销售部——叶武　　3 500.00

　　贷：库存现金　　3 500.00

温馨提醒

1. 一般情况下，员工外出借款无论金额大小，都须总经理签字，电话请示的要及时补签。若无批准借款，引起纠纷，由相关责任人自负。

2. 定期清理各部门人员借款情况，编制《个人借款情况明细表》（内容包含所属部门、借款人姓名、借款金额、还款期限等），提醒借款人按时归还借款，对于逾期仍未还款者可以根据实际情况直接从借款人的工资或报销费用中扣还。

业务 8 报销费用冲销员工借款

12 月 5 日，销售部员工叶武报销业务招待费 4 000 元。

【原始凭证】

见表 2-13 至表 2-15。

表 2-13 **费用报销单**

20×2 年 12 月 5 日　　附单据 5 张

项目	单据（张）	金额（元）	备注	注：①差旅费报销请填差旅费报销单。②费用报销单需和粘贴单一起使用。
招待 M 市双喜有限公司王总	4	2 000.00		
招待 L 市双福有限公司李总	1	2 000.00		
合计	5	4 000.00		
金额（大写）肆仟元整				

总经理：雨泽　　财务经理：丰收　　部门经理：萧晓　　报销人：叶武

表 2-14 **餐饮费发票（定额）**

××通用定额发票

国家税务总局 ××税务局

发票联

发票代码:000000000182

发票号码: 00002127

密码:

×××××××

伍佰元

(加盖发票专用章有效)

××××××××××××××××××

× 税发票字(20×2)1552号1.6千本×50×2

××发发科技发展有限公司20×2年10月印

发票专用章

注：此发票 4 份，共计 2 000 元。

表 2-15　　餐饮费发票（增值税电子普通发票）

××增值税电子普通发票

国家税务总局 ××税务局

发票代码：1400080006
发票号码：00000619
开票日期：20×2年12月04日
校验码：12345123452222222222

机器编号：000000000000069

购买方	名　　称：L市雨泽有限公司 纳税人识别号：910370000000000088 地址、电话：L市××区××路6号05××-6660000 开户行及账号：中国××银行××支行37000000800660000×××					密码区	略
货物或应税劳务、服务名称	规格型号	单位	数量	单价	金额	税率	税额
*餐饮服务*餐饮费		次	1	1 886.79	1 886.79	6%	113.21
合　计					¥1 886.79		¥113.21
价税合计（大写）	ⓧ贰仟元整				（小写）¥2000.00		
销售方	名　　称：L市××××餐饮有限公司 纳税人识别号：910370000000006069 地址、电话：L市××区YY路128号05××-6668899 开户行及账号：中国××银行××支行37000000777660009×××					备注	L市××××餐饮有限公司 910370000000006069 发票专用章

收款人：SK　　复核：FH　　开票人：KP　　销售方：（章）

【财务流程】

审核费用报销单及所附发票等费用单据、借款人借款情况，若报销费用大于借款的金额，先冲销借款，再将差额支付给借款人；若报销费用小于借款的金额，先将差额收回，再冲销借款。

【账务处理】

借：管理费用——业务招待费　　4 000.00（按应报销金额）

　贷：其他应收款——销售部——叶武　　3 500.00（按实际借出现金）

　　库存现金 500.00（报销费用大于借款的金额，将差额支付给借款人）

若报销费用小于借款的金额，则将差额收回，借记“库存现金”。

温馨提醒

1. 业务招待费的列支范围。

关于业务招待费的列支范围，不论是会计上还是税法上都未给予准确的界定。在税务执法实践中，通常将业务招待费的支付范围界定为与企业生产经营活动有关的餐饮、香烟、酒水、食品、赠送的礼品、土特产品、旅游门票、正常的娱乐活动等费用支出。企业应准备足够有效的材料来证明与生产经营有关，并保证业务招待费用的真实性，越客观的证据越有效。

企业应将业务招待费与会议费、业务宣传费等其他费用严格区分，不得将业务招待费挤入其他费用。同时要严格区分给客户的回扣、贿赂等非法支出，对此不能作为业务招待费而应直接做纳税调整。

一般来讲，外购礼品用于赠送的，应作为业务招待费，但如果礼品是纳税人自行生产或经过委托加工，赠送给潜在客户，对企业的形象、产品有标记及宣传作用的，也可作为业务宣传费；但是，赠送给既有客户，是用来维系客户关系的一种手段，不能起到宣传企业形象的作用，应作为业务招待费。

2. 业务招待费≠餐费，餐费≠业务招待费。

在实际工作中，有的企业财务人员认为餐费就是业务招待费，也有的企业财务人员认为业务招待费就是餐费，错误地把餐费和业务招待费画上等号，导致企业多缴或少缴企业所得税。其实餐费与业务招待费不是一回事！

（1）业务招待费≠餐费：业务招待费除了用于接待的餐费，还包括向客户赠送的礼品、正常的娱乐活动等。

（2）餐费≠业务招待费：

①重大节日的员工聚餐、加班工作餐等，这些与接待客户根本没有关系，只是企业内部员工发生的餐费，显然不属于业务招待费，聚餐可以在福利费列支，工作餐则可以在办公费列支。

②差旅费中发生的餐费可全额税前扣除。差旅费是指出差旅途中的费用支出，包括购买车票、船票、火车票、飞机票的费用，以及住宿费、伙食补助费和其他方面的支出。使用餐费发票报销出差旅途中的用餐费用需填写差旅费报销单，列明出差人员姓名、地点、时间、任务等内容，与车票、住宿费发票等支付凭证等一起作为附件。

在证明资料不足的情况下，为了减少税企争议，建议企业最好不用餐费发票报销，而改用发放误餐补助的方式，不但在企业所得税前可以扣除，也不征收个人所得税。

根据《财政部 国家税务总局关于误餐补助范围确定问题的通知》（财税字〔1995〕82号）的规定，对个人因公在城区、郊区工作，不能在工作单位或返回就餐，确实需要在外就餐的，根据实际误餐顿数，按合理的标准领取的误餐费不征税；对一些单位以误餐补助名义发给职工的补贴、津贴，应当并入当月工资、薪金所得计征个人所得税。

③会议费中发生的餐费可全额税前扣除。会议费是指召开会议所发生的一切合理费用，包括租用会议场所费用、会议资料费、交通费、茶水费、餐费、住宿费等支出。但企业要保存好会议费的证明材料，具体包括会议时间、地点、出席人员、内容、目的、费用标准、支付凭证等。另外，最好不要单独开具餐费发票，而应根据实际用途一并按会议费开具发票。

《财政部 国家税务总局关于明确金融 房地产开发 教育辅助服务等增值税政策的通知》（财税〔2016〕140号）第十条规定：宾馆、旅馆、旅社、度假村和其他经营性住宿场所提供会议场地及配套服务的活动，按照“会议展览服务”缴纳增值税。

湖北省政策口径：酒店业纳税人对提供会议服务中包含的餐饮服务、住宿服务收入，可一并按会议服务核算计税，开具增值税发票。

河北省政策口径：试点纳税人提供会议服务，且同时提供住宿、餐饮、娱乐、旅游等服务的，在开具增值税专用发票时不得将上述服务项目统一开具为“会议费”，应按照《商品和服务税收分类与编码（试行）》规定的商品和服务编码，在同一张发票上据实分项开具，并在备注栏中注明会议名称和参会人数。

为了准确划分餐费的费用项目，建议企业完善财务制度，将业务招待费与差旅费、会议费和职工福利费严格区分，不得将业务招待费挤入这些费用，同时把不属于业务招待费的餐费分离出来，但注意保留能够证明费用项目的证明资料，以备税务机关检查，避免不必要的税务风险。

3. 业务招待费的扣除基数。

企业计算年度可在企业所得税前扣除的业务招待费，应以主营业务收入、其他业务收入和视同销售收入之和为基数计算确定。对经税务机关查增的收入，企业纳税申报时未在申报表中申报，大部分税务机关认为是企业对扣除权利的放弃，其数据不可以追加作为所属年度业务招待费的计算基数。

但是，《河北省国家税务局 河北省地方税务局关于明确企业所得税若干业务问题的公告》（河北省国家税务局、河北省地方税务局公告2012年第1号）第十二条规定：对纳税人在稽查、检查过程中查补的收入，可以作为所属年度企业业务招待费、广告费和业务宣传费的计算基数。河北省是个特例，其他省市无此规定的不可以参考。

4. 企业在筹建期间，发生的与筹办活动有关的业务招待费支出，可按实际发生额的60%计入企业筹办费，并按有关规定在税前扣除。扣除时不受当期销售（营业）收入5‰的限制。

企业在筹建期间，发生的广告费和业务宣传费，可按实际发生额计入企业筹办费，并按有关规定在税前扣除。扣除时不受当期销售（营业）收入15%的限制。

5. 筹建期如何界定？是否企业从开业到取得第一笔销售收入之前都叫筹建期？

筹建期是指企业被批准筹建之日起至开始生产、经营（包括试生产、试经营）之日的期间。不同行业企业其开始生产、经营之日的确认标准不同，因此应根据企业实际情况予以判断，不能仅以企业取得第一笔销售收入作为判断开始生产经营的唯一标准。

业务 9　银行承兑汇票到期

公司有一份 12 月 6 日到期的面值为 500 000 元的银行承兑汇票，12 月 3 日，娜娜填写托收凭证，连同银行承兑汇票交到银行。收到银行盖章退回的托收凭证一联。12 月 6 日，查询银行账户此款项已到账，取得中国人民银行支付系统专用凭证一份。

【原始凭证】

见表 2-16 至表 2-19。

表 2-16　　银行承兑汇票（正面）

银行承兑汇票　2　　00000058 00000236

出票日期（大写）　贰零×贰年零陆月零陆日

出票人全称	M市佳佳公司	收款人	全　称	N市好好公司
出票人账号	000000000800660000587		账　号	000000000800770000236
付款行全称	M市××银行YY支行行号		开户银行	N市××银行XY支行行号
汇票金额	人民币（大写）伍拾万元整			亿千百十万千百十元角分：¥50000000
付款到期日（大写）	贰零×贰年拾贰月零陆日	付款行	行号	000000000026
承兑协议编号	000000000000014		地址	M市×路3号
本汇票请你行承兑，到期无条件付款。 出票人签章		本汇票已经承兑，到期日由本行付款。 承兑行签章 承兑日期20×2年6月8日 备注		密押 复核　　记账

此联收款人开户行随委托收款凭证寄付款行作借方凭证附件

表 2-17　　银行承兑汇票（背面）

被背书人：L 市双福有限公司	被背书人：L 市雨泽有限公司	被背书人：L 市雨泽有限公司开户银行
N 市好好公司签章 背书人签章 20×2 年 6 月 9 日	L 市双福有限公司签章 背书人签章 20×2 年 11 月 9 日	L 市雨泽有限公司签章 背书人签章 20×2 年 12 月 3 日

表 2-18

托收凭证（受理回单）

委托日期 20×2 年12月03日

<table>
<tr><td colspan="2">业务类型</td><td colspan="13">委托收款（□邮划、□电划）托收承付（□邮划、□电划）</td></tr>
<tr><td rowspan="3">付款人</td><td>全 称</td><td colspan="3">M市开发区支行</td><td rowspan="3">收款人</td><td>全 称</td><td colspan="8">L市雨泽有限公司</td></tr>
<tr><td>账 号</td><td colspan="3"></td><td>账 号</td><td colspan="8">3700000800660000×××</td></tr>
<tr><td>地 址</td><td>××省M市(县)</td><td>开户行</td><td>M市开发区支行</td><td>地 址</td><td colspan="3">××省L市(县)</td><td colspan="2">开户行</td><td colspan="3">××银行××支行</td></tr>
<tr><td rowspan="2">金额</td><td rowspan="2">人民币(大写)</td><td colspan="5" rowspan="2">伍拾万元整</td><td>亿</td><td>千</td><td>百</td><td>十</td><td>万</td><td>千</td><td>百</td><td>十</td><td>元</td><td>角</td><td>分</td></tr>
<tr><td></td><td></td><td>¥</td><td>5</td><td>0</td><td>0</td><td>0</td><td>0</td><td>0</td><td>0</td><td>0</td></tr>
<tr><td colspan="2">款项内容</td><td>货款</td><td>托收凭据名称</td><td colspan="3">银行承兑汇票 00000236</td><td colspan="3">附寄单证张数</td><td colspan="5">1</td></tr>
<tr><td colspan="2">商品发运情况</td><td colspan="3"></td><td colspan="2">合同名称号码</td><td colspan="8"></td></tr>
<tr><td colspan="3">备注</td><td colspan="3">款项收妥日期</td><td colspan="9">收款人开户银行签章</td></tr>
</table>

此联做收款人开户银行给收款人的受理回单

托收凭证一式五联，分别为托收凭证受理回单联、托收凭证贷方凭证联、托收凭证借方凭证联、托收凭证汇款依据或收账通知联及托收凭证付款通知联。

表 2-19 **中国人民银行支付系统专用凭证** NoQ000000000000

报文种类：CMT100 交易种类：HVPS 贷记 业务种类：11 支付交易序号：00000730
发起行行号：000000000000 汇款人开户行行号：000000000000 委托日期：20×2-12-03
发起行名称：中国银行 A 市分行营业部
汇款人账号：000000000000000000
汇款人名称：应解汇款
汇款人地址：A 市
接收行行号：111111111111 收款人开户行行号：111111111111 收报日期：20×2-12-06
收款人账号：3700000800660000×××
收款人名称：L 市雨泽有限公司
收款人地址：L 市

货币名称、金额（大写）：人民币伍拾万元整
货币符号、金额（小写）：RMB500 000.00

附言：委托收款 GA0000000000
报文状态：已入账
流水号：00001 打印时间：20×2-12-06 16:05:58
第一次打印，注意重复！

第二联 作客户通知单 会计 复核 记账

【财务流程】

持票人将银行承兑汇票背书栏补齐，在最后被背书栏加盖本单位预留印鉴──→填写托收凭证，填完后在第二联左下角指定处加盖本单位预留印鉴──→连同银行承兑汇票一并交给开户银行柜台，柜台将以第一联作为回单交还托收人，并

将所委托托收汇票寄到开票行予以查询。如无误到期即可解付。

【账务处理】

借：银行存款——中国××银行××支行 3700000800660000×××

500 000.00

贷：应收票据 500 000.00

温馨提醒

1. 各银行的托收凭证样式都是统一的，但是印刷不同，因而不能通用。

2. 凭证需要填写的内容有：(1) 委托日期：即该凭证送交银行柜台的日期；(2) 付款人全称，即票面显示的“付款行全称”栏内付款行行名。银行承兑汇票和商业承兑汇票的承兑人不同，银行承兑汇票的承兑人是银行；(3) 付款人账号：付款人账号栏不填，由银行查询填写；(4) 付款人地址：若票面有付款行详细地址则按地址填写，如没有，需要查询到该付款行隶属于何省何市（或县）；(5) 付款人开户行：“付款人开户行”栏与“付款人”栏一样，均为承兑行行名；(6) 收款人全称：即收款单位；(7) 收款人账号：为收款单位送交托收银行本单位账号；(8) 收款人地址：收款单位隶属省、市（县）；(9) 收款人开户行：收款单位送交托收行行名；(10) 金额：票面金额大写、小写；(11) 款项内容：“货款”等；(12) 托收凭据名称：“银行承兑汇票”并需填写托收的本张承兑右上角的汇票号码；(13) 附寄单证张数：此栏有些银行不要求填写，有些银行要求，所附寄的即为本需托收汇票，一般写“一张”。本托收凭证共五联，要求复印填写，每张填写内容一致。

3. 汇票后的被背书栏理论上由每手背书人填写，但在实务操作中到期托收的汇票后被背书栏常常是空白的，需要由到期托收人逐栏填补以前各家被背书栏。这样做风险非常大，万一将某家名称填错，需要追溯至该家由该家出具证明并在同张证明上加盖公章和预留印鉴三个印章。银行承兑汇票的流通期最长为六个月，在这期间，完全可能经手几十家。一旦写错，需要追溯证明的时候，对方公司很可能和本企业没有任何业务联系，连联系方式都无法找到，就算找到对方也可能置之不理导致托收方无法托收。所以，除了“慎之又慎”别无他法，在填写之前，请先凝神静气，在填写之时，请全神贯注。

业务 10　银行承兑汇票背书转让

12 月 7 日，丹丹将一份面值为 500 000 元的银行承兑汇票背书转让给 M 市双喜有限公司用于支付货款。

【原始凭证】

见表 2-20 至表 2-22。

表 2-20　付款审批单

20×2 年 12 月 7 日

收款单位	M 市双喜有限公司		
付款金额	500 000 元	付款形式	银行承兑汇票 00000266
付款用途	支付货款		

总经理：雨泽　　财务经理：丰收　　部门经理：萧晓　　经办人：叶武

表 2-21　银行承兑汇票（正面）

银行承兑汇票　2

00000058
00000266

出票日期（大写）　贰零×贰年零玖月零玖日

出票人全称	M市佳佳公司	收款人	全　称	L市双福有限公司
出票人账号	0000000800660000587		账　号	0000000800990000996
付款行全称	M市××银行YY支行行号		开户银行	L市××银行×Y支行行号
汇票金额	人民币（大写）伍拾万元整			亿 千 百 十 万 千 百 十 元 角 分 ¥ 5 0 0 0 0 0 0 0
付款到期日（大写）	贰零×叁年零叁月零玖日	付款行	行号	000000002126
承兑协议编号	000000000000616		地址	M市×路3号
本汇票请你行承兑，到期无条件付款。 出票人签章		本汇票已经承兑，到期日由本行付款。 承兑行签章 承兑日期20×3年9月10日		密押
		备注		复核　记账

此联收款人开户行随委托收款凭证寄付款行作借方凭证附件

表 2-22 银行承兑汇票（背面）

被背书人：L 市雨泽有限公司	被背书人：M 市双喜有限公司
L 市双福有限公司签章 背书人签章 20×2 年 9 月 10 日	L 市雨泽有限公司签章 背书人签章 20×2 年 12 月 7 日

【财务流程】

审核付款审批单──→确定结算方式为银行承兑汇票背书转让──→在银行承兑汇票（背面）背书人签章栏签章──→送交被背书人单位──→登记银行票据登记簿──→在付款审批单上注明票据号，加盖“转账”章──→编制记账凭证。

【账务处理】

借：应付账款——M 市双喜有限公司 500 000.00

　　贷：应收票据 500 000.00

温馨提醒

银行承兑汇票用于委托收款、贴现、质押时的背书形式分别参见表 2-23、表 2-24 和表 2-25。

表 2-23

被背书人：乙公司	被背书人：丙公司	被背书人：丁公司	被背书人：丁公司开户银行
甲公司签章	乙公司签章	丙公司签章	丁公司签章 委托收款

表 2-24

被背书人：乙公司	被背书人：丙公司	被背书人：P 银行	被背书人：P 银行
甲公司签章	乙公司签章	丙公司签章 （贴现）	P 银行签章 委托收款

表 2-25

被背书人：乙公司	被背书人：P 银行	被背书人：丙公司	被背书人：丙公司开户银行
甲公司签章	乙公司签章 质押	乙公司签章	丙公司签章 委托收款

业务 11　银行承兑汇票贴现

12 月 8 日，将一份尚有 3 个月到期的票面金额为 50 万元的银行承兑汇票送交银行进行贴现。

【原始凭证】

见表 2-26。

表 2-26

贴现凭证（收账通知） 4

申请日期（大写）贰零×贰年拾贰月零捌日　　　　第0506号

<table>
<tr><td rowspan="3">贴现汇票</td><td>种　类</td><td colspan="2">银行承兑汇票</td><td>号码</td><td>0000002366</td><td rowspan="3">申请人</td><td>名　称</td><td colspan="10">L市雨泽有限公司</td></tr>
<tr><td>出票日</td><td colspan="4">20×2年9月20日</td><td>账　号</td><td colspan="10">3700000800660000×××</td></tr>
<tr><td>到期日</td><td colspan="4">20×3年3月20日</td><td>开户银行</td><td colspan="10">中国××银行××支行</td></tr>
<tr><td colspan="2">汇票承兑人</td><td>名称</td><td colspan="3">H市雨润有限公司</td><td>账号</td><td>000000809</td><td colspan="2">开户行</td><td colspan="8">H市××银行××支行</td></tr>
<tr><td colspan="2" rowspan="2">汇票金额</td><td rowspan="2">人民币
（大写）</td><td colspan="4" rowspan="2">伍拾万元整</td><td>千</td><td>百</td><td>十</td><td>万</td><td>千</td><td>百</td><td>十</td><td>元</td><td>角</td><td>分</td></tr>
<tr><td></td><td>¥</td><td>5</td><td>0</td><td>0</td><td>0</td><td>0</td><td>0</td><td>0</td><td>0</td></tr>
<tr><td colspan="2">贴现率</td><td>5.6‰</td><td>贴现息</td><td colspan="3">9 520.00</td><td colspan="3">实付金额</td><td colspan="7">490 480.00</td></tr>
<tr><td colspan="7">贴现款项已入你单位账户。
银行签章
20×2年 12月8日</td><td colspan="11">备注：</td></tr>
</table>

此联银行给贴现申请人的收账通知。

注：贴现息＝票据到期值×贴现率×贴现期＝500 000×5.6‰÷30×102＝9 520.00（元）。

利息发票一般为增值税普通发票，式样略。

【财务流程】

审查是否符合贴现条件，准备贴现所需资料⟶持未到期的银行承兑汇票到银行⟶填制《银行承兑汇票贴现申请书》，提交资料⟶银行审批（银行按照规定的程序确认拟贴现汇票和贸易背景的真实性、合法性，计算票据贴现的利息和金额，按照实付贴现金额发放贴现贷款）⟶收到贴现款⟶编制记账凭证。

【账务处理】

借：银行存款　　　　　　　　　　490 480.00（按实际收到的金额）

　　财务费用——利息支出　　　　　　9 520.00（按贴现息）

　贷：应收票据　　　　　　　　　500 000.00（按应收票据的票面余额）

说明：由于假设本公司只有一个银行账户，从本业务起，“银行存款”科目省略明细科目。

温馨提醒

1. 本流程以中国银行为例（各银行不一定相同，请咨询相应银行）。

2. 票据贴现是收款人或持票人将未到期的银行承兑汇票或商业承兑汇票向银行申请贴现，银行按票面金额扣除贴现利息后将余款支付给收款人的一项银行授信业务。票据一经贴现便归贴现银行所有，贴现银行到期可凭票直接向承兑人收取票款。

3. 贴现条件：

(1) 按照《中华人民共和国票据法》和中国人民银行的《支付结算办法》规定签发的有效汇票，基本要素齐全。

(2) 单张汇票金额不超过1 000万元。

(3) 汇票的签发和取得必须遵循诚实守信的原则，并以真实合法的交易关系和债务关系为基础。

4. 需要提供的资料：

(1) 未到期的承兑汇票，贴现申请人的企业法人资格证明文件及有关法律文件。

(2) 经年审合格的企业（法人）营业执照（复印件）。

(3) 企业法人代表证明书或授权委托书，董事会决议及公司章程。

(4) 贴现申请人的近期财务报表。

(5) 贴现申请书。

(6) 贴现申请人与出票人之间的商品交易合同复印件及合同项下的增值税专用发票复印件。

业务 12 缴纳税费

12 月 8 日，何花申报缴纳上期税款：增值税 29 669.87 元，城市维护建设税 2 076.89 元，教育费附加 890.10 元，地方教育附加 593.40 元，印花税 262.36 元，个人所得税 6 000.00 元，12 月 9 日，娜娜从银行取回完税凭证。

【原始凭证】

见表 2-27 至表 2-30。

表 2-27 完税凭证

中华人民共和国
税收电子转账完税证 （20×21）×国电 1517967
填发日期：20×2 年 12 月 08 日 3700000800660000×××

税务登记代码	91037000000000088	征收机关	××税务局税源管理三科	
纳税人全称	L 市雨泽有限公司	收款银行（邮局）	中国××银行××支行	
税（费）种		税款所属时间	实缴金额	
增值税		20×2-11-01 至 20×2-11-30	29 669.87	
金额合计	（大写）人民币贰万玖仟陆佰陆拾玖元捌角柒分		￥29 669.87	
税务机关（盖章）	收款银行（邮局）（盖章）	经手人（盖章）	备注	

电脑打印 手工无效

表 2-28 完税凭证

中华人民共和国
税收电子转账完税证 （20×21）×国电 1517967
填发日期：20×2 年 12 月 08 日 3700000800660000×××

税务登记代码	91037000000000088	征收机关	××税务局税源管理三科	
纳税人全称	L 市雨泽有限公司	收款银行（邮局）	中国××银行××支行	
税（费）种		税款所属时间	实缴金额	
城市维护建设税		20×2-11-01 至 20×2-11-30	2 076.89	
教育费附加		20×2-11-01 至 20×2-11-30	890.10	
地方教育附加		20×2-11-01 至 20×2-11-30	593.40	
金额合计	（大写）人民币叁仟伍佰陆拾元叁角玖分		￥3 560.39	
税务机关（盖章）	收款银行（邮局）（盖章）	经手人（盖章）	备注	

电脑打印 手工无效

表 2-29 完税凭证

中华人民共和国

税收电子转账完税证 (20×21) ×国电 1517967

填发日期：20×2 年 12 月 08 日 3700000800660000×××

税务登记代码	910370000000000088	征收机关	××税务局税源管理三科	
纳税人全称	L 市雨泽有限公司	收款银行（邮局）	中国××银行××支行	
税（费）种		税款所属时间	实缴金额	
印花税		20×2-11-01 至 20×2-11-30	262.36	
金额合计	（大写）人民币贰佰陆拾贰元叁角陆分		¥262.36	
税务机关 （盖章）	收款银行（邮局） （盖章）	经手人 （盖章）	备注	

电脑打印 手工无效

表 2-30 完税凭证

中华人民共和国

税收电子转账完税证 (20×21) ×国电 1517967

填发日期：20×2 年 12 月 08 日 3700000800660000×××

税务登记代码	910370000000000088	征收机关	××税务局税源管理三科	
纳税人全称	L 市雨泽有限公司	收款银行（邮局）	中国××银行××支行	
税（费）种		税款所属时间	实缴金额	
个人所得税		20×2-11-01 至 20×2-11-30	6 000.00	
金额合计	（大写）人民币陆仟元整		¥6 000.00	
税务机关 （盖章）	收款银行（邮局） （盖章）	经手人 （盖章）	备注	

电脑打印 手工无效

【财务流程】

纳税申报⟶确保缴税账户金额充足⟶扣款⟶取回完税凭证⟶编制记账凭证。

【账务处理】

借：应交税费——未交增值税 29 669.87

——应交城市维护建设税 2 076.89

——应交教育费附加	890.10
——应交地方教育附加	593.40
——应交个人所得税	6 000.00
税金及附加——印花税	262.36
贷：银行存款	39 492.62

温馨提醒

1. 纳税申报，缴纳税款的期限要牢记：

增值税、消费税、个人所得税、城市维护建设税及其他附加税费按月申报；企业所得税按季度申报，次年 5 月 31 日之前汇算清缴；房产税、土地使用税一般按季度申报；其他税种按税法规定时间申报。

2. 印花税不用计提，在实际缴纳时，直接计入“税金及附加”。

业务 13 购原材料（一）

12 月 10 日，公司从 M 市双喜有限公司购入甲材料，取得增值税专用发票 1 份，增值税专用发票上注明原材料价款为 200 万元，增值税 26 万元，另发生运费 4 161.62 元和其他杂费 1 762.00 元，分别取得 M 市快快运输有限公司开具的增值税专用发票 1 份和普通发票 1 份。材料已到达并验收入库。款项未付。

【原始凭证】

见表 2-31 至表 2-34。

表 2-31

××增值税专用发票

发票联

（全国统一发票监制章 国家税务总局监制）

1400080002　　　　No 00000026　1400080002

机器编号:　　　　00000026

××××××××××××　　　　开票日期：20×2年12月10日

国税函[20××]××号××公司

购买方	名称：L市雨泽有限公司 纳税人识别号：910370000000000088 地址、电话：L市××区××路6号05××-6660000 开户行及账号：中国××银行××支行3700000800660000×××				密码区	略	
货物或应税劳务、服务名称	规格型号	单位	数量	单价	金额	税率	税额
*某某材料*甲材料		kg	20 000.00	100.00	2 000 000.00	13%	260 000.00
合　计					¥2 000 000.00		¥260 000.00
价税合计（大写）	⊗贰佰贰拾陆万元整				（小写）¥2 260 000.00		
销售方	名称：M市双喜有限公司 纳税人识别号：××××××××××××××××××× 地址、电话：M市开发区工业园××××-××××××××× 开户行及账号：中国××银行开发区支行××××-×××××××××				备注	××××××××××××××××××	

收款人：出纳　　复核：会计1　　开票人：会计2　　销售方：（章）

（印章：M市双喜有限公司 发票专用章）

第三联：发票联 购买方记账凭证

表 2-32

××增值税专用发票

1400080002
机器编号：
××××××××××××

发票联

No 00000026　1400080002
00000026
开票日期：20×2年12月10日

国税函[20××]××号××公司

购买方	名称：L市雨泽有限公司 纳税人识别号：91037000000000088 地址、电话：L市××区××路6号05××-6660000 开户行及账号：中国××银行××支行37000000800660000×××						密码区	略
货物或应税劳务、服务名称	规格型号	单位	数量	单价	金额	税率	税额	
*某某材料*甲材料		kg	20 000.00	100.00	2 000 000.00	13%	260 000.00	
合　计					￥2 000 000.00		￥260 000.00	
价税合计（大写）	ⓧ贰佰贰拾陆万元整				（小写）￥2 260 000.00			
销售方	名称：M市双喜有限公司 纳税人识别号：×××××××××××××××××× 地址、电话：M市开发区工业园××××-××××××× 开户行及账号：中国××银行开发区支行××××-×××××××						备注	×××××××××××××××××××

收款人：出纳　　复核：会计1　　开票人：会计2　　销售方：（章）

第二联：抵扣联　购买方扣税凭证

说明：发票抵扣联在后续业务中不再列出，只列出发票联。

表 2-33

××增值税专用发票

1400080002
机器编号：
××××××××××××

发票联

No88940001　1400080002
88940001
开票日期：20×2年12月10日

国税函[20××]××号××公司

购买方	名称：L市雨泽有限公司 纳税人识别号：91037000000000088 地址、电话：L市××区××路6号05××-6660000 开户行及账号：××银行××支行37000000800660000×××						密码区	略
货物或应税劳务、服务名称	规格型号	单位	数量	单价	金额	税率	税额	
*运输服务*运输费		次	1.00	3 818.00	3 818.00	9%	343.62	
合　计					￥3 818.00		￥343.62	
价税合计（大写）	ⓧ　肆仟壹佰陆拾壹元陆角贰分				（小写）￥4 199.80			
销售方	名称：M市快快运输有限公司 纳税人识别号：×××××××××××××××××× 地址、电话：M市开发区工业园××××-××××××× 开户行及账号：中国××银行开发区支行××××-×××××××						备注	L市——L市，SA12666， 甲材料2 0000kg ××××××××××××××××××

收款人：出纳　　复核：会计1　　开票人：会计2　　销售方：（章）

第三联：发票联　购买方记账凭证

其他杂费 1 762.00 元取得普通发票，略。

表 2-34　　　　　　　　　　　　　　　　材料入库单

供应单位：M 市双喜有限公司　　　　20×2 年 12 月 10 日　　　　　　收料仓库：1 号库

发票号数：00000026、88940001　　　　　　　　　　　　　　　　　　编　　号：00008

原材料编号	原材料名称	单位	规格	数量		实际成本			
				应收	实收	买价		采购费用	合计
						单价	金额		
01	甲材料	kg		20 000.00	20 000.00	100.00	2 000 000.00	5 580.00	2 005 580.00
合计	甲材料	kg		20 000.00	20 000.00	100.00	2 000 000.00	5 580.00	2 005 580.00

供应部门负责人：巩英　　　　保管：小宝　　　　验收：小艳　　　　采购：小蔡

【财务流程】

审查采购员传来的采购发票、运费发票、购物清单、材料入库单（财务联）、采购订单（或采购合同，紧急需求、小额零星采购等特殊采购业务可以没有订单或合同）等与材料采购有关的原始凭证⟶将发票抵扣联抽出认证，单独装订⟶编制记账凭证。

【账务处理】

借：原材料——甲材料　　2 005 580.00

　　应交税费——应交增值税（进项税额）　　260 343.62

　贷：应付账款——M 市双喜有限公司　　2 260 000.00

　　　　　　——M 市快快运输有限公司　　5 923.62

温馨提醒

1. 记账凭证摘要栏须注明材料名称及数量，并正确选取明细科目，注意客户名称要使用全称，防止出现因客户名称相近而串户。

2. 采购发票必须真实、合法、有效。除特殊情形外，一般纳税人须取得增值税专用发票，按照专用发票上注明的税额进行进项税额抵扣，按照专用发票上注明的金额计入采购成本。发票数量、金额与材料入库单数量、金额要一致。

3. 运杂费需填写材料入库单（只写金额不写数量），并计入相应材料的采购成本。

4. 材料的采购成本，包括购买价款、相关税费、运输费、装卸费、保险费以及其他可归属于材料采购成本的费用。关注材料采购价格是否偏高，是否高于采购限价，关注价格波动情况，发现异常及时报告主管领导。

5. 前期有预付账款的，要先冲销预付账款。

6. 购买原材料，需要审核的事项：是否有入库单，入库单签章、审批手续是否齐全，是否有采购合同，是否有质量验收合格证明，发票内容（数量、规格型号、单价、金额、销售方等内容）是否与采购合同对应，是否舍近求远采购，成本费用率是否明显超过行业合理水平。

7.《国家税务总局关于停止使用货物运输业增值税专用发票有关问题的公告》（国家税务总局公告2015年第99号）规定：

（1）增值税一般纳税人提供货物运输服务，使用增值税专用发票和增值税普通发票，开具发票时应将起运地、到达地、车种车号以及运输货物信息等内容填写在发票备注栏中，如内容较多可另附清单。

（2）为避免浪费，方便纳税人发票使用衔接，货运专票最迟可使用至2016年6月30日，7月1日起停止使用。

（3）铁路运输企业受托代征的印花税款信息，可填写在发票备注栏中。中国铁路总公司及其所属运输企业（含分支机构）提供货物运输服务，可自2015年11月1日起使用增值税专用发票和增值税普通发票，所开具的铁路货票、运费杂费收据可作为发票清单使用。

延伸阅读

1. 下列项目的进项税额不得从销项税额中抵扣：

（1）用于简易计税方法计税项目、免征增值税项目、集体福利或者个人消费的购进货物、加工修理修配劳务、服务、无形资产和不动产。其中涉及的固定资产、无形资产、不动产，仅指专用于上述项目的固定资产、无形资产（不包括其他权益性无形资产）、不动产。

纳税人的交际应酬消费属于个人消费。

（2）非正常损失的购进货物，以及相关的加工修理修配劳务和交通运输服务。

(3) 非正常损失的在产品、产成品所耗用的购进货物（不包括固定资产）、加工修理修配劳务和交通运输服务。

(4) 非正常损失的不动产，以及该不动产所耗用的购进货物、设计服务和建筑服务。

(5) 非正常损失的不动产在建工程所耗用的购进货物、设计服务和建筑服务。纳税人新建、改建、扩建、修缮、装饰不动产，均属于不动产在建工程。

(6) 购进的贷款服务、餐饮服务、居民日常服务和娱乐服务。

(7) 财政部和国家税务总局规定的其他情形。

上述第（4）项、第（5）项所称货物，是指构成不动产实体的材料和设备，包括建筑装饰材料和给排水、采暖、卫生、通风、照明、通讯、煤气、消防、中央空调、电梯、电气、智能化楼宇设备及配套设施。已抵扣进项税额的购进货物（不含固定资产）、劳务、服务，发生上述规定情形（简易计税方法计税项目、免征增值税项目除外）的，应当将该进项税额从当期进项税额中扣减；无法确定该进项税额的，按照当期实际成本计算应扣减的进项税额。

想全面学习增值税纳税处理的读者，可以阅读笔者所著的《增值税纳税实务与节税技巧》。

2. 若是购进农产品，则抵扣政策比较特殊。

(1) 一般情况下，纳税人购进农产品，取得一般纳税人开具的增值税专用发票或海关进口增值税专用缴款书的，以增值税专用发票或海关进口增值税专用缴款书上注明的增值税额为进项税额。

填写《增值税纳税申报表附列资料（二）》（本期进项税额明细）1～3栏次。

(2) 一般情况下，从按照简易计税方法依照3%征收率计算缴纳增值税的小规模纳税人取得增值税专用发票的，以增值税专用发票上注明的金额和9%的扣除率计算进项税额。

填写《增值税纳税申报表附列资料（二）》（本期进项税额明细）第6栏“农产品收购发票或者销售发票”。税额＝增值税专用发票上注明的金额×9%。

特别提醒：小规模纳税人开具3%的普通发票不能抵扣了，而只有开具3%

的专用发票，才可以按9%计算抵扣。

尚存疑惑的是，从按照简易计税方法依照3%征收率计算缴纳增值税的小规模纳税人取得增值税专用发票的，以增值税专用发票上注明的金额和9%的扣除率计算进项税额，而不是按照专用发票注明的增值税额抵扣进项税额，那么这种专用发票是否要求认证呢？详见后文。

(3) 一般情况下，取得（开具）农产品销售发票或收购发票的，以农产品销售发票或收购发票上注明的农产品买价和9%的扣除率计算进项税额。

填写《增值税纳税申报表附列资料（二）》（本期进项税额明细）第6栏“农产品收购发票或者销售发票”。税额＝农产品销售发票或者收购发票上注明的农产品买价×9%。

这里的销售发票，是指农业生产者销售自产农产品适用免征增值税政策而开具的普通发票。

农业生产者包括从事农业生产的单位和个人。

根据《财政部 国家税务总局关于农民专业合作社有关税收政策的通知》（财税〔2008〕81号）的规定，对农民专业合作社销售本社成员生产的农业产品，视同农业生产者销售自产农业产品免征增值税。

根据《国家税务总局关于纳税人采取“公司＋农户”经营模式销售畜禽有关增值税问题的公告》（国家税务总局公告2013年第8号）的规定，自2013年4月1日起，纳税人采取“公司＋农户”经营模式从事畜禽饲养，即公司与农户签订委托养殖合同，向农户提供畜禽苗、饲料、兽药及疫苗等（所有权属于公司），农户饲养畜禽苗至成品后交付公司回收，公司将回收的成品畜禽用于销售。在上述经营模式下，纳税人回收再销售畜禽，属于农业生产者销售自产农产品，应根据《中华人民共和国增值税暂行条例》的有关规定免征增值税。

这里的农业生产者包括小规模纳税人和一般纳税人，小规模纳税人销售自产农产品适用免征增值税政策而开具的普通发票可以计算抵扣进项税额，销售非自产农产品按3%征收率开具的普通发票不能抵扣进项税额。

(4) 纳税人从批发、零售环节购进适用免征增值税政策的蔬菜、部分鲜活肉蛋而取得的普通发票，不得作为计算抵扣进项税额的凭证。

批发、零售环节纳税人放弃免税政策而开具增值税专用发票的，纳税人取得符合规定的专用发票可以作为计算抵扣进项税额的凭证。

(5) 纳税人购进用于生产销售或委托加工13%税率货物的农产品，按照10%的扣除率计算进项税额。即不按上面 (1)～(3) 点凭票抵扣。

纳税申报表填写方法如下：

①《增值税纳税申报表附列资料（二）》(本期进项税额明细）中增加的“加计扣除农产品进项税额”栏用来单独体现未纳入农产品增值税进项税额核定扣除试点范围的纳税人，将购进的农产品用于生产销售或委托受托加工13%税率货物时加计扣除的农产品进项税额。

②未纳入农产品增值税进项税额核定扣除试点范围的纳税人，在购进农业生产者自产农产品或者从小规模纳税人处购进农产品的当期，凭取得（开具）的农产品销售发票、收购发票和增值税专用发票按照9%扣除率计算当期可抵扣的进项税额，填入《增值税纳税申报表附列资料（二）》(本期进项税额明细）第6栏“农产品收购发票或者销售发票”栏。如纳税人购买的农产品（包括购买时取得增值税专用发票、海关进口增值税专用缴款书、农产品收购发票或者销售发票等情形）用于生产销售或委托受托加工13%税率货物，于生产领用当期按10%扣除率与9%之间的差额计算当期可加计扣除的农产品进项税额，填入《增值税纳税申报表附列资料（二）》(本期进项税额明细）第8a栏“加计扣除农产品进项税额”“税额”栏。

$$\frac{\text{加计扣除农产品}}{\text{进项税额}}=\frac{\text{当期生产领用农产品已按}}{9\%\text{税率(扣除率)抵扣税额}}\div 9\%\times(10\%-9\%)$$

(6) 纳税人购进农产品既用于生产销售或委托受托加工13%税率货物又用于生产销售其他货物服务的，应当分别核算用于生产销售或委托受托加工13%税率货物和其他货物服务的农产品进项税额。未分别核算的，统一以增值税专用发票或海关进口增值税专用缴款书上注明的增值税额为进项税额，或以农产品收购发票或销售发票上注明的农产品买价和9%的扣除率计算进项税额。

(7) 纳税人购进农产品进项税额已实行核定扣除的，仍按照《财政部 国家税务总局关于在部分行业试行农产品增值税进项税额核定扣除办法的通知》（财税〔2012〕38号）、《财政部 国家税务总局关于扩大农产品增值税进项税额核定扣除试点行业范围的通知》（财税〔2013〕57号）执行。其中，《农产品增值税进项税额核定扣除试点实施办法》（财税〔2012〕38号印发）第四条第（二）项规定的扣除率调整为9%；第（三）项规定的扣除率调整为按该条第（一）项、第（二）项规定执行。

填写《增值税纳税申报表附列资料（二）》（本期进项税额明细）第6栏“农产品收购发票或者销售发票”，不填写“份数”“金额”。

执行核定扣除的试点纳税人，购进农产品取得的农产品增值税专用发票和海关进口增值税专用缴款书，无需认证，统一按规定计算当期允许抵扣的农产品增值税进项税额填在第6栏，不在附表二1～3栏次填写；自行开具的农产品收购发票和取得的农产品销售发票，按规定计算当期允许抵扣的农产品增值税进项税额填在第6栏。账务处理是按照发票总额（含税）记入成本科目。

业务 14 购原材料（二）

12 月 11 日，公司从 L 市双财有限公司购入乙材料，取得增值税专用发票 1 份，增值税专用发票上注明原材料价款为 110 万元，增值税 14.3 万元，材料已到达并验收入库。L 市双财有限公司前期预付账款 17 万元。余款 107.3 万元未付。

【原始凭证】

见表 2-35、表 2-36。

表 2-35

××增值税专用发票

×× 发票联

1400080002　机器编号：××××××××××××

No 00000776　1400080002　00000776

开票日期：20×2年12月11日

购买方	名称：L市雨泽有限公司 纳税人识别号：910370000000000088 地址、电话：L市××区××路6号05××-6660000 开户行及账号：××银行××支行37000000800660000×××				密码区	略	
货物或应税劳务、服务名称	规格型号	单位	数量	单价	金额	税率	税额
*某某材料*乙材料		kg	10 000.00	110.00	1 100 000.00	13%	143 000.00
合　计					¥1 100 000.00		¥143 000.00
价税合计（大写）	ⓧ壹佰贰拾肆万叁仟元整				（小写）¥1 243 000.00		
销售方	名称：L市双财有限公司 纳税人识别号：×××××××××××××××××××× 地址、电话：L市开发区工业园××××-××××××× 开户行及账号：中国××银行开发区支行××××-×××××××				备注	L市双财有限公司 ×××××××××××××××××× 发票专用章	

收款人：出纳　　复核：会计1　　开票人：会计2　　销售方：（章）

国税函[20××]××号××公司

第三联：发票联　购买方记账凭证

第二联抵扣联略。

表 2-36 **材料入库单**

供应单位：L 市双财有限公司 20×2 年 12 月 11 日 收料仓库：2 号库

发票号数：00000776 编　　号：00009

原材料编号	原材料名称	单位	规格	数量		实际成本			
				应收	实收	买价		采购费用	合计
						单价	金额		
02	乙材料	kg		10 000.00	10 000.00	110.00	1 100 000.00	0.00	1 100 000.00
合计	乙材料	kg		10 000.00	10 000.00	110.00	1 100 000.00	0.00	1 100 000.00

供应部门负责人：巩英 保管：小宝 验收：小艳 采购：小蔡

财务流程、温馨提醒参考业务 13。

【账务处理】

借：原材料——乙材料 1 100 000.00

　　应交税费——应交增值税（进项税额） 143 000.00

　贷：预付账款——L 市双财有限公司 170 000.00

　　　应付账款——L 市双财有限公司 1 073 000.00

业务 15 购原材料（三）

12 月 12 日，公司从 M 市 BBB 有限公司购入丙材料，取得增值税专用发票 1 份，增值税专用发票上注明原材料价款为 200 万元，增值税 26 万元，材料已到达并验收入库。款项未付。

【原始凭证】

见表 2-37、表 2-38。

表 2-37

××增值税专用发票

××

发票联

全国统一发票监制章 国家税务总局监制

1400080002

机器编号：××××××××××××

No 00000799 1400080002

00000799

开票日期：20×2年12月12日

国税函[20××]××号××公司

购买方	名称：L市雨泽有限公司 纳税人识别号：910370000000000088 地址、电话：L市××区××路6号05××-6660000 开户行及账号：××银行××支行37000000800660000×××	密码区	略

货物或应税劳务、服务名称	规格型号	单位	数量	单价	金额	税率	税额
*某某材料*丙材料		kg	10 000.00	200.00	2 000 000.00	13%	260 000.00
合　计					¥2 000 000.00		¥260 000.00
价税合计（大写）	ⓧ贰佰贰拾陆万元整				（小写）¥2 260 000.00		

销售方	名称：M市BBB有限公司 纳税人识别号：×××××××××××××××××× 地址、电话：M市开发区工业园××××-××××××× 开户行及账号：中国××银行开发区支行××××-×××××××	备注	××××××××××××××××××

收款人：出纳　　复核：会计1　　开票人：会计2　　销售方：(章)

M市BBB有限公司 发票专用章

第三联：发票联 购买方记账凭证

第二联抵扣联略。

表 2-38　　　　材料入库单

供应单位：M 市 BBB 有限公司　　20×2 年 12 月 12 日　　收料仓库：3 号库

发票号数：00000799　　编　　号：00010

原材料编号	原材料名称	单位	规格	数量		实际成本			
				应收	实收	买价		采购费用	合计
						单价	金额		
03	丙材料	kg		10 000.00	10 000.00	200.00	2 000 000.00	0.00	2 000 000.00
合计	丙材料	kg		10 000.00	10 000.00	200.00	2 000 000.00	0.00	2 000 000.00

供应部门负责人：巩英　　保管：小宝　　验收：小艳　　采购：小蔡

财务流程、温馨提醒参考业务 13。

【账务处理】

借：原材料——丙材料　　2 000 000.00

　　应交税费——应交增值税（进项税额）　　260 000.00

　贷：应付账款——（004）M 市 BBB 有限公司　　2 260 000.00

业务 16 申请签发银行汇票

12 月 12 日，娜娜申请签发银行汇票 1 份，供应部小蔡持往 M 市购买材料配件一批。

【原始凭证】

见表 2-39。

表 2-39

××银行汇票申请书（存根） 1

申请日期 20×2年12月12日　　　　第0062号

申请人	L市雨泽有限公司	收款人	M市AAA有限公司
账号或住址	3700000800660000×××	账号或住址	3700000800660000YYY
用途	购材料	代理付款行	M市××银行
汇票金额	人民币（大写） 壹拾贰万元整	千 百 十 万 千 百 十 元 角 分	¥ 1 2 0 0 0 0 0 0
备注	科目 ________ 对应科目 ________ 财务主管 复核 经办		

此联申请人留存

【财务流程】

支付购货款，向出票银行填写《银行汇票申请书》，填明收款人名称、支付金额、申请人、申请日期等事项并签章，签章为其预留银行的印鉴。银行受理银行汇票申请书，受托款项后签发银行汇票，并用压数机压印出票金额，然后将银行汇票第二联和第三联《解讫通知》一并交给汇款人。

【账务处理】

借：其他货币资金——银行汇票存款　　　　120 000.00

　贷：银行存款　　　　120 000.00

业务 17　使用银行汇票购包装物

12 月 13 日，公司从 M 市 AAA 有限公司购入材料配件一批，取得增值税专用发票 1 份，增值税专用发票上注明材料配件价款为 10 万元，增值税 1.3 万元，材料配件已到达并验收入库。银行汇票多余款项退回，娜娜从银行取回银行汇票多余款收账通知。

【原始凭证】

见表 2-40。

表 2-40

中国××银行　00207644

银行汇票（多余款收账通知）　4

付款期限 壹个月

第0062号

出票日期（大写）贰零×贰年拾贰月壹拾贰日　　代理付款行：M市××银行行号000××

收款人: M市AAA有限公司		账号: 3700000800660000YYY										
出票金额人民币（大写）：壹拾贰万元整												
实际结算金额	人民币（大写）	壹拾壹万叁仟元整	千	百	十	万	千	百	十	元	角	分
				¥	1	1	3	0	0	0	0	0

申请人 L市雨泽有限公司　　账号：3700000800660000×××

出票行 ××银行××支行

行　号 00×××

用　途 购材料配件

出票行盖章

20×2年12月12日

多余金额									
千	百	十	万	千	百	十	元	角	分
			¥	7	0	0	0	0	0

左列退回多余金额已收入你账户内

财务主管　复核　经办

此联出票行结清多余款后交申请人

增值税专用发票及入库单格式同业务 15，略。

【账务处理】

借：原材料——其他材料及配件　　100 000.00

　　应交税费——应交增值税（进项税额）　　13 000.00

　　银行存款　　7 000.00（多余款退回）

　贷：其他货币资金——银行汇票存款　　120 000.00

业务 18 购设备

12 月 14 日，公司购入不需要安装的生产用设备一台，取得增值税专用发票 1 份，增值税专用发票上注明金额 5 万元，税额 6 500 元，款项通过网上银行支付。另外，以现金支票方式支付运输费 416.16 元及其他杂费 176.20 元，分别取得增值税专用发票 1 份和普通发票 1 份。

【原始凭证】

见表 2-41 至表 2-45。

表 2-41

××增值税专用发票

全国统一发票监制章 ×× 国家税务总局监制

发票联

1400080002

机器编号：××××××××××××

No 00000088 1400080002 00000088

开票日期：20×2年12月14日

购买方	名称：L市雨泽有限公司 纳税人识别号：91037000000000000088 地址、电话：L市××区××路6号05××-6660000 开户行及账号：××银行××支行37000000800660000×××				密码区	略	
货物或应税劳务、服务名称	规格型号	单位	数量	单价	金额	税率	税额
*某某专用设备*甲设备		台	1	50 000.00	50 000.00	13%	6 500.00
合　计					¥50 000.00		¥6 500.00
价税合计（大写）	⊗伍万陆仟伍佰元整				（小写）¥56 500.00		
销售方	名称：L市某某设备有限公司 纳税人识别号：×××××××××××××××××××× 地址、电话：L市开发区工业园××××-××××××× 开户行及账号：中国××银行开发区支行××××-×××××××				备注	××××××××××××××××××	

国税函[20××]××号××公司

第三联：发票联 购买方记账凭证

收款人：出纳　　复核：会计1　　开票人：会计2　　销售方：（章）

L市某某设备有限公司 ×××××××××××××××××× 发票专用章

增值税专用发票（抵扣联）略。

表 2-42

××增值税专用发票

××
发票联
国家税务总局监制

1400080002
机器编号：
××××××××××××

No 87650001　1400080002
87650001

开票日期：20×2年12月14日

国税函[20××]××号××公司

购买方	名称：L市雨泽有限公司 纳税人识别号：91037000000000088 地址、电话：L市××区××路6号05××-6660000 开户行及账号：××银行××支行3700000800660000×××					密码区	略	
货物或应税劳务、服务名称	规格型号	单位	数量	单价	金额	税率	税额	
*运输服务*运输费		次	1.00	381.80	381.80	9%	34.36	
合　计					¥381.80		¥34.36	
价税合计（大写）	⊗肆佰壹拾陆元壹角陆分					（小写）¥416.16		
销售方	名称：S市速快运输有限公司 纳税人识别号：×××××××××××××××××× 地址、电话：S市开发区工业园×××× ×××××××× 开户行及账号：中国××银行开发区支行××××-×××××××					备注	L市——L市，SA12345 甲设备1台 ××××××××××××××××××	

收款人：出纳　　复核：会计1　　开票人：会计2　　销售方：（章）

S市速快运输有限公司
发票专用章

第三联：发票联　购买方记账凭证

其他杂费 176.20 元普通发票格式略。

表 2-43　　中国××银行网上银行电子回单

电子回单号码：0004-1656-0000-0000

付款人	全称	L市雨泽有限公司	收款人	全称	L市某某设备有限公司
	账号	3700000800660000×××		账号	3700000800669099×××
	开户银行	中国××银行××支行		开户银行	中国YY银行YY支行
金额		人民币（大写）：伍万陆仟伍佰元整　¥56 500.00元			
摘要		设备款	业务种类		汇兑
用途		设备款			
交易流水号		07000171	时间戳		20×2-12-14-15.55.16.595194
中国工商银行电子回单专用章		备注：			
		验证码：K9FGYui57PI+5Psd75/lidehuj7=			
记账网点	00102	记账柜员	00012	记账日期	20×2年12月14日

打印日期：20×2年12月14日

表 2-44 现金支票存根

中国××银行
现金支票存根
32303716
01473280

附加信息________________
____
____

出票日期20×2年12月14日

收款人：
S市速快运输有限公司

金 额：592.36

用 途：运费款

单位主管 会计

表 2-45 购置固定资产申请单

20×2 年 12 月 10 日

以下由申请人填写				
申请人：	李四	申请部门：	生产部	
资产名称：甲设备				
资产类别：	生产设备	资产规格：	略	
申请理由：原设备老化，需更换				
需用日期：20×2 年 12 月 14 日				
部门经理意见：同意 车剑				
以下由采购人填写				
采购人：	巩英	采购部门：	供应部	
供货商			规格	价格
L 市某某设备有限公司			略	56 500.00
备注：	不含运杂费 592.36 元			
审批意见				
主管副总经理意见：同意 副总经理姓名				
总经理意见：同意 丰收				

【财务流程】

审核是否有经审批的《购置固定资产申请单》、固定资产采购合同⟶审核发票、验收单⟶审核是否有《固定资产调拨单》（生产用固定资产由生产部门负责，非生产用固定资产由行政办公室负责）⟶审核审批手续是否完备⟶传出纳付款。

【账务处理】

借：固定资产——甲设备　　50 558.00

　　应交税费——应交增值税（进项税额）　　6 534.36

　贷：银行存款　　57 092.36

温馨提醒

1. 企业外购固定资产的成本，包括购买价款、相关税费、使固定资产达到预定可使用状态前所发生的可归属于该项资产的运输费、装卸费、安装费和专业人员服务费等。外购固定资产的发票，包括增值税专用发票、增值税普通发票等。

2. 根据企业固定资产管理实际需要，明细科目须按照固定资产名称、规格型号及使用部门等项目进行设置。

3. 以下固定资产项目的进项税额不得从销项税额中抵扣：专门用于适用简易计税方法计税项目、免征增值税项目、集体福利或者个人消费的购进固定资产；非正常损失的固定资产等。已抵扣进项税额的固定资产用于上述项目时，应当做进项税额转出处理。

自2018年1月1日起，纳税人租入固定资产、不动产，既用于一般计税方法计税项目，又用于简易计税方法计税项目、免征增值税项目、集体福利或者个人消费的，其进项税额准予从销项税额中全额抵扣。

4. 若购入的是需要安装的固定资产，则账务处理为：

购入时：

借：在建工程——明细科目

　　应交税费——应交增值税（进项税额）

　贷：应付账款/银行存款

安装时：

借：在建工程——明细科目

贷：原材料/应付职工薪酬/银行存款等

安装完成交付使用时：

借：固定资产

贷：在建工程

延伸阅读

1. 自行建造固定资产（自营方式）账务处理。

(1) 购入为工程准备的物资。

审核发票、验收单——→审核审批手续是否完备——→编制记账凭证。

借：工程物资

应交税费——应交增值税（进项税额）

贷：银行存款/应付账款等

40%待抵扣进项税额自当月起第13个月从销项税额中抵扣：

借：应交税费——应交增值税（进项税额）

贷：应交税费——待抵扣进项税额

(2) 工程领用物资。

审核工程物资材料领用单填写规范，签字手续完备（材料领用单须基建工程部负责人审核、分管领导签字）——→编制记账凭证。

借：在建工程——工程名称（以建造生产车间为例，下同）

贷：工程物资

(3) 工程领用原材料。

审核材料领用单填写规范，签字手续完备（材料领用单须基建工程部负责人审核、分管领导签字）——→编制记账凭证。

借：在建工程——工程名称

贷：原材料

采用计划成本法核算的企业还需同时计算结转材料成本差异。

(4) 建设期间发生的工程物资盘亏、报废及毁损净损失。

定期（年末、季度末、月末）对工程物资盘点一次——→编制工程物资盘点明细表，盘亏、报废及毁损结果及时报告⟶根据公司处理决定编制记账凭证。

借：在建工程——工程名称

其他应收款

贷：工程物资

应交税费——应交增值税（进项税额转出）

（5）辅助生产车间为工程提供劳务支出。

借：在建工程——工程名称

贷：生产成本——辅助生产成本

（6）计提工程人员职工薪酬。

借：在建工程——工程名称

贷：应付职工薪酬

（7）工程完工交付使用。

清查完工工程的各项支出⟶实施竣工决算审计⟶审查工程明细表、竣工决算表、竣工项目验收单、固定资产竣工工程交接单、固定资产验收单⟶编制记账凭证。

借：固定资产——工程名称

贷：在建工程——工程名称

剩余工程物资转作企业存货：

借：原材料

贷：工程物资

2. 自行建造固定资产（出包方式）账务处理。

（1）工程立项与招标。

会同工程、技术、法律等部门的相关专业人员对项目建议书和可行性研究报告的完整性、客观性进行技术经济分析和评审，出具评审意见⟶会同工程、技术等部门的相关专业人员对编制的工程项目概预算进行审核，重点审查编制依据、项目内容、工程量的计算、定额套用等是否真实、完整、准确⟶报经董事会或者类似决策机构集体审议批准⟶工程招标，参与议标、评标、定标、合同条款的订立，收到投标保证金时，开具投标保证金收据并编制记账凭证。

借：库存现金、银行存款

贷：其他应付款——投标单位（投标保证金）

退还投标保证金时：

借：其他应付款——投标单位（投标保证金）

贷：库存现金、银行存款

在建工程——工程名称（中标单位投标保证金）

（2）办理建筑工程价款结算。

每月末审核建造合同及款项付出情况、工程项目资金月度计划（财务经理、总经理审批）⟶审核《付款审批单》审批手续是否完备⟶审核建造合同约定的价款支付方式、进度款收据或发票等⟶传出纳付款⟶签收出纳传来的《付款审批单》及银行付款凭证等⟶编制记账凭证。

借：在建工程——工程名称

应交税费——应交增值税（进项税额）

贷：银行存款

（3）购买设备交付项目施工单位安装。

购买时（流程同购置固定资产）：

借：工程物资——设备

应交税费——应交增值税（进项税额）

贷：银行存款

交付时：

借：在建工程——工程名称

贷：工程物资——设备

（4）工程项目发生的管理费、可行性研究费、公证费、监理费等费用。

审核发票、收据等原始凭证与费用支出凭单是否一致，原始凭证真实、完整、合法、金额正确⟶审核审批手续是否完备⟶编制记账凭证。

借：在建工程——工程名称

应交税费——应交增值税（进项税额）

贷：银行存款

（5）进行试生产。

进行试生产领用本企业材料并发生其他试生产费用（假设用银行存款支付），计入在建工程成本。

借：在建工程——工程名称

贷：原材料

银行存款

试生产期间取得收入（假设用银行存款结算），冲减在建工程成本：

借：银行存款

贷：在建工程——工程名称

应交税费——应交增值税（销项税额）

（6）转入固定资产。

完成试生产，各项指标达到设计要求⟶清查完工工程的各项支出⟶实施竣工决算审计⟶审查工程明细表、竣工决算表、竣工项目验收单、固定资产竣工工程交接单、固定资产验收单⟶编制记账凭证。

借：固定资产——工程名称

贷：在建工程——工程名称

业务 19　现金付款

12 月 15 日，娜娜以现金支付 M 市快快运输有限公司运费 5 923 元，取得 M 市快快运输有限公司收据一份。

【原始凭证】

见表 2-46。

表 2-46　　**付款审批单**

20×2 年 12 月 15 日

收款单位	M 市快快运输有限公司		
付款金额	5 923 元	付款形式	现金
付款用途	支付货款		

总经理：雨泽　　财务经理：丰收　　部门经理：萧晓　　经办人：叶武

表 2-47

收据　　NO.000101

20×2年12月15日

今收到　L市雨泽有限公司

交来　运费

人民币（大写）伍仟玖佰贰拾叁元整　￥5 923.00　■现金 □支票 □转账 □其他

收款单位（运输公司盖章）

第二联记账联

会计：　　记账：　　出纳：李云　　经手人：

【财务流程】

审核付款审批单⟶确定结算方法为现金支付方式⟶取得对方收据⟶支付现金⟶编制记账凭证。

【账务处理】

借：应付账款——M 市快快运输有限公司　　5 923.00

　贷：库存现金　　5 923.00

温馨提醒

以现金支付的，必须取得对方开具的收据，因特殊原因，实在无法取得对方收据的，应当填写付款凭证，由对方经办人在付款凭证上签字确认。

业务 20 电汇付款

12 月 16 日，娜娜以电汇方式支付 M 市双喜有限公司货款 226 万元。

【原始凭证】

见表 2-48、表 2-49。

表 2-48 **付款审批单**

20×2 年 12 月 16 日

收款单位	M 市双喜有限公司		
付款金额	2 260 000 元	付款形式	电汇
付款用途	支付货款		

总经理：雨泽　　财务经理：丰收　　部门经理：萧晓　　经办人：叶武

表 2-49

中国××银行电汇凭证（回单）

■ 普通 □ 加急　　委托日期 20×2年12月16日　　DH0000006

汇款人	全　称	L市雨泽有限公司	收款人	全　称	M市双喜有限公司
	账　号	3700000800660000×××		账　号	00000000800660000000
	汇出地点	××省L市/县		汇入地点	××省M市/县
汇出行名称		××银行××支行	汇入行名称		××银行YY支行
金额	人民币（大写）	贰佰贰拾陆万元整	亿 千 百 十 万 千 百 十 元 角 分		¥ 2 2 6 0 0 0 0 0 0
			支付密码		
汇出行签章			附加信息及用途：		复核：　记账：

(1) 此联汇出行给汇款人的回单

【财务流程】

审核付款审批单──→确定银行结算方法为电汇──→直接到银行柜台填写电汇凭证并签章后交给柜员──→登记银行票据登记簿──→将电汇凭证回单粘贴到付款审批

单上，加盖“转账”章→编制记账凭证。

【账务处理】

借：应付账款——M市双喜有限公司　　2 260 000.00

　贷：银行存款　　2 260 000.00

业务 21 支付银行手续费

12 月 16 日，娜娜取得办理电汇的业务收费凭证 1 份，手续费及电子汇划费 48.50 元。

【原始凭证】

见表 2-50。

表 2-50 业务收费凭证

币别：人民币 20×2 年 12 月 16 日 流水号：000000005

付款人：L 市雨泽有限公司			账号：3700000800660000×××		
项目名称	工本费	手续费	电子汇划费		金额
	0.00	0.50	48.00		RMB48.50
金额（大写）肆拾捌元伍角					RMB48.50
付款方式	转账				
业务类型：电汇					

会计主管： 授权： 复核： 录入：

【财务流程】

从银行柜台取得业务收费凭证、发票（假设该公司取得的是增值税普通发票，格式略），根据业务收费凭证及发票编制记账凭证。

【账务处理】

借：财务费用——手续费 48.50

　贷：银行存款 48.50

温馨提醒

只要不是与贷款直接相关的手续费，都可以取得增值税专用发票用于抵扣进项税额。该公司未取得增值税专用发票，因而不能抵扣进项税额。

业务 22　信汇付款

12 月 17 日，娜娜以信汇方式支付 L 市双财有限公司货款 107.30 万元。

【原始凭证】

见表 2-51。

表 2-51

<table>
<tr><td colspan="13">××银行信汇凭证（回单）　　1
20×2 年 12 月 17 日　　　　第 00063 号</td></tr>
<tr><td rowspan="3">汇款人</td><td>全称</td><td>L 市雨泽有限公司</td><td rowspan="3">收款人</td><td colspan="3">全称</td><td colspan="6">L 市双财有限公司</td></tr>
<tr><td>账号</td><td>370000000800660000×××</td><td colspan="3">账号</td><td colspan="6">000000008006688000××</td></tr>
<tr><td>汇出地点</td><td>××省 L 市县</td><td colspan="3">汇入地点</td><td colspan="6">××省 L 市县</td></tr>
<tr><td colspan="2">汇出行名称</td><td>××银行××支行</td><td colspan="4">汇入行名称</td><td colspan="6">XY 银行 XY 支行</td></tr>
<tr><td rowspan="2">金额</td><td colspan="2" rowspan="2">人民币（大写）壹佰零柒万叁仟元整</td><td>千</td><td>百</td><td>十</td><td>万</td><td>千</td><td>百</td><td>十</td><td>元</td><td>角</td><td>分</td></tr>
<tr><td>¥</td><td>1</td><td>0</td><td>7</td><td>3</td><td>0</td><td>0</td><td>0</td><td>0</td><td>0</td></tr>
<tr><td colspan="3" rowspan="2"></td><td colspan="3">支付密码</td><td colspan="7"></td></tr>
<tr><td colspan="10">附加信息及用途：
复核：　　记账：</td></tr>
</table>

此联是汇出行给汇款人的回单。

【财务流程】

办理信汇业务同电汇业务，直接到银行柜台填写汇款凭证并签章后交给柜员即可。

【账务处理】

借：应付账款——L 市双财有限公司　　1 073 000.00

　　贷：银行存款　　1 073 000.00

业务 23　转账支票背书支付广告费

12 月 17 日，娜娜用转账支票支付产品广告费 10 000 元。

【原始凭证】

见表 2-52 至表 2-54。

表 2-52

付款审批单

20×2 年 12 月 17 日

收款单位	L 市××广告有限公司		
付款金额	10 000 元	付款形式	转账支票
付款用途	支付广告费		

总经理：雨泽　　财务经理：丰收　　部门经理：郑业　　经办人：郑广

表 2-53

××增值税普通发票

××

发票联

国家税务总局监制

014001800904

机器编号：

××××××××××××

№ 00006679 014001800904

00006679

开票日期：20×2年12月16日

国税函[20××]××号××公司

购买方	名称：L市雨泽有限公司 纳税人识别号：910370000000000088 地址、电话：L市××区××路6号05××-6660000 开户行及账号：中国××银行××支行37000000800660000×××					密码区	略
货物或应税劳务、服务名称	规格型号	单位	数量	单价	金额	税率	税额
*广告服务*广告费		次	1	9 433.96	9 433.96	6%	566.04
合　计					¥9 433.96		¥566.04
价税合计（大写）	ⓧ壹万元整					（小写）¥10 000.00	
销售方	名称：L市××广告有限公司 纳税人识别号：910370000000008099 地址、电话：L市××区×Y路08号05××-6667777 开户行及账号：中国××银行开发区支行37000000899660077×××					备注	L市××广告有限公司 910370000000008099 发票专用章

第二联：发票联　购买方记账凭证

收款人：SX　　复核：FC　　开票人：KD　　销售方：（章）

表 2-54 转账支票存根

中国××银行 转账支票存根
32303720 02116759
附加信息
出票日期20×2年12月17日
收款人： L市××广告有限公司
金 额：10 000.00
用 途：广告费
单位主管　　　　会计

【财务流程】

审核付款审批单──→确定银行结算方法为转账支票结算，填写转账支票，留下存根联，将支票交付对方──→登记银行票据登记簿──→将支票存根粘贴到付款审批单上，加盖"转账"章──→编制记账凭证。

【账务处理】

借：销售费用——广告费　　10 000.00

　贷：银行存款　　10 000.00

温馨提醒

1. 按权责发生制原则属于当期负担的广告宣传费，不管是否在当期支付，不超过当年销售（营业）收入15%的部分，可以在当期扣除；超过部分，准予在以后纳税年度结转扣除。《企业所得税税前扣除办法》（国税发〔2000〕84号文件发布）已经失效，其第四十一条关于广告费支出必须符合已实际支付费用的条件也随之失效。

2. 不再区分广告费和业务宣传费，广告费和业务宣传费实行合并扣除。

广告费，是指企业通过一定的媒介和形式直接或间接地介绍自己所推销的商品或者所提供的服务，以达到促销目的所支付给广告经营者、发布者的费用。

业务宣传费是指企业开展业务宣传活动所支付的费用，主要是指未通过媒体传播的广告性支出，包括企业发放的印有企业标志的礼品、纪念品等。

3. 业务招待费与业务宣传费的区分。

（1）是否对企业的形象、产品有宣传作用。外购礼品用于赠送的，应作为业务招待费，纳税人自行生产或经过委托加工对企业的形象、产品有标记及宣传作用的礼品，赠送潜在客户的，也可作为业务宣传费。

（2）赠送的对象是潜在客户还是既有客户。作为业务宣传费列支的必须是企业潜在的客户而不是既有的客户，向路人赠送企业简介和产品说明书，向路人散发宣传单，在重要场所悬挂横幅，向不特定潜在客户赠送的标有本企业名称、电话号码、产品标识等带有广告性质的礼品等，这些都是对潜在客户的一种宣传，可以作为业务宣传费按规定在税前扣除，但应提供证据证明其与生产经营的宣传有关。如果将礼品送给既有客户，这些客户对企业已经有所了解，起不到宣传企业形象的作用，故应作为业务招待费。这种赠送礼品的行为只是维系客户关系的一种业务手段。

4. 广告费与业务宣传费扣税凭证：广告费应取得广告费名称的增值税发票，而业务宣传费可以是名称为印刷费、加工制作费、宣传费、灯箱或广告牌安装费等。

5. 企业申报扣除的广告费和业务宣传费支出应与赞助支出严格区分。税法规定不得税前扣除的赞助支出是指非广告性质的赞助支出，而广告性质的赞助支出可以作为广告费和业务宣传费扣除，在实际处理广告性质的赞助支出时，应与相关接受赞助方签订协议或合同，约定广告宣传的具体内容，并通过拍照或录像的方式保留广告宣传具体内容的影像证明资料等，证明属于与生产经营有关的业务宣传费性质支出，才能税前扣除，否则视为赞助支出，一律不得扣除。对取得的发票、收据等资料内容应注意不得有“赞助费”的字样。

业务 24　应付票据到期

12 月 18 日，一份签发的银行承兑汇票到期，娜娜取得银行承兑汇票到期收款客户回单。

【原始凭证】

见表 2-55。

表 2-55

银行承兑汇票到期收款客户回单

机构代号：003000601　　会计日期：20×21218　　流水号：0000002
机构名称：××银行××支行　　打印日期：20×21218　　币别：人民币　单位：元

客户名称	L 市雨泽有限公司	票据种类	银行承兑汇票
票据号码	003007400026	票据金额	¥2 000 000.00
保证金账号	003412601411000669	扣款金额	¥1 000 000.00
结算账号	3700000800660000×××	扣款金额	¥1 000 000.00

主管：　　复核：　　经办：

【财务流程】

随时查看银行票据登记簿，在应付票据即将到期前，确保银行结算账户金额充足，到期后到银行取扣款回单，编制记账凭证。

【账务处理】

借：应付票据　　2 000 000.00
　贷：其他货币资金——银行承兑汇票保证金账户　　1 000 000.00
　　银行存款　　1 000 000.00

延伸阅读

1. 签发银行承兑汇票程序。

(1) 提出申请。

客户因资金短缺且在约定时间内需支付商品交易款项时，向开户银行提出办理银行承兑汇票申请。

(2) 银行承兑。

银行受理同意承兑后，与客户签订承兑协议，向客户出售银行承兑汇票。

(3) 出票。

客户签发银行承兑汇票，并加盖预留银行印章。

(4) 交纳手续费。

客户应向承兑银行交纳手续费。

(5) 领取汇票。

客户将汇票交开户银行由其加盖印章后，领取已承兑的银行承兑汇票。

(6) 汇票流通使用。

①客户持银行承兑汇票与收款人办理款项结算，交付汇票给收款人。

②收款人可根据交易的需要，将银行承兑汇票转让给其他债权人。

③收款人可根据需要，持银行承兑汇票向银行申请质押或贴现，以获得资金。

(7) 请求付款。

在付款期内，收款人持银行承兑汇票向开户银行办理委托收款，向承兑银行收取票款。超过付款期的，收款人开户行不再受理银行承兑汇票的委托收款，但收款人可持有关证明文件直接向承兑银行提示付款。

2. 应付票据核算。

(1) 公司在银行办理银行承兑汇票时，存到银行保证金。

借：其他货币资金——银行承兑汇票保证金（保证金户）

贷：银行存款——××银行（结算户）

(2) 付款单位按规定向银行支付手续费时。

借：财务费用

贷：银行存款

(3) 用银行承兑汇票购货或付款时。

借：库存商品/原材料——名称

应交税费——应交增值税（进项税额）

贷：应付票据

或

借：应付账款——公司名称

贷：应付票据

(4) 到期承兑解付时，保证金转回。

借：银行存款——××银行（结算户）

贷：其他货币资金——银行承兑汇票保证金（保证金户）

(5) 承兑解付。

借：应付票据

贷：银行存款——××银行（结算户）

有的银行承兑解付保证金不转回，直接从保证金户把款划走。

借：应付票据

贷：其他货币资金——银行承兑汇票保证金（保证金户）

业务 25 领用材料用于交际应酬

12 月 19 日，经公司领导批准，公司管理部门领用甲材料 100 千克用于交际应酬，实际成本为 10 016 元。

【原始凭证】

见表 2-56。

表 2-56

L 市雨泽有限公司

材料领用单

领料单位：行政事业部　　　　　　　　　　　　　　编　　号：00001

用　　途：交际应酬　　　20×2 年 12 月 19 日　　　发料仓库：1 号库

材料编号	材料类别	名称	规格	计量单位	数量		金额		备注
					请领	实发	单价	金额	
01		甲材料		kg	100	100	100.16	10 016.00	交际应酬
合计		甲材料		kg	100	100	100.16	10 016.00	

主管：包关　　记账：小宝　　领料单位负责人：郑业　　领料人：李四　　发料人：小燕

其中：甲材料单价=(月初结存材料实际成本+本月购入材料实际成本)/(月初结存材料数量+本月购入材料数量)=(1 500 000+2 005 580)/(15 000+20 000)=100.16（元/千克）。

假设 100 千克材料负担的运费为 26 元，不考虑其他相关费用。

进项税额转出=(材料成本−运费)×13%+运费×9%

=(10 016−26)×13%+26×9%

=1 301.04（元）

【财务流程】

审查内部领用材料申请单、材料领用单等资料，编制记账凭证。

【账务处理】

借：管理费用——业务招待费　　11 317.04

　　贷：原材料——甲材料　　10 016.00

　　　　应交税费——应交增值税（进项税额转出）　　1 301.04

温馨提醒

1. 购进原材料改变用途用于简易计税方法计税项目、免征增值税项目、集体福利或者个人消费的，应当做进项税额转出处理。个人消费包括纳税人的交际应酬消费。如：业务招待费中列支的各类礼品、烟、酒，不得抵扣进项税额。

（1）若确定原材料购入时原抵扣的进项税额，直接转出即可，若不能确定则需要计算出原材料应该转出的进项税额，需要注意相应的运费进项税额也要一并转出，不考虑其他相关费用，则：

购入当时取得的开票日期为2019年4月1日（含）之后专用发票的，进项税额转出＝(材料成本－运费)×13%＋运费×9%；

购入当时取得的开票日期为2018年5月1日（含）至2019年3月31日（含）专用发票的，进项税额转出＝(材料成本－运费)×16%＋运费×10%；

购入当时取得的开票日期为2018年4月30日（含）之前专用发票的，进项税额转出＝(材料成本－运费)×17%＋运费×11%。

（2）若原材料是免税农产品，计算公式为：

购入当时取得的开票日期为2019年4月1日（含）之后农产品发票的，进项税额转出＝原材料成本/(1－9%)×9%；

购入当时取得的开票日期为2018年5月1日（含）之后农产品发票的，进项税额转出＝原材料成本/(1－10%)×10%；

购入当时取得的开票日期为2018年4月30日（含）之前农产品发票的，进项税额转出＝原材料成本/(1－11%)×11%。

2. 企业所得税：将资产用于交际应酬，因资产所有权属已发生改变而不属于内部处置资产，应按照被移送资产的公允价值确定视同销售收入。购进资产用于交际应酬，会计不做收入，增值税不视同销售，企业所得税视同销售，这是税种之间的差异。

业务 26 无偿赠送自产品

12 月 19 日，公司将自产 A 产品 10 件无偿赠送给 L 市的一所中学，A 产品实际成本为 12 000 元，同期销售价格为 15 000 元，未开具发票。

【原始凭证】

见表 2-57。

表 2-57 **产品领用单**

20×2 年 12 月 19 日

产品名称	规格型号	计量单位	出库数量	单位成本	金额	备注
A 产品		件	10	1 200.00	12 000.00	赠送××中学
合计					12 000.00	

仓库主管：包关　　发货：小燕　　提货：叶武　　制单：小宝

【财务流程】

审查赠送自产品申请单、产品领用单、客户收到产品的证明等资料，编制记账凭证。

【账务处理】

借：营业外支出——捐赠支出　　13 950.00

　贷：库存商品——A 产品　　12 000.00

　　应交税费——应交增值税（销项税额）　　1 950.00

温馨提醒

1. 无偿赠送自产品应视同销售缴纳增值税，销项税额＝公允价值×税率＝15 000×13%＝1 950.00（元）。

2. 无偿赠送自产品应分解为按公允价值视同对外销售和捐赠两项业务进行所得税处理。增值税和企业所得税都要视同销售。

业务 27 支付工会经费

12 月 19 日，用现金支付上期工会经费 1 990 元，取得“工会经费收入专用收据”。

【原始凭证】

见表 2-58。

表 2-58

工会经费收入专用收据

国财01601　　　　20×2年12月19日　　　　No0000008799

缴款单位（人）	L市雨泽有限公司									
工会经费收入项目	内　容	金　额								
		百	十	万	千	百	十	元	角	分
拨缴经费收入	11月工会经费			¥	1	9	9	0	0	0
金额合计（小写）				¥	1	9	9	0	0	0
金额合计（大写）	壹仟玖佰玖拾元整									

财政部监制××印制

财政部监制（99）100万本东安港印制

收款单位（盖章）：L市工会　　　　复核：李四　　　　收款人：王五

【财务流程】

根据取得的工会经费收入专用收据，编制记账凭证。

【账务处理】

借：应付职工薪酬——工会经费　　　　1 990.00

　　贷：库存现金　　　　1 990.00

业务 28 存款利息入账

12 月 20 日，娜娜去银行取回存款利息通知单，存款利息 496.21 元。

【原始凭证】

见表 2-59。

表 2-59 **××银行存款利息通知单**

20×2 年 12 月 20 日

<table>
<tr><td>户名</td><td>L 市雨泽有限公司</td><td>账号</td><td colspan="8">3700000800660000×××</td></tr>
<tr><td>利息计息时间</td><td>20×2 年 09 月 21 日起
20×2 年 12 月 20 日止</td><td>利息积数</td><td colspan="3">47 532 263.00</td><td colspan="2">月利率</td><td colspan="3">0.4‰</td></tr>
<tr><td rowspan="2">利息金额</td><td colspan="2" rowspan="2">人民币（大写）肆佰玖拾陆元贰角壹分</td><td>十</td><td>万</td><td>千</td><td>百</td><td>十</td><td>元</td><td>角</td><td>分</td></tr>
<tr><td></td><td></td><td>¥</td><td>4</td><td>9</td><td>6</td><td>2</td><td>1</td></tr>
<tr><td colspan="2">以上利息已存入你单位账户
银行签章
20×2 年 12 月 20 日</td><td colspan="9">科目________
对方科目________
记账　　复核　　制单</td></tr>
</table>

【财务流程】

取得银行存款利息通知单，编制记账凭证。

【账务处理】

借：财务费用——利息收入　　　　—496.21（普通存款利息）

　贷：银行存款　　　　—496.21

温馨提醒

1. 实际工作中，通常红字借记“财务费用——利息收入”科目。

2. 若为购建固定资产的专门借款发生的存款利息，在所购建的固定资产达到预定可使用状态之前，应冲减在建工程成本。

业务29 支付贷款利息

12月20日，公司收到贷款利息通知单、利息发票，利息248.40元。

【原始凭证】

见表2-60。

表2-60 ××银行贷款利息通知单

20×2年12月20日

户名	L市雨泽有限公司		账号	3700000800660000×××							
利息计息时间	20×2年11月21日起 20×2年12月20日止	利息积数	800 000.00	利率	11.1780%						
利息金额	人民币（大写）	贰佰肆拾捌元肆角	十	万	千	百	十	元	角	分	
					¥	2	4	8	4	0	
以上利息已从你单位存款账户扣除 银行签章 20×2年12月20日	科目 对方科目________ 记账 复核 制单										

利息发票一般为增值税普通发票，式样略。

【财务流程】

取得银行贷款利息通知单、利息发票，编制记账凭证。

【账务处理】

借：财务费用——利息支出　　248.40（普通贷款利息）

　贷：银行存款　　248.40

温馨提醒

1. 若为购建固定资产的专门借款发生的贷款利息，在所购建的固定资产达到预定可使用状态之前，应计入在建工程成本。

2. 贷款服务进项税额不能抵扣，一般取得普通发票。

业务30 偿还银行贷款

12月21日，公司归还短期借款本金800 000元。

【原始凭证】

见表2-61。

表2-61 ××银行贷款还款凭证

收款日期20×2年12月21日　　号码：00626

<table>
<tr><td>借款单位名称</td><td>L市雨泽有限公司</td><td>贷款账号</td><td colspan="3">60955636</td><td colspan="2">结算账号</td><td colspan="5">3700000800660000×××</td></tr>
<tr><td rowspan="2">还款金额（大写）</td><td rowspan="2" colspan="3">人民币捌拾万元整</td><td>百</td><td>十</td><td>万</td><td>千</td><td>百</td><td>十</td><td>元</td><td>角</td><td>分</td></tr>
<tr><td>¥</td><td>8</td><td>0</td><td>0</td><td>0</td><td>0</td><td>0</td><td>0</td><td>0</td></tr>
<tr><td rowspan="2">贷款种类</td><td rowspan="2">流动资金借款</td><td colspan="3">借出日期</td><td colspan="8">原约定还款日期</td></tr>
<tr><td colspan="3">20×2年03月21日</td><td colspan="8">20×2年12月21日</td></tr>
<tr><td colspan="4">上述借款请从本单位存款户中支付。
借款单位盖章：</td><td colspan="9">会计分录：
复核员：　记账员：</td></tr>
</table>

【财务流程】

取得银行贷款还款凭证→登记银行票据登记簿→编制记账凭证。

【账务处理】

借：短期借款　　800 000.00

　贷：银行存款　　800 000.00

业务 31　向银行借款

12 月 22 日，公司向银行借款 1 000 000 元，借款期限 9 个月。

【原始凭证】

见表 2-62。

表 2-62　　××银行借款凭证　No10042997

20×2 年 12 月 22 日

<table>
<tr><td>借款单位</td><td>L 市雨泽有限公司</td><td colspan="2">贷款账号</td><td colspan="3">60965260</td><td colspan="2">存款账号</td><td colspan="6">37000000800660000×××</td></tr>
<tr><td rowspan="2">金额</td><td rowspan="2">人民币
（大写）</td><td colspan="2" rowspan="2">壹佰万元整</td><td>千</td><td>百</td><td>十</td><td>万</td><td>千</td><td>百</td><td>十</td><td>元</td><td>角</td><td>分</td></tr>
<tr><td>¥</td><td>1</td><td>0</td><td>0</td><td>0</td><td>0</td><td>0</td><td>0</td><td>0</td><td>0</td></tr>
<tr><td rowspan="2">用途</td><td rowspan="2">流动资金，购买甲材料</td><td colspan="2">约定还款日期</td><td colspan="5">20×3 年 12 月 21 日</td><td colspan="2">贷款利率</td><td colspan="3">11.1780%</td></tr>
<tr><td colspan="2">借款合同号码</td><td colspan="5">0000326</td><td colspan="2">逾期利率</td><td colspan="3">14.1690%</td></tr>
<tr><td colspan="4">上列贷款已转入借款人指定的账户

（银行签章）</td><td colspan="10">单位会计记录：
借：________
贷：________
复核　　记账</td></tr>
</table>

【财务流程】

准备银行贷款所需资料⟶银行贷款审批⟶收到银行借款凭证⟶登记银行票据登记簿，登记贷款期限、还款日期、利率⟶编制记账凭证。

【账务处理】

借：银行存款　　1 000 000.00

　贷：短期借款　　1 000 000.00

温馨提醒

1. 了解银行贷款所需资料，熟悉银行贷款流程，不同的银行有不同的要求，具体所需资料和流程可以咨询预贷款银行。

2. 根据还款时间、金额编入财务部月度资金计划，及时提醒财务经理安排还贷资金。

3. 以上是以短期借款为例，若贷款期限在一年以上（不含一年），则属于长期借款。其账务处理方法为：

企业借入各种长期借款时，按实际收到的款项，借记“银行存款”科目，贷记“长期借款——本金”科目；按借贷双方之间的差额，借记“长期借款——利息调整”科目。

在资产负债表日，企业应按长期借款的摊余成本和实际利率计算确定的长期借款的利息费用，借记“在建工程”“财务费用”“制造费用”等科目，按借款本金和合同利率计算确定的应付未付利息，贷记“应付利息”科目，按其差额，贷记“长期借款——利息调整”科目。

企业归还长期借款，按归还的长期借款本金，借记“长期借款——本金”科目；按转销的利息调整金额，贷记“长期借款——利息调整”科目；按实际归还的款项，贷记“银行存款”科目；按借贷双方之间的差额，借记“在建工程”“财务费用”“制造费用”等科目。

业务 32 销售产品（一）

12 月 23 日，公司以直接销售方式销售 A 产品给客户 L 市发发发有限公司，开具增值税专用发票 1 份，不含税金额 300 万元，税额 39 万元，尚未收款。

【原始凭证】

见表 2-63、表 2-64。

表 2-63 **产品销售出库单**

购买方：L 市发发发有限公司 20×2 年 12 月 23 日

产品名称	规格型号	计量单位	出库数量	单位售价	销售金额	备注
A 产品		件	2 000	1 500	3 000 000	不含税价
合计					3 000 000	

仓库主管：包关 发货：小燕 提货：叶武 制单：小宝

表 2-64

××增值税专用发票

××

此联不作报销、扣税凭证使用

1400080002

机器编号：

××××××××××××

№ 00000616 1400080002

00000616

开票日期：20×2年12月23日

购买方	名称：L市发发发有限公司 纳税人识别号：910370000000000×× 地址、电话：L市开发区工业园05××-××××××× 开户行及账号：中国××银行开发区支行××-×××××××	密码区	略

货物或应税劳务、服务名称	规格型号	单位	数量	单价	金额	税率	税额
*某某产品*A产品		件	2 000.00	1 500.00	3 000 000.00	13%	390 000.00
合 计					¥3 000 000.00		¥390 000.00
价税合计（大写）	ⓧ叁佰叁拾玖万元整				（小写）¥3 390 000.00		

销售方	名称：L市雨泽有限公司 纳税人识别号：91037000000000088 地址、电话：L市××区××路6号05××-6660000 开户行及账号：中国××银行开发区支行3700000800660000×××	备注	

收款人：娜娜 复核：何花 开票人：丹丹 销售方：（章）

国税函[20××]××号××公司

第一联：记账联 销售方记账凭证

全国统一发票监制章 国家税务总局监

L市雨泽有限公司 91037000000000088 发票专用章

【财务流程】

对客户信用情况、销售通知单（销售部门根据销售合同、销售订单或销售计划编制）、销售发货单（发货部门根据销售通知单编制）、运货单、产品销售出库单、销售发票通知单（发货部门编制）进行审查→审查无误后，向客户开具销售发票→编制记账凭证。

【账务处理】

借：应收账款——L 市发发发有限公司	3 390 000.00
贷：主营业务收入——A 产品	3 000 000.00
应交税费——应交增值税（销项税额）	390 000.00

温馨提醒

1. 销售通知单、销售发货单、销售发票通知单所列的发货品种和规格、发货数量、发货时间、发货方式等事项应完全相符。

2. 在实际会计工作中，有些销售业务并没有向客户开具发票，对这些未开具发票的业务也应计提销项税额，假设税率为 13%，则销项税额＝销售金额/(1＋13%)×13%。

3. 将销售发票记账联分品种、分客户进行数量、金额汇总，可以提高财务核算效率。

4. 有预收账款的，要先冲销预收账款。

延伸阅读

各种销售结算方式的发票开具时间小结如下。

在实务中，有多种销售结算方式，而销售结算方式不同，相应的增值税纳税义务发生时间不同，即发票开具时间会不同。在不该开具发票的时候开具发票会造成一定的损失，比如分期收款结算方式应该在书面合同约定的收款日期的当天开具发票，若企业在货物发出的当天就开具发票，则要按照开具发票金额缴纳增值税款，无法获得递延税款的好处，给企业造成损失。可见，掌握各种销售结算方式的发票开具时间是很有必要的。

1.《增值税专用发票使用规定》（国税发〔2006〕156 号文件发布）第十一条规定：增值税专用发票按照增值税纳税义务的发生时间开具。

2. 根据《中华人民共和国增值税暂行条例》第十九条的规定，增值税纳税义务发生时间为：

（1）销售货物或者应税劳务，为收讫销售款项或者取得索取销售款项凭据的当天；先开具发票的，为开具发票的当天。

（2）进口货物，为报关进口的当天。

增值税扣缴义务发生时间为纳税人增值税纳税义务发生的当天。

3.《中华人民共和国增值税暂行条例实施细则》第三十八条规定：条例第十九条第一款第（一）项规定的收讫销售款项或者取得索取销售款项凭据的当天，按销售结算方式的不同，具体为：

（1）采取直接收款方式销售货物，不论货物是否发出，均为收到销售款或者取得索取销售款凭据的当天；

（2）采取托收承付和委托银行收款方式销售货物，为发出货物并办妥托收手续的当天；

（3）采取赊销和分期收款方式销售货物，为书面合同约定的收款日期的当天，无书面合同的或者书面合同没有约定收款日期的，为货物发出的当天；

（4）采取预收货款方式销售货物，为货物发出的当天，但生产销售生产工期超过12个月的大型机械设备、船舶、飞机等货物，为收到预收款或者书面合同约定的收款日期的当天；

（5）委托其他纳税人代销货物，为收到代销单位的代销清单或者收到全部或者部分货款的当天。未收到代销清单及货款的，为发出代销货物满180天的当天；

（6）销售应税劳务，为提供劳务同时收讫销售款或者取得索取销售款的凭据的当天；

（7）纳税人发生该细则第四条第（三）项至第（八）项所列视同销售货物行为，为货物移送的当天。

4. 根据《营业税改征增值税试点实施办法》（财税〔2016〕36号文件附件1）第四十五条的规定，增值税纳税义务、扣缴义务发生时间为：

（1）纳税人发生应税行为并收讫销售款项或者取得索取销售款项凭据的当天；先开具发票的，为开具发票的当天。

收讫销售款项，是指纳税人销售服务、无形资产、不动产过程中或者完成后收到款项。

取得索取销售款项凭据的当天，是指书面合同确定的付款日期；未签订书面合同或者书面合同未确定付款日期的，为服务、无形资产转让完成的当天或者不动产权属变更的当天。

（2）纳税人提供租赁服务采取预收款方式的，其纳税义务发生时间为收到预收款的当天。

（3）纳税人从事金融商品转让的，为金融商品所有权转移的当天。

（4）纳税人发生该办法第十四条规定情形的，其纳税义务发生时间为服务、无形资产转让完成的当天或者不动产权属变更的当天。

（5）增值税扣缴义务发生时间为纳税人增值税纳税义务发生的当天。

5.《国家税务总局关于在境外提供建筑服务等有关问题的公告》（国家税务总局公告 2016 年第 69 号）第四条规定：纳税人提供建筑服务，被工程发包方从应支付的工程款中扣押的质押金、保证金，未开具发票的，以纳税人实际收到质押金、保证金的当天为纳税义务发生时间。

业务 33 销售产品（二）

12 月 24 日，公司销售 B 产品给客户 L 市双福有限公司，开具增值税专用发票 1 份，不含税金额 200 万元，税额 26 万元，126 万元余款由娜娜到银行办理委托收款手续（已预收该公司货款 100 万元）。

【原始凭证】

见表 2-65 至表 2-67。

表 2-65 **产品销售出库单**

购买方：L 市双福有限公司 20×2 年 12 月 24 日

产品名称	规格型号	计量单位	出库数量	单位售价	销售金额	备注
B 产品		件	1 600	1 250	2 000 000	不含税价
合计					2 000 000	

仓库主管：包关 发货：小燕 提货：叶武 制单：小宝

表 2-66

××增值税专用发票

××

此联不作报销、扣税凭证使用

1400080002

机器编号：

××××××××××××

№ 00000617 1400080002

00000617

开票日期：20×2年12月24日

国税函[20××]××号××公司

购买方	名称：L市双福有限公司 纳税人识别号：9103700000000000YY 地址、电话：L市开发区工业园05××-××××Y×Y 开户行及账号：中国YY银行开发区支行××-×××××YY	密码区	略

货物或应税劳务、服务名称	规格型号	单位	数量	单价	金额	税率	税额
*某某产品*B产品		件	1 600.00	1 250.00	2 000 000.00	13%	260 000.00
合 计					¥2 000 000.00		¥260 000.00
价税合计（大写）	ⓧ贰佰贰拾陆万元整				（小写）¥2 260 000.00		

销售方	名称：L市雨泽有限公司 纳税人识别号：910370000000000088 地址、电话：L市××区××路6号05××-66600000 开户行及账号：中国××银行××支行37000000800660000×××	备注	

收款人：娜娜 复核：何花 开票人：丹丹 销售方：（章）

第一联：记账联 销售方记账凭证

L市雨泽有限公司

910370000000000088

发票专用章

表 2-67

委电

委托托收凭证（回单） 1

第　号

委托日期：20×2年12月24日　　委托号码：0016

<table>
<tr><td rowspan="3">付款人</td><td>全　称</td><td>L市双福有限公司</td><td rowspan="3">收款人</td><td>全　称</td><td colspan="10">L市雨泽有限公司</td><td rowspan="6">此联是收款人开户银行给收款人的回单</td></tr>
<tr><td>账号或地址</td><td>××-×××××YY</td><td>账　号</td><td colspan="10">3700000800660000×××</td></tr>
<tr><td>开户银行</td><td>YY银行开发区支行</td><td>开户银行</td><td colspan="3">××银行××支行</td><td colspan="3">行号</td><td colspan="4"></td></tr>
<tr><td rowspan="2">委托金额</td><td rowspan="2">人民币（大写）</td><td colspan="3" rowspan="2">壹佰贰拾陆万元整</td><td>千</td><td>百</td><td>十</td><td>万</td><td>千</td><td>百</td><td>十</td><td>元</td><td>角</td><td>分</td></tr>
<tr><td>¥</td><td>1</td><td>2</td><td>6</td><td>0</td><td>0</td><td>0</td><td>0</td><td>0</td><td>0</td></tr>
<tr><td>款项内容</td><td>货款</td><td>委托收款凭证名称</td><td colspan="2">发票00000617，合同03202</td><td colspan="3">附寄单证张数</td><td colspan="7">2</td></tr>
<tr><td colspan="3">备注：
电划</td><td colspan="2">款项收妥日期
年　月　日</td><td colspan="10">收款人开户行盖章月　日</td></tr>
</table>

单位主管　　会计　　复核　　记账

财务流程、温馨提醒参考业务 33。

【账务处理】

借：预收账款——L 市双福有限公司　　1 000 000.00

　　应收账款——L 市双福有限公司　　1 260 000.00

贷：主营业务收入——B 产品　　2 000 000.00

　　应交税费——应交增值税（销项税额）　　260 000.00

业务 34　销售产品（三）

12 月 25 日，公司直接向小规模纳税人 L 市玉玲经贸有限公司销售 B 产品，取得不含税销售收入 36 万元，开具增值税普通发票 1 份，款项未收。

【原始凭证】

见表 2-68、表 2-69。

表 2-68　　**产品销售出库单**

购买方：L 市玉玲经贸有限公司　　20×2 年 12 月 25 日

产品名称	规格型号	计量单位	出库数量	单位售价	销售金额	备注
B产品		件	300	1 200	360 000	不含税价
合计					360 000	

仓库主管：包关　　发货：小燕　　提货：叶武　　制单：小宝

表 2-69

××增值税普通发票

××
记账联
国家税务总局监制

014001800904
机器编号：
××××××××××××

No 00000898　014001800904
00000898
开票日期：20×2年12月25日

国税函[20××]××号××公司

购买方	名称：L市玉玲经贸有限公司 纳税人识别号：9103700000000066YY 地址、电话：M市开发区工业园 05YY-×××YYYY 开户行及账号：中国YY银行YY支行3900000899660066×××					密码区	略	
货物或应税劳务、服务名称	规格型号	单位	数量	单价	金额	税率	税额	
*某某产品*B产品		件	300	1 200.00	360 000.00	13%	46 800.00	
合　计					¥360 000.00		¥46 800.00	
价税合计（大写）	ⓧ肆拾万陆仟捌佰元整				（小写）¥406 800.00			
销售方	名称：L市雨泽有限公司 纳税人识别号：910370000000000088 地址、电话：L市××区××路6号05××-6660000 开户行及账号：中国××银行××支行3700000800660000×××					备注	L市雨泽有限公司 910370000000000088 发票专用章	

第一联：销售方记账凭证

收款人：娜娜　　复核：何花　　开票人：丹丹　　销售方：（章）

财务流程、温馨提醒参考业务 33。

【账务处理】

借：应收账款——L 市玉玲经贸有限公司　　406 800.00

　贷：主营业务收入——B 产品　　360 000.00

　　应交税费——应交增值税（销项税额）　　46 800.00

业务 35　销售产品支付运费

12 月 25 日，娜娜以转账支票方式支付 S 市速快运输有限公司运输费用 4 161.62 元及其他杂费 1 762.00 元，共计 5 923.62 元。

【原始凭证】

见表 2-70、表 2-71。

表 2-70

××增值税专用发票

××

发票联

1400080002　　　　　　No 87650009　1400080002　87650009

机器编号：××××××××××××

开票日期：20×2年12月25日

国税函[20××]××号××公司

购买方	名称：L市雨泽有限公司 纳税人识别号：910370000000000088 地址、电话：L市××区××路6号05××-6660000 开户行及账号：××银行××支行37000000800660000×××					密码区	略	
货物或应税劳务、服务名称	规格型号	单位	数量	单价	金额	税率	税额	
*运输服务*运输费		次	1.00	3 818.00	3 818.00	9%	343.62	
合　计					¥3 818.00		¥343.62	
价税合计（大写）	ⓧ肆仟壹佰陆拾壹元陆角贰分					（小写）¥4 161.62		
销售方	名称：S市速快运输有限公司 纳税人识别号：×××××××××××××××××××× 地址、电话：S市开发区工业园××××-××××××× 开户行及账号：中国××银行开发区支行××-×××××××					备注	L市——L市，SA1277 B产品1 600件 ××××××××××××××××××	

收款人：出纳　　复核：会计1　　开票人：会计2　　销售方：（章）

S市速快运输有限公司 发票专用章

第三联：发票联　购买方记账凭证

杂费 1 762.00 元取得普通发票，略。

【财务流程】

审核增值税专用发票及普通发票是否合法，金额是否正确⟶审核审批手续是否完备⟶编制记账凭证⟶传出纳会计付款。

表 2-71　转账支票存根

中国××银行
转账支票存根
32303720
02116760

附加信息……

出票日期20X2年12月25日

收款人:	S市速快运输有限公司
金　额:	5 923.62
用　途:	运杂费款

单位主管　　　会计

【账务处理】

借：销售费用——运杂费　　5 580.00

　　应交税费——应交增值税（进项税额）　　343.62

　贷：银行存款　　5 923.62

温馨提醒

1. 若是购进货物，则不应计入销售费用，而计入货物成本。

2. 运费是税务重点稽查项目，企业应重点关注运费费用的审核：(1) 运费报销单是否经审核签批；(2) 运输费用发票备注栏是否按规定填写；(3) 起运地和运达地是否与运费报销单相符；(4) 是否由起运地和运达地以外的车辆运输，运输价格是否波动较大；(5) 货物信息是否与货物发票相符。

3. 类似问题：企业的加油费也是税务稽查重点关注项目，企业应重点关注加油费用的审核：(1) 报销的加油费是否为本公司车辆所用；(2) 本公司账面上是否有车辆，加油费总额是否超过了车辆理论行车的最大油耗量；(3) 本公司是否存在租赁车辆，是否有租赁合同，租赁费是否有发票，租赁费是否按合同支付，租赁业务是否真实合理。

业务 36　销售材料

12 月 26 日，公司销售甲材料给客户 L 市艳玲有限公司，已经全部开具增值税专用发票，共计 1 份，不含税金额 36 000.00 元，税额 4 680.00 元，款项未收。

【原始凭证】

见表 2-72。

表 2-72

L 市雨泽有限公司

材料领用单

领料单位：销售部　　　　　　　　　　　　　　　　编　　号：00001

用　　途：销售　　　　20×2 年 12 月 26 日　　　　发料仓库：1 号库

材料编号	材料类别	名称	规格	计量单位	数量		金额		备注
					请领	实发	单价	金额	
01		甲材料		kg	300	300	100.16	30 048.00	
合计								30 048.00	

主管：包关　　记账：小宝　　领料单位负责人：萧晓　　领料人：叶武　　发料人：小燕

表 2-73

××增值税专用发票

1400080002　机器编号：××××××××××××

××

此联不作报销、扣税凭证使用

№ 00000618　1400080002 00000618

开票日期：20×2年12月26日

国税函[20××]××号××公司

购买方	名称：L市艳玲有限公司 纳税人识别号：91037000000000077 地址、电话：L市开发区工业园05××-××YYYYY 开户行及账号：中国YY银行开发区支行××-×××YYYY					密码区	略	
货物或应税劳务、服务名称	规格型号	单位	数量	单价	金额	税率	税额	
*某某材料*甲材料		kg	300.00	120.00	36 000.00	13%	4 680.00	
合　计					¥36 000.00		¥4 680.00	
价税合计（大写）	ⓧ肆万零陆佰捌拾元整				（小写）¥40 680.00			
销售方	名称：L市雨泽有限公司 纳税人识别号：91037000000000088 地址、电话：L市××区××路6号05××-6660000 开户行及账号：中国××银行××支行37000000800660000×××					备注	91037000000000088	

收款人：娜娜　　复核：何花　　开票人：丹丹　　销售方：(章)

第一联：记账联　销售方记账凭证

L市雨泽有限公司 91037000000000088 发票专用章

【财务流程】

审核销售材料批件（生产部长签字、分管领导签字）、材料领用单⟶开具发票⟶凭发票记账联、收据编制记账凭证。

【账务处理】

借：应收账款——L 市艳玲有限公司　　40 680.00

　贷：其他业务收入　　36 000.00

　　应交税费——应交增值税（销项税额）　　4 680.00

借：其他业务成本　　30 048.00

　贷：原材料——甲材料　　30 048.00

业务 37 销售使用过的固定资产

12 月 27 日，公司销售一台使用过的机器设备给 M 市佳佳有限公司，含税销售额 10.3 万元，收到银行汇票。已知购买该设备时取得的增值税专用发票上注明的金额为 15 万元（含税，未抵扣），现已经计提累计折旧 6 万元。公司按规定开具了增值税普通发票 1 份。

【原始凭证】

见表 2-74、表 2-75。

表 2-74

××增值税普通发票

014001800904　　××　记账联　　№ 00000899　014001800904 00000899

机器编号：××××××××××××　　开票日期：20×2年12月27日

国税函[20××]××号××公司

购买方	名称：M市佳佳有限公司 纳税人识别号：9103700000000000YY 地址、电话：M市开发区工业园 05YY-×××××YY 开户行及账号：中国YY银行YY支行39000000899660099×××			密码区	略		
货物或应税劳务、服务名称	规格型号	单位	数量	单价	金额	税率	税额
*机床*乙机床	CA6140	台	1	100 000.00	100 000.00	3%	3 000.00
合　计					¥100 000.00		¥3 000.00
价税合计（大写）	ⓧ壹拾万零叁仟元整				（小写）¥103 000.00		
销售方	名称：L市雨泽有限公司 纳税人识别号：910370000000000088 地址、电话：L市××区××路6号05××-6660000 开户行及账号：中国××银行××支行37000000800660000×××			备注	L市雨泽有限公司 910370000000000088 发票专用章		

收款人：娜娜　　复核：何花　　开票人：丹丹　　销售方：（章）

第一联：记账联　销售方记账凭证

表 2-75 **固定资产清理申请单**

20×2 年 12 月 25 日

申请人：	王宇	申请部门：	生产部
申请清理的固定资产			
资产名称：	乙机床	规格型号：	CA6140
资产编号：	00025	使用年限：	10 年
原用途：	生产	资产原值：	150 000.00
累计折旧：	60 000.00	存放地点：	一车间
申请清理理由：该设备生产效率较低，不能满足我公司生产需要，销售给 M 市佳佳有限公司，售价 10.3 万元。			
审批、处理意见			
部门经理意见：车剑			
财务部门意见：丰收			
固定资产管理部门意见：郑业			
总经理意见：雨泽			

【财务流程】

审核固定资产清理申请单（使用部门填制注明清理报废原因、固定资产管理部门及财务部门签署处理意见、总经理核准）⟶核实清理的固定资产原值、已使用年限、折旧提取、减值准备计提等情况⟶固定资产用于销售的，开具普通发票⟶编制记账凭证。

【账务处理】

借：固定资产清理　　90 000.00

　　累计折旧　　60 000.00

　贷：固定资产——乙机床　　150 000.00

（若计提固定资产减值准备，一并转销。）

借：应收账款——M 市佳佳有限公司　　103 000.00

　贷：固定资产清理　　100 000.00

　　　应交税费——简易计税　　3 000.00

借：应交税费——应交增值税（减免税款）　　1 000.00

　贷：资产处置损益　　1 000.00

借：固定资产清理　　10 000.00

贷：资产处置损益　　10 000.00

说明：固定资产清理若为借方余额，则：

借：资产处置损益

贷：固定资产清理

温馨提醒

1. 定期组织行政办公室及生产部会同财务部对固定资产进行核查，督促对已报废及长期闲置的固定资产进行处置。

2. 生产用设备等固定资产清理涉及增值税核算，有下列两种情况：

（1）非正常损失的固定资产，应该通过“进项税额转出”核算。

（2）纳税人销售自己使用过的生产设备，应该通过“销项税额”（原固定资产购入时税法允许抵扣进项税）或“简易计税”、“减免税款”（原固定资产购入时税法不允许抵扣进项税）核算。

本例中，销售一台购入时未抵扣的旧机器设备，按3%征收率减按2%征收增值税，应缴纳的增值税额=103 000/(1+3%)×2%=2 000（元）。

《国家税务总局关于营业税改征增值税试点期间有关增值税问题的公告》（国家税务总局公告2015年第90号）第二条规定，纳税人销售自己使用过的固定资产，适用简易办法依照3%征收率减按2%征收增值税政策的，可以放弃减税，按照简易办法依照3%征收率缴纳增值税，并可以开具增值税专用发票。

不放弃减税的只能开具普通发票，放弃减税的，可以开具专用发票。

延伸阅读

1. 一般纳税人销售其2016年4月30日前取得（不含自建）的不动产，可以选择适用简易计税方法，以取得的全部价款和价外费用减去该项不动产购置原价或者取得不动产时的作价后的余额为销售额，按照5%的征收率计算应纳税额。纳税人应按照上述计税方法在不动产所在地预缴税款后，向机构所在地主管税务机关进行纳税申报。

一般纳税人销售其2016年4月30日前取得的不动产（不含自建），适用一般计税方法计税的，以取得的全部价款和价外费用为销售额计算应纳税额。上述纳税人应以取得的全部价款和价外费用减去该项不动产购置原价或者取得不动产时的作价后的余额，按照 5%的预征率在不动产所在地预缴税款后，向机构所在地主管税务机关进行纳税申报。

2. 一般纳税人销售其 2016 年 4 月 30 日前自建的不动产，可以选择适用简易计税方法，以取得的全部价款和价外费用为销售额，按照 5%的征收率计算应纳税额。纳税人应按照上述计税方法在不动产所在地预缴税款后，向机构所在地主管税务机关进行纳税申报。

一般纳税人销售其 2016 年 4 月 30 日前自建的不动产，适用一般计税方法计税的，应以取得的全部价款和价外费用为销售额计算应纳税额。纳税人应以取得的全部价款和价外费用，按照 5%的预征率在不动产所在地预缴税款后，向机构所在地主管税务机关进行纳税申报。

3. 一般纳税人销售其 2016 年 5 月 1 日后取得（不含自建）的不动产，应适用一般计税方法，以取得的全部价款和价外费用为销售额计算应纳税额。纳税人应以取得的全部价款和价外费用减去该项不动产购置原价或者取得不动产时的作价后的余额，按照 5%的预征率在不动产所在地预缴税款后，向机构所在地主管税务机关进行纳税申报。

4. 一般纳税人销售其 2016 年 5 月 1 日后自建的不动产，应适用一般计税方法，以取得的全部价款和价外费用为销售额计算应纳税额。纳税人应以取得的全部价款和价外费用，按照 5%的预征率在不动产所在地预缴税款后，向机构所在地主管税务机关进行纳税申报。

5. 小规模纳税人销售其取得（不含自建）的不动产（不含个体工商户销售购买的住房和其他个人销售不动产），应以取得的全部价款和价外费用减去该项不动产购置原价或者取得不动产时的作价后的余额为销售额，按照 5%的征收率计算应纳税额。纳税人应按照上述计税方法在不动产所在地预缴税款后，向机构所在地主管税务机关进行纳税申报。

6. 小规模纳税人销售其自建的不动产，应以取得的全部价款和价外费用为销售额，按照 5%的征收率计算应纳税额。纳税人应按照上述计税方法在不动产所在地预缴税款后，向机构所在地主管税务机关进行纳税申报。

业务 38　收银行汇票

12 月 28 日，娜娜收到 M 市佳佳有限公司银行汇票一份，用于结算设备销售款 10.3 万元。

【原始凭证】

见表 2-76、表 2-77。

表 2-76

中国××银行　00209640

银行汇票　2　　　　第　号

付款期限 壹个月

出票日期（大写）贰零×贰年拾贰月贰拾柒日	代理付款行：					行号：					
收款人：L市雨泽有限公司	账号：3700000800660000×××										
出票金额：人民币（大写）壹拾贰万元整											
实际结算金额 人民币（大写）	壹拾万叁仟元整	千	百	十	万	千	百	十	元	角	分
			¥	1	0	3	0	0	0	0	0

此联代理付款行付款后作联行往账借方凭证附件

申请人：M市佳佳有限公司　账号：3900000899660099×××

出票行 YY银行YY支行											科目（借）
行　号 000×5	多余金额										对方科目（贷）
用　途 设备款	千	百	十	万	千	百	十	元	角	分	兑付日期　年　月　日
出票行盖章			¥	1	7	0	0	0	0	0	复核　记账

第三联为解讫通知联，为代理付款行付款后随报单寄出票行，由出票行做多余款贷方凭证，格式同上，略。

【财务流程】

在出票金额以内，按照实际需要的款项办理结算→将实际结算金额和多余金额准确、清晰地填入银行汇票和解讫通知的有关栏内→填写进账单办理结算，其多余金额由出票银行退交申请人。

【账务处理】

借：银行存款　　　　103 000.00

贷：应收账款——M市佳佳有限公司　　　　103 000.00

表 2-77

中国××银行进账单(收账通知)

20×2年12月28日　　　　第1－01号

出票人	全　称	M市佳佳有限公司	收款人	全　称	L市雨泽有限公司
	账　号	3900000899660099×××		账　号	3700000800660000×××
	开户银行	中国YY银行YY支行		开户银行	中国××银行××支行

人民币（大写）		千	百	十	万	千	百	十	元	角	分
壹拾万叁仟元整			¥	1	0	3	0	0	0	0	0

票据种类	银行汇票	
票据张数	1	
单位主管　会计　复核　记账		出票人开户行盖章

此联是持票人开户银行交给持票人的收账通知

业务 39　收转账支票

12 月 28 日，公司业务员叶武收到 L 市发发发有限公司转账支票一份交与财务，金额 146 万元（以前期间 10 万元，当期 136 万元，余款 200 万元，双方对账相符）。娜娜填写进账单，交存银行办理转账。

【原始凭证】

见表 2-78、表 2-79。

表 2-78

中国××银行转账支票　32303720 02126266

付款期限自出票之日起十天

出票日期（大写）贰零×贰年壹拾贰月贰拾捌日　　付款行名称：××银行开发区支行

收款人：L 市雨泽有限公司　　出票人账号：××-×××××××

人民币（大写）	亿	千	百	十	万	千	百	十	元	角	分
壹佰肆拾陆万元整		¥	1	4	6	0	0	0	0	0	0

用途　货款　　密码：

上列款项请从　　行号：100060000007

我账户内支付

出票人签章　　复核　　记账

【财务流程】

审查接受的支票、汇票等银行票据──►填写进账单──►交主管会计背书──►送交银行──►取回单，将回单第一联与回执粘贴在一起──►编制回款登记表、登记银行票据登记簿──►编制记账凭证。

【账务处理】

借：银行存款　　1 460 000.00

　贷：应收账款——L 市发发发有限公司　　1 460 000.00

表 2-79

中国××银行进账单(收账通知) 1

20×2年12月28日　　第1－01号

<table>
<tr><td rowspan="3">出票人</td><td>全　　称</td><td>L市发发发有限公司</td><td rowspan="3">收款人</td><td>全　　称</td><td colspan="10">L市雨泽有限公司</td></tr>
<tr><td>账　　号</td><td>×-×××××××</td><td>账　　号</td><td colspan="10">3700000800660000×××</td></tr>
<tr><td>开户银行</td><td>中国××银行开发区支行</td><td>开户银行</td><td colspan="10">中国××银行××支行</td></tr>
<tr><td colspan="5" rowspan="2">人民币
(大写)　壹佰肆拾陆万元整</td><td>千</td><td>百</td><td>十</td><td>万</td><td>千</td><td>百</td><td>十</td><td>元</td><td>角</td><td>分</td></tr>
<tr><td>¥</td><td>1</td><td>4</td><td>6</td><td>0</td><td>0</td><td>0</td><td>0</td><td>0</td><td>0</td></tr>
<tr><td colspan="2">票据种类</td><td>转账支票</td><td colspan="12" rowspan="3">出票人开户行盖章</td></tr>
<tr><td colspan="2">票据张数</td><td>1</td></tr>
<tr><td colspan="3">单位主管　会计　复核　记账</td></tr>
</table>

此联是持票人开户银行交给持票人的收账通知

温馨提醒

1. 审查银行票据，主要是审查其真实性、完整性、有效期等事项。

2. 原则上通过银行结算不能开具收据，但是在确认银行存款进账时因交款方要求确需开具收据的，应该在收据上加盖“转账”章。

业务 40 收银行承兑汇票

12 月 29 日，公司收到 L 市发发发有限公司一张 200 万元的银行承兑汇票。

【原始凭证】

见表 2-80 至表 2-82。

表 2-80

银行承兑汇票 2

00000058
00000169

出票日期（大写） 贰零×贰年壹拾贰月贰拾柒日

出票人全称	M市佳佳公司	收款人	全称	L市发发发有限公司
出票人账号	000000008006600000587		账号	×××××××××
付款行全称	M市××银行YY支行行号		开户银行	中国××银行开发区支行
汇票金额	人民币（大写） 贰佰万元整		亿千百十万千百十元角分	￥200000000
付款到期日（大写）	贰零×叁年零陆月贰拾柒日	付款行	行号	000000002126
承兑协议编号	000000000000619		地址	M市×路3号
本汇票请你行承兑，到期无条件付款。 出票人签章	本汇票已经承兑，到期日由行号本行付款。 承兑行签章 承兑日期20×2年12月28日 备注		密押 复核 记账	

此联收款人开户行随委托收款凭证寄付款行作借方凭证附件

表 2-81 银行承兑汇票（背面）

被背书人：L 市雨泽有限公司	被背书人：
L 市发发发有限公司签章 背书人签章 20×2 年 12 月 28 日	背书人签章 年 月 日

表 2-82

收据

NO.000004

20×2年12月28日

今收到 L市发发发有限公司 交来 银行承兑汇票 1 份，票号： 00000169 ，金额人民币（大写）： 贰佰万元整
￥2 000 000.00 元 收款单位（盖章）

第二联记账联

会计：何花 记账：丹丹 出纳：娜娜 经手人：娜娜

【财务流程】

收到客户交来的银行承兑汇票⟶审查票据⟶填写收据⟶编制回款登记表、登记银行票据登记簿⟶编制记账凭证。

【账务处理】

借：应收票据　　2 000 000.00

　贷：应收账款——L市发发发有限公司　　2 000 000.00

温馨提醒

在当今企业经营活动中，银行承兑汇票在企业间的使用愈加频繁。很多企业在收取银行承兑汇票时，或多或少会遇到一些不太规范的票据甚至伪造的假票，给企业带来麻烦和损失。因此，对企业的银行承兑汇票的审查工作应予以高度重视。

1. 银行承兑汇票的审查要点：

(1) 审查票据票面。

票面无污损、无残缺、无涂改、记载要素完整、印章齐全、字迹印章清晰不模糊、书写规范。

票面注有“不得转让”“委托收款”“质押”字样的票据不能办理贴现。

背书人在汇票上记载“不得转让”字样，其后手再背书转让的，原背书人对后手的被背书人不承担保证责任。

背书记载“委托收款”字样的，被背书人有权代背书人行使被委托的汇票权利。但是，被背书人不得再以背书转让汇票权利。

汇票可以设定质押；质押时应当以背书记载“质押”字样。被背书人依法实现其质权时，可以行使汇票权利。

(2) 审查票据内容正确性。

付款人名称、收款人名称、出票日期、银行名称及账号、大小写金额、印章等记载要素正确无误。名称必须为全称。

(3) 审查背书连续性。

《中华人民共和国票据法》第三十一条规定：“以背书转让的汇票，背书应当连续。持票人以背书的连续，证明其汇票权利；非经背书转让，而以其他合法方式取得汇票的，依法举证，证明其汇票权利。前款所称背书连续，是指在票据转让中，转让汇票的背书人与受让汇票的被背书人在汇票上的签章依次前后衔接。”

“背书连续”即：第一个背书人必须是票据正面记载的收款人，以后的每一个背书人必须是上一个被背书人，最后一个被背书人必须是持票人，最后一个背书人必须是购买方。

背书不连续，会引起不必要的经济纠纷，给企业造成损失。当最后一个背书人不是购买方时，税务机关通常怀疑企业存在虚开代开发票行为，给企业带来不必要的麻烦。

（4）审查票据有效性。

银行承兑汇票的承兑期限最长不得超过6个月，提示付款期限自汇票到期日起10日内。银行承兑汇票超过汇票到期日不得背书转让。

银行承兑汇票是否已挂失止付、禁止流通，可通过银行柜台发查询给出票行，出票行会就汇票是否挂失止付或者冻结给予答复，还会告知汇票在什么时候被哪家银行查询过。

2. 有18种特征之一的银行承兑汇票不得收取。

最后再次提醒大家，有如下特征的银行承兑汇票通常不要收取，以免造成不必要的麻烦和损失：

（1）背书人的签章不清晰；

（2）盖在汇票与粘贴单连接处的骑缝章不清晰；

（3）盖在汇票与粘贴单连接处的骑缝章位置错误，正确的做法是盖章时连接处的缝应该穿过骑缝章的中心；

（4）骑缝章与前面背书人签章有重叠；

（5）背书人的签章盖在背书栏外；

（6）被背书人名称书写有误，或有涂改，或者未写在被背书人栏上；

（7）背书不连续，如背书人的签章与前道被背书人的名字或签章不一致；

（8）汇票票面有严重污渍，导致票面一些字迹、签章无法清晰辨别；

（9）汇票票面有破损或撕裂；

（10）汇票票面字迹不够清楚，或有涂改；

（11）汇票票面项目填写不齐全；

（12）汇票票面金额大小不一致；

（13）出票日期和票据到期日没大写，或不规范；

（14）承兑期限超过6个月；

（15）出票人的签章与出票人名称不一致；

（16）汇票收款人与第一背书人签章不一致；

（17）粘贴单不是银行统一格式；

（18）连续背书转让时，日期填写不符合前后逻辑关系，如后道背书日期比前道早。

上述（1）～（9）项为较常见情况，（10）～（18）项较为少见。不可收取的银行承兑汇票的特征可能不止上述18种，很难一一详尽列举，关键还是要求财务人员仔细认真、把好关，对于拿不准的银行承兑汇票，最好交给银行查询一下。

业务 41　托收款项到账

12 月 29 日，托收 L 市双福有限公司款项 126 万元到账。

【原始凭证】

见表 2-83。

表 2-83

中国××银行特种转账贷方凭证

币别：人民币　　　　20×2年12月28日　　　　凭证编号：66689

付款人	全　称	L市双福有限公司	收款人	全　称	L市雨泽有限公司
	账　号	3700000000000YY		账　号	3700000800660000×××
	开户行	YY银行开发区支行		开户行	中国××银行××支行
大写金额	（人民币）壹佰贰拾陆万元整				RMB1 260 000.00
用途或事由：往来款 代理机构：440400988 （银行盖章）			科目（借） 对方科目（贷）		

此联为收款人回单

会计主管：　　复核：　　记账：　　制单：

【财务流程】

收到特种转账贷方凭证──→编制回款登记表、登记银行票据登记簿──→编制记账凭证。

【账务处理】

借：银行存款　　1 260 000.00

　贷：应收账款——L 市双福有限公司　　1 260 000.00

业务 42　支付电费

12 月 29 日，公司以转账支票支付电费 57 291 元，取得增值税专用发票 1 份。

【原始凭证】

见表 2-84、表 2-85。

表 2-84

××增值税专用发票

××

发票联

（全国统一发票监制章：国家税务总局监制）

1400080002

机器编号：

××××××××××××

No 00009099　1400080002

00009099

开票日期：20×2年12月29日

国税函[20××]××号××公司

购买方	名称：L市雨泽有限公司 纳税人识别号：370000000000088 地址、电话：L市××区××路6号05××-6660000 开户行及账号：××银行××支行37000000800660000×××	密码区	略

货物或应税劳务、服务名称	规格型号	单位	数量	单价	金额	税率	税额
*供电*电力		kwh	84 500.00	0.60	50 700.00	13%	6 591.00
合　计					￥50 700.00		￥6 591.00
价税合计（大写）	ⓧ伍万柒仟贰佰玖拾壹元整				（小写）￥57 291.00		

销售方	名称：L市供电公司 纳税人识别号：×××××××××××××××× 地址、电话：L市××路006号××××-××××××× 开户行及账号：中国××银行××支行××-×××××××	备注	××××××××××××××××××

（印章：L市供电公司 ×××××××××××××××××× 发票专用章）

收款人：出纳　　复核：会计1　　开票人：会计2　　销售方：（章）

第三联：发票联　购买方记账凭证

增值税专用发票（抵扣联）略。

【财务流程】

收到领导签字审批后的电费发票，填写转账支票，然后编制记账凭证。

【账务处理】

借：生产成本——辅助生产成本——供电车间　　50 700.00

　　应交税费——应交增值税（进项税额）　　6 591.00

　贷：银行存款　　57 291.00

表 2-85　　转账支票存根

中国××银行 转账支票存根 32303720 02116761
附加信息
出票日期20×2年12月29日
收款人： L市供电公司
金 额：57 291.00
用 途：电费
单位主管　　会计

温馨提醒

电费通常是税务重点检查事项，在审核电费时，应重点关注企业用电量是否与产能相吻合。如果企业账面产量很少，电费却很高，可能存在隐藏收入问题。

业务 43　为职工代垫医药费

12 月 29 日，公司为人力资源部经理任丽代垫医药费 2 674.70 元。

【原始凭证】

表 2-86

××省医院门诊收费专用票据

××省

姓名：任丽　　日期：20×2-12-29　　No:218035781315

项目	单位	标准	数量	金额
成药费			1.00	1 549.10
西药费			1.00	1 125.60
合计：贰仟陆佰柒拾肆元柒角				￥2 674.70

报销凭证　　盖章有效

流水号：20×2122900150008　　制单：0015　　收款：0015

【财务流程】

收到领导签字审批后的代垫费用发票，编制记账凭证。

【账务处理】

借：其他应收款——代垫费用——任丽　　2 674.70

　贷：库存现金　　2 674.70

业务 44　支付职工培训费

12 月 29 日，娜娜以现金支付公司管理人员税务培训费 288 元，取得增值税普通发票 1 份。

【原始凭证】

见表 2-87。

表 2-87

××增值税普通发票　　No 00007699

014001800904　　发票联　　开票日期：20×2年12月29日

国税函[20××]××号××公司

购买方	名称：L市雨泽有限公司 纳税人识别号：91037000000000088 地址、电话：L市××区××路6号05××-6660000 开户行及账号：中国××银行××支行37000000800660000×××				密码区	略	
货物或应税劳务、服务名称	规格型号	单位	数量	单价	金额	税率	税额
*非学历教育服务*培训费		次	1	279.61	279.61	3%	8.39
合　计					¥279.61		¥8.39
价税合计（大写）	⊗贰佰捌拾捌元整				（小写）¥288.00		
销售方	名称：L市丰收税务培训有限公司 纳税人识别号：91037000000099089 地址、电话：L市××区××路88号05××-5699999 开户行及账号：中国××银行××支行37000000899660099×××				备注		

收款人：××　　复核：CC　　开票人：DD　　销售方：（章）

第二联：发票联购买方记账凭证

【财务流程】

收到领导签字审批后的职工培训票据，编制记账凭证。

【账务处理】

借：应付职工薪酬——职工教育经费　　288.00

　　贷：库存现金　　288.00

温馨提醒

发票的种类与使用：

(1) 增值税一般纳税人销售货物、提供加工修理修配劳务和应税行为，使用增值税发票管理新系统（以下简称新系统）开具增值税专用发票、增值税普通发票、机动车销售统一发票、增值税电子普通发票。

(2) 小规模纳税人月销售额超过10万元的，使用增值税发票管理系统开具增值税普通发票、机动车销售统一发票、增值税电子普通发票。

已经使用增值税发票管理系统的小规模纳税人，月销售额未超过10万元的，可以继续使用现有税控设备开具发票；已经自行开具增值税专用发票的，可以继续自行开具增值税专用发票，并就开具增值税专用发票的销售额计算缴纳增值税。

未使用新系统开具发票的企业仍然可以使用税务局通用机打发票，关于停止使用期限请关注主管税务机关通知，预计以后会逐步取消这种发票。

(3) 2017年1月1日起启用增值税普通发票（卷票）。增值税普通发票（卷票）分为两种规格：57mm×177.8mm、76mm×177.8mm，均为单联。

(4) 门票、过路（过桥）费发票、定额发票、客运发票和二手车销售统一发票继续使用。

(5) 采取汇总纳税的金融机构，省、自治区所辖地市以下分支机构可以使用地市级机构统一领取的增值税专用发票、增值税普通发票、增值税电子普通发票；直辖市、计划单列市所辖区县及以下分支机构可以使用直辖市、计划单列市机构统一领取的增值税专用发票、增值税普通发票、增值税电子普通发票。

(6) 税务机关使用新系统代开增值税专用发票和增值税普通发票。代开增值税专用发票使用六联票，代开增值税普通发票使用五联票。

(7) 2018年1月1日起，使用ETC卡或用户卡交纳的通行费，以及ETC卡充值费可以开具收费公路通行费增值税电子普通发票，不再开具纸质票据。

业务 45　支付职工薪酬

12 月 29 日，娜娜通过银行支付职工薪酬，其中：职工工资 99 500 元，职工福利 3 990 元（食堂工人工资），代扣个人负担的社会保险 10 866.45 元与住房公积金 10 349.00 元，代垫医药费用 2 674.70 元、个人所得税 606.20 元。

【原始凭证】

见表 2-88。

表 2-88　　工资发放明细表

序号	姓名	工资薪金	代扣社保	代扣住房公积金	预扣预缴个税	代垫费用	实发金额	签领
01	雨泽	10 000.00	1 020	1 000	180.00		7 800.00	
02	萧晓	8 000.00	816	800	153.80		6 230.20	
03	叶武	6 000.00	612	600	0.00		4 788.00	
04	任丽	4 000.00	408	400	0.00	2 674.70	517.30	
05	李丽	2 000.00	204	200	0.00		1 596.00	
……	……	……	……	……	……	……	……	
	合计	103 490.00	10 866.45	10 349.00	606.20	2 674.70	78 993.65	

工资薪金所得，是指个人因任职或者受雇而取得的工资、薪金、奖金、年终加薪、劳动分红、津贴、补贴以及与任职或者受雇有关的其他所得。因本表篇幅所限，未分列各项目，合并列为工资薪金。

$$\text{本期应预扣预缴税额}=\left(\text{累计预扣预缴应纳税所得额}\times\text{预扣率}-\text{速算扣除数}\right)-\text{累计减免税额}-\text{累计已预扣预缴税额}$$

$$\text{累计预扣预缴应纳税所得额}=\text{累计收入}-\text{累计免税收入}-\text{累计减除费用}-\text{累计专项扣除}-\text{累计专项附加扣除}-\text{累计依法确定的其他扣除}$$

其中：累计减除费用，按照 5 000 元/月乘以纳税人当年截至本月在本单位的任职受雇月份数计算。

【财务流程】

凭人力资源部开具的工资发放明细表──→审核是否有人力资源部部门章和人力资源部经理、财务经理、总经理签字──→发放工资──→编制记账凭证。

【账务处理】

借：应付职工薪酬——工资　　99 500.00

——职工福利　　3 990.00

贷：银行存款　　78 993.65

其他应付款——社会保险费　　10 866.45（代扣代缴的职工个人负担的社保费用部分）

其他应付款——住房公积金　　10 349.00（代扣代缴的职工个人负担的住房公积金部分）

其他应收款——代垫费用——任丽

2 674.70（代垫的水电费，医药费等各种代垫费用）

应交税费——应交个人所得税　　606.20

温馨提醒

1. 以现金方式发放工资，需要职工签字领取；通过银行存款发放工资则不需要职工签字。

随工资发放而代扣代缴的保险、个人所得税等款项，代垫的水电费，医药费等各种代垫费用，扣款收据由会计开具，由于直接代扣，并未实际经出纳直接从职工手中收取现金，收据可以没有付款人签字（盖章），收据应和工资发放明细表同时作为附件记账。

2. 代扣代缴的职工个人负担的社保费用部分、代垫的水电费，医药费等各种代垫费用不属于公司的成本费用，直接从职工薪酬中扣款。

3. 新修订的《中华人民共和国个人所得税法》自2019年1月1日起施行。

2019年1月1日起，将劳务报酬、稿酬、特许权使用费等三项所得与工资薪金合并起来计算纳税，并实行专项附加扣除。

专项扣除，包括居民个人按照国家规定的范围和标准缴纳的基本养老保险、基本医疗保险、失业保险等社会保险费和住房公积金等；专项附加扣除，包括子女教育、继续教育、大病医疗、住房贷款利息或者住房租金、赡养老人等支出，具体范围、标准和实施步骤由国务院确定，并报全国人民代表大会常务委员会备案。

4.《国家税务总局关于全面实施新个人所得税法若干征管衔接问题的公告》（国家税务总局公告2018年第56号）第一条第（一）项规定：

扣缴义务人向居民个人支付工资、薪金所得时，应当按照累计预扣法计算预扣税款，并按月办理全员全额扣缴申报。具体计算公式如下：

本期应预扣预缴税额＝（累计预扣预缴应纳税所得额×预扣率－速算扣除数）－累计减免税额－累计已预扣预缴税额

累计预扣预缴应纳税所得额＝累计收入－累计免税收入－累计减除费用－累计专项扣除－累计专项附加扣除－累计依法确定的其他扣除

其中：累计减除费用，按照5 000元/月乘以纳税人当年截至本月在本单位的任职受雇月份数计算。

上述公式中，计算居民个人工资、薪金所得预扣预缴税额的预扣率、速算扣除数，按《个人所得税预扣率表一》（见表2-89）执行。

表2-89　个人所得税预扣率表一

（居民个人工资、薪金所得预扣预缴适用）

级数	累计预扣预缴应纳税所得额	预扣率（%）	速算扣除数
1	不超过36 000元的部分	3	0
2	超过36 000元至144 000元的部分	10	2 520
3	超过144 000元至300 000元的部分	20	16 920
4	超过300 000元至420 000元的部分	25	31 920
5	超过420 000元至660 000元的部分	30	52 920
6	超过660 000元至960 000元的部分	35	85 920
7	超过960 000元的部分	45	181 920

5. 取得综合所得需要办理汇算清缴的纳税申报。

《国家税务总局关于个人所得税自行纳税申报有关问题的公告》(国家税务总局公告 2018 年第 62 号)第一条规定:

取得综合所得且符合下列情形之一的纳税人,应当依法办理汇算清缴:

(1) 从两处以上取得综合所得,且综合所得年收入额减除专项扣除后的余额超过 6 万元;

(2) 取得劳务报酬所得、稿酬所得、特许权使用费所得中一项或者多项所得,且综合所得年收入额减除专项扣除的余额超过 6 万元;

(3) 纳税年度内预缴税额低于应纳税额;

(4) 纳税人申请退税。

需要办理汇算清缴的纳税人,应当在取得所得的次年 3 月 1 日至 6 月 30 日内,向任职、受雇单位所在地主管税务机关办理纳税申报,并报送《个人所得税年度自行纳税申报表》。纳税人有两处以上任职、受雇单位的,选择向其中一处任职、受雇单位所在地主管税务机关办理纳税申报;纳税人没有任职、受雇单位的,向户籍所在地或经常居住地主管税务机关办理纳税申报。

纳税人办理综合所得汇算清缴,应当准备与收入、专项扣除、专项附加扣除、依法确定的其他扣除、捐赠、享受税收优惠等相关的资料,并按规定留存备查或报送。

业务 46　支付社会保险费

12 月 30 日，娜娜通过银行支付公司负担的社会保险费 28 977.20 元，住房公积金 10 349.00 元，代扣代缴的职工个人负担的社会保险费 10 866.45 元与住房公积金 10 349.00 元。

【原始凭证】

见表 2-90、表 2-91。

表 2-90　　××省社会保险费专用收款票据

流水号：×2123058698　　NO：242007978129

缴款单位：L 市雨泽有限公司（民营）　经济类别：1200990074　集体　单位：元

收费项目	起始年月	终止年月	人数	单位缴纳额	个人缴纳额	滞纳金	利息	合计金额
基本养老保险费	20×212	20×212	27	16 558.40	8 279.20			24 837.60
基本医疗保险费	20×212	20×212	27	11 176.92	2 069.80			13 246.72
失业保险费	20×212	20×212	27	827.92	517.45			1 345.37
工伤保险费	20×212	20×212	27	413.96				413.96
住房公积金	20×212	20×212	27	10 349.00	10 349.00			10 349.00
				39 326.20	21 215.45			60 541.65
人民币合计（大写）：陆万零伍佰肆拾壹元陆角伍分					￥60 541.65			

【财务流程】

取得社会保险费专用收款票据、银行转账支票存根，编制记账凭证。

【账务处理】

借：应付职工薪酬——社会保险费　　28 977.20

　　　　　　　——住房公积金　　10 349.00

　　其他应付款——社会保险费　　10 866.45

　　　　　　——住房公积金　　10 349.00

　贷：银行存款　　60 541.65

表2-91 转账支票存根

中国××银行 转账支票存根 32303720 02116762
附加信息
出票日期20×2年12月30日
收款人： L市社会保障服务中心
金 额：60 541.65
用 途：保险费、住房公积金
单位主管 会计

温馨提醒

1. 新修改的《中华人民共和国社会保险法》明确，将生育保险基金并入职工基本医疗保险基金征缴和管理，从而为两项保险合并实施提供充分的法律依据。

2018年12月23日提请十三届全国人大常委会第七次会议审议的《国务院关于生育保险和职工基本医疗保险合并实施试点工作总结的报告》指出，两项保险合并实施试点取得积极成效，具备全面推开条件。

2.《降低社会保险费率综合方案》（国办发〔2019〕13号文件发布）指出：

（1）降低养老保险单位缴费比例。

自2019年5月1日起，降低城镇职工基本养老保险（包括企业和机关事业单位基本养老保险，以下简称养老保险）单位缴费比例。各省、自治区、直辖市及新疆生产建设兵团（以下统称省）养老保险单位缴费比例高于16%的，可降至16%；目前低于16%的，要研究提出过渡办法。各省具体调整或过渡方案于2019年4月15日前报人力资源社会保障部、财政部备案。

（2）继续阶段性降低失业保险、工伤保险费率。

自2019年5月1日起，实施失业保险总费率1%的省，延长阶段性降低失业保险费率的期限至2020年4月30日。自2019年5月1日起，延长阶段性降低工伤保险费率的期限至2020年4月30日，工伤保险基金累计结余可支付月数在18至23个月的统筹地区可以现行费率为基础下调20%，累计结余可支付月数在24个月以上的统筹地区可以现行费率为基础下调50%。

（3）调整社保缴费基数政策。

调整就业人员平均工资计算口径。各省应以本省城镇非私营单位就业人员平均工资和城镇私营单位就业人员平均工资加权计算的全口径城镇单位就业人员平均工资，核定社保个人缴费基数上下限，合理降低部分参保人员和企业的社保缴费基数。调整就业人员平均工资计算口径后，各省要制定基本养老金计发办法的过渡措施，确保退休人员待遇水平平稳衔接。

完善个体工商户和灵活就业人员缴费基数政策。个体工商户和灵活就业人员参加企业职工基本养老保险，可以在本省全口径城镇单位就业人员平均工资的60%至300%之间选择适当的缴费基数。

（4）稳步推进社保费征收体制改革。

企业职工基本养老保险和企业职工其他险种缴费，原则上暂按现行征收体制继续征收，稳定缴费方式，“成熟一省、移交一省”；机关事业单位社保费和城乡居民社保费征管职责如期划转。人力资源社会保障、税务、财政、医保部门要抓紧推进信息共享平台建设等各项工作，切实加强信息共享，确保征收工作有序衔接。妥善处理好企业历史欠费问题，在征收体制改革过程中不得自行对企业历史欠费进行集中清缴，不得采取任何增加小微企业实际缴费负担的做法，避免造成企业生产经营困难。同时，合理调整2019年社保基金收入预算。

业务 47　计提职工薪酬

12 月 31 日，公司计提职工薪酬 243 294.20 元（其中工资 99 500 元、职工福利费 3 990 元、职工教育经费 2 488 元、工会经费 1 990 元、社会保险费 28 977.20 元，住房公积金 10 349.00 元），其中生产人员薪酬 86 000 元，机修车间人员工资 5 000 元，供电车间人员工资 5 000 元，基本生产车间管理人员薪酬 8 000 元，行政管理部门人员薪酬 7 660 元，销售部门薪酬 35 634.20 元。

【原始凭证】

见表 2-92。

表 2-92　　工资成本分配汇总表

应借科目		工资			
总账及二级科目	明细科目	分配标准（工时）	直接生产人员（0.86）	管理人员工资	工资合计
生产成本——基本生产成本	A 产品	60 000	51 600		51 600
	B 产品	40 000	34 400		34 400
	小计	100 000	86 000		86 000
生产成本——辅助生产成本	机修车间				5 000
	供电车间				5 000
	小计				10 000
制造费用				8 000	8 000
管理费用				7 660	7 660
销售费用				35 634.20	35 634.20
合计			86 000	51 294.20	243 294.20

【财务流程】

凭人力资源部开具的工资发放明细表⟶审核是否有人力资源部部门章和人力资源部经理、财务经理、总经理签字⟶编制工资成本分配汇总表⟶编制记账凭证。

【账务处理】

借：生产成本——基本生产成本——A 产品——直接人工　　51 600.00

——B产品——直接人工　　34 400.00

生产成本——辅助生产成本——机修车间　　5 000.00

——供电车间　　5 000.00

制造费用——职工薪酬　　8 000.00

管理费用——职工薪酬　　7 660.00

销售费用——职工薪酬　　35 634.20

贷：应付职工薪酬——工资　　99 500.00

——职工福利　　3 990.00

——职工教育经费　　2 488.00

——工会经费　　1 990.00

——社会保险费　　28 977.20

——住房公积金　　10 349.00

温馨提醒

1. 职工薪酬的内容。

职工薪酬，是指企业为获得职工提供的服务或解除劳动关系而给予的各种形式的报酬或补偿。职工薪酬包括短期薪酬、离职后福利、辞退福利和其他长期职工福利。企业提供给职工配偶、子女、受赡养人、已故员工遗属及其他受益人等的福利，也属于职工薪酬。

短期薪酬，是指企业在职工提供相关服务的年度报告期间结束后12个月内需要全部予以支付的职工薪酬，因解除与职工的劳动关系给予的补偿除外。短期薪酬具体包括：职工工资、奖金、津贴和补贴，职工福利费，医疗保险费、工伤保险费和生育保险费等社会保险费，住房公积金，工会经费和职工教育经费，短期带薪缺勤，短期利润分享计划，非货币性福利以及其他短期薪酬。

离职后福利，是指企业为获得职工提供的服务而在职工退休或与企业解除劳动关系后，提供的各种形式的报酬和福利，短期薪酬和辞退福利除外。

辞退福利，是指企业在职工劳动合同到期之前解除与职工的劳动关系，或者为鼓励职工自愿接受裁减而给予职工的补偿。

其他长期职工福利，是指除短期薪酬、离职后福利、辞退福利之外所有的职工薪酬，包括长期带薪缺勤、长期残疾福利、长期利润分享计划等。

2. 职工范围。

职工，是指与企业订立劳动合同的所有人员，含全职、兼职和临时职工，也包括虽未与企业订立劳动合同但由企业正式任命的人员。未与企业订立劳动合同或未由其正式任命，但向企业所提供服务与职工所提供服务类似的人员，也属于职工的范畴，包括通过企业与劳务中介公司签订用工合同而向企业提供服务的人员。

3. 企业发生的合理的工资薪金支出，准予扣除。

工资薪金，是指企业每一纳税年度支付给在本企业任职或者受雇的员工的所有现金形式或者非现金形式的劳动报酬，包括基本工资、奖金、津贴、补贴、年终加薪、加班工资，以及与员工任职或者受雇有关的其他支出。

“合理工资薪金”，是指企业按照股东大会、董事会、薪酬委员会或相关管理机构制订的工资薪金制度规定实际发放给员工的工资薪金。税务机关在对工资薪金进行合理性确认时，可按以下原则掌握：

(1) 企业制订了较为规范的员工工资薪金制度；

(2) 企业所制订的工资薪金制度符合行业及地区水平；

(3) 企业在一定时期所发放的工资薪金是相对固定的，工资薪金的调整是有序进行的；

(4) 企业对实际发放的工资薪金，已依法履行了代扣代缴个人所得税义务；

(5) 有关工资薪金的安排，不以减少或逃避税款为目的。

“工资薪金总额”，是指企业按照《国家税务总局关于企业工资薪金及职工福利费扣除问题的通知》(国税函〔2009〕3号) 第一条规定实际发放的工资薪金总和，不包括企业的职工福利费、职工教育经费、工会经费以及养老保险费、医疗保险费、失业保险费、工伤保险费、生育保险费等社会保险费和住房公积金。属于国有性质的企业，其工资薪金，不得超过政府有关部门给予的限定数额；超过部分，不得计入企业工资薪金总额，也不得在计算企业应纳税所得额时扣除。

4. 企业因雇用季节工、临时工、实习生、返聘离退休人员所实际发生的费用，应区分为工资薪金支出和职工福利费支出，并按《中华人民共和国企业所得税法》规定在企业所得税税前扣除。其中属于工资薪金支出的，准予计入企业工资薪金总额的基数，作为计算其他各项相关费用扣除的依据。

5. 企业接受外部劳务派遣用工所实际发生的费用，应分两种情况按规定在税前扣除：按照协议（合同）约定直接支付给劳务派遣公司的费用，应作为劳务费支出；直接支付给员工个人的费用，应作为工资薪金支出和职工福利费支出。其中属于工资薪金支出的费用，准予计入企业工资薪金总额的基数，作为计算其他各项相关费用扣除的依据。

6. 企业在年度汇算清缴结束前向员工实际支付的已预提汇缴年度工资薪金，准予在汇缴年度按规定扣除。

7. 列入企业员工工资薪金制度、固定与工资薪金一起发放的福利性补贴，符合国税函〔2009〕3号文件第一条规定的，可作为企业发生的工资薪金支出，按规定在税前扣除。

不能同时符合上述条件的福利性补贴，应作为国税函〔2009〕3号文件第三条规定的职工福利费，按规定计算限额税前扣除。

8. 企业发生的职工福利费支出，不超过工资薪金总额14%的部分，准予扣除。

企业职工福利费，包括以下内容：

(1) 尚未实行分离办社会职能的企业，其内设福利部门所发生的设备、设施和人员费用，包括职工食堂、职工浴室、理发室、医务所、托儿所、疗养院等集体福利部门的设备、设施及维修保养费用和福利部门工作人员的工资薪金、社会保险费、住房公积金、劳务费等。

(2) 为职工卫生保健、生活、住房、交通等所发放的各项补贴和非货币性福利，包括企业向职工发放的因公外地就医费用、未实行医疗统筹企业职工医疗费用、职工供养直系亲属医疗补贴、供暖费补贴、职工防暑降温费、职工困难补贴、救济费、职工食堂经费补贴、职工交通补贴等。

(3) 按照其他规定发生的其他职工福利费，包括丧葬补助费、抚恤费、安家费、探亲假路费等。

自 2018 年 1 月 1 日起企业发生的职工教育经费支出，不超过工资薪金总额 8%的部分，准予在计算企业所得税应纳税所得额时扣除；超过部分，准予在以后纳税年度结转扣除。

企业职工教育培训经费列支范围包括：

①上岗和转岗培训；②各类岗位适应性培训；③岗位培训、职业技术等级培训、高技能人才培训；④专业技术人员继续教育；⑤特种作业人员培训；⑥企业组织的职工外送培训的经费支出；⑦职工参加的职业技能鉴定、职业资格认证等经费支出；⑧购置教学设备与设施；⑨职工岗位自学成才奖励费用；⑩职工教育培训管理费用；⑪有关职工教育的其他开支。

9. 企业拨缴的工会经费，不超过工资薪金总额 2%的部分，准予扣除。超过部分不得扣除。

工会经费税前扣除必须取得合法有效的《工会经费收入专用收据》或工会经费代收凭据。

(1) 从 2010 年 7 月 1 日起，启用财政部统一印制并套印财政部票据监制章的《工会经费收入专用收据》，同时废止《工会经费拨缴款专用收据》。

(2)“合法、有效的工会经费代收凭据”，应包括各级工会交由税务机关使用的《工会经费（筹备金）专用缴款书》(用于银行转账)、《工会经费（筹备金）专用缴款凭证》(用于收取现金)、《代收工会经费通用缴款书》和《中华人民共和国专用税收缴款书》等相关扣缴凭证。

业务 48　编制材料成本分配表

12 月 31 日，丹丹取得材料领用单、领料明细表等相关资料，核对相符后，编制材料成本分配表。领用原材料包括：甲材料（19 600 千克，1 963 136 元）、乙材料（6 000 千克，633 360 元）、丙材料（7 000 千克，1 400 000 元）、其他材料及配件 63 000 元。

【原始凭证】

见表 2-93、表 2-94。

表 2-93　　材料成本分配表

应借科目		共同耗用原材料的分配					直接领用的原材料（元）	耗用原材料总额（元）
总账及二级科目	明细科目	产量（件）	单位消耗定额（千克）	定额消耗用量（千克）	分配率	应分配材料费（元）		
生产成本——基本生产成本	A 产品	2 100	30	63 000		410 936.4	1 970 217.2	2 381 153.6
	B 产品	1 705	20	34 100		222 423.6	1 392 918.8	1 615 342.4
	小计			97 100	6.522 8	633 360	3 363 136	3 996 496
生产成本——辅助生产成本	机修车间						16 000	16 000
	供电车间						14 000	14 000
	小计						30 000	30 000
制造费用	机物料消耗						30 000	30 000
管理费用							2 000	2 000
销售费用							1 000	1 000
合计						633 360	3 426 136	4 059 496

注：材料成本分配表是根据材料领用单（格式见表 2-94，如果每月材料领用单较多，可单独装订，月底汇总数量、金额、领料单位等信息）与领料明细表等资料汇总编制的。

表 2-94 材料领用单

领料单位： 编　号：

用　途： 年 月 日 发料仓库：

材料编号	材料类别	名称	规格	计量单位	数量		金额		备注
					请领	实发	单价	总价	
合计									

主管： 记账： 领料单位负责人： 领料人： 发料人：

【财务流程】

审核材料领用单填写规范，签字手续完备，材料领用单须经部门、车间负责人审核、分管领导签字──→核对材料领用单与领料明细表（由仓库保管员分车间、部门、材料品种编制）数量、金额相符──→与各车间、部门核对领料数量──→核对无误后，月末按各车间部门、材料品种编制材料成本分配表──→编制记账凭证。

【账务处理】

借：生产成本——基本生产成本——A 产品——直接材料 2 381 153.60

——B 产品——直接材料 1 615 342.40

生产成本——辅助生产成本——机修车间 16 000.00

——供电车间 14 000.00

制造费用——机物料消耗 30 000.00

管理费用——材料费 2 000.00

销售费用——材料 1 000.00

贷：原材料——甲材料 1 963 136.00

——乙材料 633 360.00

——丙材料 1 400 000.00

——其他材料及配件 63 000.00

业务 49 计提折旧

12 月 31 日，公司采用直线法计提固定资产折旧 10 753.47 元。

【原始凭证】

见表 2-95。

表 2-95 固定资产折旧计算表

20×2 年 12 月 单位：元

名称	原值	使用年限	净残值率	折旧方法	年折旧率	月折旧率	月折旧额	已提折旧（月）	累计折旧	净值
电子设备	10 000	3	5%	年限平均法	31.67%	2.64%	263.89	18	4 750.00	5 250.00
小汽车	150 000	4	5%	年限平均法	23.75%	1.98%	2 968.75	16	47 500.00	102 500.00
生产设备	800 000	10	5%	年限平均法	9.50%	0.79%	6 333.33	24	152 000.00	648 000.00
房屋建筑物	300 000	20	5%	年限平均法	4.75%	0.40%	1 187.50	20	23 750.00	276 250.00
合计	1 260 000						10 753.47		228 000.00	1 032 000.00

说明：1. 本表为了方便，没有列出固定资产明细（名称、结构规格、计量单位、数量、单价等）。除生产设备为生产车间使用外，其他均为管理部门所使用。

2. 月折旧额是直接按照公式计算的结果，而月折旧率保留了两位小数，所以月折旧额和“原值×表中月折旧率”存在极小的差额。

【财务流程】

根据固定资产原值及固定资产增减变动情况和公司按照会计准则制定的折旧政策编制固定资产折旧计算表、固定资产分类折旧汇总表（分部门、分类别），编制记账凭证。

【账务处理】

借：管理费用——折旧费 4 420.14

制造费用——折旧费 6 333.33

贷：累计折旧　　10 753.47

温馨提醒

1. 固定资产应当按月计提折旧，编制固定资产折旧计算表。当月增加的固定资产，当月不计提折旧，从下月起计提折旧；当月减少的固定资产，当月仍计提折旧，从下月起不计提折旧。本折旧计算表包括本月减少的乙机床折旧，从下月起不再计提折旧。

2. 固定资产提足折旧后，不论能否继续使用，均不再计提折旧。

3. 提前报废的固定资产，不再补提折旧。

4. 已计提减值准备的固定资产，还应当扣除已计提的固定资产减值准备累计金额。

5. 已达到预定可使用状态但尚未办理竣工决算的固定资产，应当按照估计价值确定其成本，并计提折旧；待办理竣工决算后，再按实际成本调整原来的暂估价值，但不需要调整原已计提的折旧额。

6. 折旧按照固定资产用途和使用部门分配：管理部门所使用的固定资产折旧计入管理费用，基本生产车间所使用的固定资产折旧计入制造费用，销售部门所使用的固定资产折旧计入销售费用，企业自行建造固定资产过程中使用的固定资产折旧计入在建工程，经营租出的固定资产折旧计入其他业务成本。

7. 固定资产折旧会计和税法的差异。

第一是折旧范围的规定不同。

会计准则规定，企业应当对所有固定资产计提折旧，但已提足折旧仍继续使用的固定资产和单独计价入账的土地不得计提折旧。

《中华人民共和国企业所得税法》规定，下列固定资产不得计算折旧扣除：

（1）房屋、建筑物以外未投入使用的固定资产；

（2）以经营租赁方式租入的固定资产；

（3）以融资租赁方式租出的固定资产；

（4）已足额提取折旧仍继续使用的固定资产；

（5）与经营活动无关的固定资产；

（6）单独估价作为固定资产入账的土地；

(7) 其他不得计算折旧扣除的固定资产。

会计与税法差异：房屋、建筑物以外未投入使用的固定资产、与经营活动无关的固定资产在会计上也应计提折旧。

第二是折旧方法的规定不同。

会计准则规定，企业应当根据固定资产的性质和使用情况，并考虑税法的规定，合理确定固定资产的使用寿命和预计净残值。

企业应当按照年限平均法（即直线法）计提折旧。企业的固定资产由于技术进步等原因，确需加速折旧的，可以采用双倍余额递减法和年数总和法。固定资产的折旧方法、使用寿命、预计净残值一经确定，不得随意变更。

新税法在固定资产的净残值方面与会计准则口径一致，由企业自行确定，但要求除税法允许加速折旧的特殊固定资产以外的其他固定资产折旧方法须采用年限平均法（即直线法），各类固定资产的折旧年限也有最低限定：

(1) 房屋、建筑物，为20年；

(2) 飞机、火车、轮船、机器、机械和其他生产设备，为10年；

(3) 与生产经营活动有关的器具、工具、家具等，为5年；

(4) 飞机、火车、轮船以外的运输工具，为4年；

(5) 电子设备，为3年。

会计准则只是要求合理确定固定资产的使用寿命，并没有最低年限的规定，这也是一个会计和税法的差异，但又要求考虑税法的规定，因此企业可以参考税法最低年限的规定，按照税法规定年限进行折旧，这样就避免了税会差异而不用进行纳税调整。

第三是税法上有允许加速折旧的特殊规定。

(1)《国家税务总局关于企业固定资产加速折旧所得税处理有关问题的通知》（国税发〔2009〕81号）规定，可以采取缩短折旧年限或者采取加速折旧方法的固定资产包括：由于技术进步，产品更新换代较快的固定资产；常年处于强震动、高腐蚀状态的固定资产。

①采取缩短折旧年限方法的，最低折旧年限不得低于法定折旧年限的60%。

②采取加速折旧方法的，可以采取双倍余额递减法或者年数总和数。

(2)《国家税务总局关于贯彻落实企业所得税法若干税收问题的通知》(国税函〔2010〕79 号）规定：允许暂估固定资产成本并计提折旧。企业固定资产投入使用后，因工程款项尚未结清未取得全额发票时，可暂按合同规定的金额计入固定资产计税基础计提折旧，待发票取得后进行调整。但该项调整应在固定资产投入使用后 12 个月内进行。

(3)《财政部 国家税务总局关于进一步鼓励软件产业和集成电路产业发展企业所得税政策的通知》(财税〔2012〕27 号）规定，企业外购的软件，凡符合固定资产或无形资产确认条件的，可以按照固定资产或无形资产进行核算，其折旧或摊销年限可以适当缩短，最短可为 2 年（含)。集成电路生产企业的生产设备，其折旧年限可以适当缩短，最短可为 3 年（含)。

(4)《财政部 国家税务总局关于完善固定资产加速折旧企业所得税政策的通知》(财税〔2014〕75 号）规定：

①对生物药品制造业，专用设备制造业，铁路、船舶、航空航天和其他运输设备制造业，计算机、通信和其他电子设备制造业，仪器仪表制造业，信息传输、软件和信息技术服务业等 6 个行业的企业 2014 年 1 月 1 日后新购进的固定资产，可缩短折旧年限或采取加速折旧的方法。

对上述 6 个行业的小型微利企业 2014 年 1 月 1 日后新购进的研发和生产经营共用的仪器、设备，单位价值不超过 100 万元的，允许一次性计入当期成本费用在计算应纳税所得额时扣除，不再分年度计算折旧；单位价值超过 100 万元的，可缩短折旧年限或采取加速折旧的方法。

②对所有行业企业 2014 年 1 月 1 日后新购进的专门用于研发的仪器、设备，单位价值不超过 100 万元的，允许一次性计入当期成本费用在计算应纳税所得额时扣除，不再分年度计算折旧；单位价值超过 100 万元的，可缩短折旧年限或采取加速折旧的方法。

③对所有行业企业持有的单位价值不超过 5 000 元的固定资产，允许一次性计入当期成本费用在计算应纳税所得额时扣除，不再分年度计算折旧。

④企业按该通知第一条、第二条规定缩短折旧年限的，最低折旧年限不得低于企业所得税法实施条例第六十条规定折旧年限的60%；采取加速折旧方法的，可采取双倍余额递减法或者年数总和法。该通知第一至第三条规定之外的企业固定资产加速折旧所得税处理问题，继续按照《企业所得税法》及其实施条例和现行税收政策规定执行。

(5)《国家税务总局关于固定资产加速折旧税收政策有关问题的公告》（国家税务总局公告2014年第64号）规定：

①对生物药品制造业，专用设备制造业，铁路、船舶、航空航天和其他运输设备制造业，计算机、通信和其他电子设备制造业，仪器仪表制造业，信息传输、软件和信息技术服务业等行业企业（以下简称六大行业），2014年1月1日后购进的固定资产（包括自行建造），允许按不低于企业所得税法规定折旧年限的60%缩短折旧年限，或选择采取双倍余额递减法或年数总和法进行加速折旧。

六大行业按照国家统计局《国民经济行业分类与代码（GB/4754-2011)》确定。今后国家有关部门更新国民经济行业分类与代码，从其规定。

六大行业企业是指以上述行业业务为主营业务，其固定资产投入使用当年主营业务收入占企业收入总额50%（不含）以上的企业。所称收入总额，是指企业所得税法第六条规定的收入总额。

②企业在2014年1月1日后购进并专门用于研发活动的仪器、设备，单位价值不超过100万元的，可以一次性在计算应纳税所得额时扣除；单位价值超过100万元的，允许按不低于企业所得税法规定折旧年限的60%缩短折旧年限，或选择采取双倍余额递减法或年数总和法进行加速折旧。

用于研发活动的仪器、设备范围口径，按照《国家税务总局关于印发〈企业研究开发费用税前扣除管理办法（试行)〉的通知》（国税发〔2008〕116号）[已被《财政部 国家税务总局 科学技术部关于完善研究开发费用税前加计扣除政策的通知》（财税〔2015〕119号）取代] 或《科学技术部 财政部 国家税务总局关于印发〈高新技术企业认定管理工作指引〉的通知》（国科发火〔2008〕362号）[已被《科技部 财政部 国家税务总局关于修订印发〈高新技术企业认定管理工作指引〉的通知》（国科发火〔2016〕195 号）取代］规定执行。

企业专门用于研发活动的仪器、设备已享受上述优惠政策的，在享受研发费加计扣除时，按照《国家税务总局关于印发〈企业研发费用税前扣除管理办法（试行）〉的通知》（国税发〔2008〕116 号）、《财政部 国家税务总局关于研究开发费用税前加计扣除有关政策问题的通知》（财税〔2013〕70 号）［上述两个文件已被《财政部 国家税务总局 科学技术部关于完善研究开发费用税前加计扣除政策的通知》（财税〔2015〕119 号）取代］的规定，就已经进行会计处理的折旧、费用等金额进行加计扣除。

六大行业中的小型微利企业研发和生产经营共用的仪器、设备，可以执行上述规定。所称小型微利企业，是指《企业所得税法》第二十八条规定的小型微利企业。

③企业持有的固定资产，单位价值不超过 5 000 元的，可以一次性在计算应纳税所得额时扣除。企业在 2013 年 12 月 31 日前持有的单位价值不超过 5 000 元的固定资产，其折余价值部分，2014 年 1 月 1 日以后可以一次性在计算应纳税所得额时扣除。

④企业采取缩短折旧年限方法的，对其购置的新固定资产，最低折旧年限不得低于《中华人民共和国企业所得税法实施条例》第六十条规定的折旧年限的 60%；企业购置已使用过的固定资产，其最低折旧年限不得低于实施条例规定的最低折旧年限减去已使用年限后剩余年限的 60%。最低折旧年限一经确定，一般不得变更。

⑤企业的固定资产采取加速折旧方法的，可以采用双倍余额递减法或者年数总和法。加速折旧方法一经确定，一般不得变更。

所称双倍余额递减法或者年数总和法，按照《国家税务总局关于企业固定资产加速折旧所得税处理有关问题的通知》（国税发〔2009〕81 号）第四条的规定执行。

⑥企业的固定资产既符合该公告优惠政策条件，同时又符合《国家税务总局关于企业固定资产加速折旧所得税处理有关问题的通知》（国税发〔2009〕81 号）、《财政部 国家税务总局关于进一步鼓励软件产业和集成电路产业发展企业所得税政策的通知》（财税〔2012〕27 号）中相关加速折旧政策条件的，可由企业选择其中最优惠的政策执行，且一经选择，不得改变。

企业应将购进固定资产的发票、记账凭证等有关凭证、凭据（购入已使用过的固定资产，应提供已使用年限的相关说明）等资料留存备查，并应建立台账，准确核算税法与会计差异情况。

主管税务机关应对适用该公告规定优惠政策的企业加强后续管理，对预缴申报时享受了优惠政策的企业，年终汇算清缴时应对企业全年主营业务收入占企业收入总额的比例进行重点审核。

⑦该公告适用于 2014 年及以后纳税年度。

（6）《财政部 国家税务总局关于进一步完善固定资产加速折旧企业所得税政策的通知》（财税〔2015〕106 号）规定：

①对轻工、纺织、机械、汽车等四个领域重点行业（具体范围见附件，本书略）的企业 2015 年 1 月 1 日后新购进的固定资产，可由企业选择缩短折旧年限或采取加速折旧的方法。

②对上述行业的小型微利企业 2015 年 1 月 1 日后新购进的研发和生产经营共用的仪器、设备，单位价值不超过 100 万元的，允许一次性计入当期成本费用在计算应纳税所得额时扣除，不再分年度计算折旧；单位价值超过 100 万元的，可由企业选择缩短折旧年限或采取加速折旧的方法。

③企业按该通知第一条、第二条规定缩短折旧年限的，最低折旧年限不得低于《业所得税法实施条例》第六十条规定折旧年限的 60%；采取加速折旧方法的，可采取双倍余额递减法或者年数总和法。

按照《企业所得税法》及其实施条例有关规定，企业根据自身生产经营需要，也可选择不实行加速折旧政策。

④该通知自 2015 年 1 月 1 日起执行。2015 年前 3 季度按该通知规定未能计算办理的，统一在 2015 年第四季度预缴申报时享受优惠或 2015 年度汇算清缴时办理。

（7）《国家税务总局关于进一步完善固定资产加速折旧企业所得税政策有关问题的公告》（国家税务总局公告 2015 年第 68 号）规定：

①对轻工、纺织、机械、汽车等四个领域重点行业（以下简称四个领域重点行业）企业 2015 年 1 月 1 日后新购进的固定资产（包括自行建造，下同），允许

缩短折旧年限或采取加速折旧方法。

四个领域重点行业按照财税〔2015〕106 号文件之附件《轻工、纺织、机械、汽车四个领域重点行业范围》确定。今后国家有关部门更新国民经济行业分类与代码，从其规定。

四个领域重点行业企业是指以上述行业业务为主营业务，其固定资产投入使用当年的主营业务收入占企业收入总额 50%（不含）以上的企业。所称收入总额，是指企业所得税法第六条规定的收入总额。

②对四个领域重点行业小型微利企业 2015 年 1 月 1 日后新购进的研发和生产经营共用的仪器、设备，单位价值不超过 100 万元（含）的，允许在计算应纳税所得额时一次性全额扣除；单位价值超过 100 万元的，允许缩短折旧年限或采取加速折旧方法。

用于研发活动的仪器、设备范围口径，按照《国家税务总局关于印发〈企业研究开发费用税前扣除管理办法（试行）〉的通知》（国税发〔2008〕116 号）[已被《财政部 国家税务总局 科学技术部关于完善研究开发费用税前加计扣除政策的通知》（财税〔2015〕119 号）取代] 或《科学技术部 财政部 国家税务总局关于印发〈高新技术企业认定管理工作指引〉的通知》（国科发火〔2008〕362 号）[已被《科技部 财政部 国家税务总局关于修订印发〈高新技术企业认定管理工作指引〉的通知》（国科发火〔2016〕195 号）取代] 规定执行。

小型微利企业，是指《企业所得税法》第二十八条规定的小型微利企业。

③企业按该公告第一条、第二条规定缩短折旧年限的，对其购置的新固定资产，最低折旧年限不得低于实施条例第六十条规定的折旧年限的 60%；对其购置的已使用过的固定资产，最低折旧年限不得低于实施条例规定的最低折旧年限减去已使用年限后剩余年限的 60%。最低折旧年限一经确定，不得改变。

④企业按该公告第一条、第二条规定采取加速折旧方法的，可以采用双倍余额递减法或者年数总和法。加速折旧方法一经确定，不得改变。

双倍余额递减法或者年数总和法，按照《国家税务总局关于固定资产加速折旧所得税处理有关问题的通知》（国税发〔2009〕81 号）第四条的规定执行。

⑤企业的固定资产既符合该公告优惠政策条件，又符合《国家税务总局关于企业固定资产加速折旧所得税处理有关问题的通知》（国税发〔2009〕81号）、《财政部 国家税务总局关于进一步鼓励软件产业和集成电路产业发展企业所得税政策的通知》（财税〔2012〕27号）中有关加速折旧优惠政策条件，可由企业选择其中一项加速折旧优惠政策执行，且一经选择，不得改变。

⑥企业应将购进固定资产的发票、记账凭证等有关资料留存备查，并建立台账，准确反映税法与会计差异情况。

⑦该公告适用于2015年及以后纳税年度。企业2015年前3季度按该公告规定未能享受加速折旧优惠的，可将前3季度应享受的加速折旧部分，在2015年第四季度企业所得税预缴申报时享受，或者在2015年度企业所得税汇算清缴时统一享受。

(8)《国家税务总局关于设备 器具扣除有关企业所得税政策执行问题的公告》（国家税务总局公告2018年第46号）规定：

“一、企业在2018年1月1日至2020年12月31日期间新购进的设备、器具，单位价值不超过500万元的，允许一次性计入当期成本费用在计算应纳税所得额时扣除，不再分年度计算折旧（以下简称一次性税前扣除政策）。

（一）所称设备、器具，是指除房屋、建筑物以外的固定资产（以下简称固定资产）；所称购进，包括以货币形式购进或自行建造，其中以货币形式购进的固定资产包括购进的使用过的固定资产；以货币形式购进的固定资产，以购买价款和支付的相关税费以及直接归属于使该资产达到预定用途发生的其他支出确定单位价值，自行建造的固定资产，以竣工结算前发生的支出确定单位价值。

（二）固定资产购进时点按以下原则确认：以货币形式购进的固定资产，除采取分期付款或赊销方式购进外，按发票开具时间确认；以分期付款或赊销方式购进的固定资产，按固定资产到货时间确认；自行建造的固定资产，按竣工结算时间确认。

二、固定资产在投入使用月份的次月所属年度一次性税前扣除。

三、企业选择享受一次性税前扣除政策的，其资产的税务处理可与会计处理不一致。

四、企业根据自身生产经营核算需要，可自行选择享受一次性税前扣除政策。未选择享受一次性税前扣除政策的，以后年度不得再变更。

五、企业按照《国家税务总局关于发布修订后的〈企业所得税优惠政策事项办理办法〉的公告》（国家税务总局公告 2018 年第 23 号）的规定办理享受政策的相关手续，主要留存备查资料如下：

（一）有关固定资产购进时点的资料（如以货币形式购进固定资产的发票，以分期付款或赊销方式购进固定资产的到货时间说明，自行建造固定资产的竣工决算情况说明等）；

（二）固定资产记账凭证；

（三）核算有关资产税务处理与会计处理差异的台账。

六、单位价值超过 500 万元的固定资产，仍按照企业所得税法及其实施条例、《财政部 国家税务总局关于完善固定资产加速折旧企业所得税政策的通知》（财税〔2014〕75 号）、《财政部 国家税务总局关于进一步完善固定资产加速折旧企业所得税政策的通知》（财税〔2015〕106 号）、《国家税务总局关于固定资产加速折旧税收政策有关问题的公告》（国家税务总局公告 2014 年第 64 号）、《国家税务总局关于进一步完善固定资产加速折旧企业所得税政策有关问题的公告》（国家税务总局公告 2015 年第 68 号）等相关规定执行。”

（9）《财政部 税务总局关于扩大固定资产加速折旧优惠政策适用范围的公告》（财政部 税务总局公告 2019 年第 66 号）规定：

“一、自 2019 年 1 月 1 日起，适用《财政部 国家税务总局关于完善固定资产加速折旧企业所得税政策的通知》（财税〔2014〕75 号）和《财政部 国家税务总局关于进一步完善固定资产加速折旧企业所得税政策的通知》（财税〔2015〕106 号）规定固定资产加速折旧优惠的行业范围，扩大至全部制造业领域。

二、制造业按照国家统计局《国民经济行业分类与代码（GB/4754—2017）》确定。今后国家有关部门更新国民经济行业分类与代码，从其规定。

三、本公告发布前，制造业企业未享受固定资产加速折旧优惠的，可自本公告发布后在月（季）度预缴申报时享受优惠或在 2019 年度汇算清缴时享受优惠。”

业务 50　结转辅助生产成本

12 月 31 日，供电车间归集的辅助生产成本为 69 700 元，机修车间归集的辅助生产成本为 21 000 元。供电车间为生产产品、各车间及企业行政管理部门供电 84 500 千瓦时，其中机修车间耗电 500 千瓦时；机修车间为生产产品、各车间及企业行政管理部门耗用劳务量 4 400 工时，其中供电车间耗用 200 工时，采用直接分配法分配此项费用，编制辅助生产费用分配表。

【原始凭证】

见表 2-96。

表 2-96　　**辅助生产费用分配表**

20×2 年 12 月

借方科目		生产成本——基本生产成本			制造费用	管理费用	合计
		A 产品	B 产品	小计	基本车间		
供电车间	耗用量（千瓦时）	49 000	34 000	83 000	800	200	84 000
	分配率（元/千瓦时）	—	—	—	—	—	0.829 8
	金额（元）	40 660.2	28 213.2	68 873.4	660.64	165.96	69 700
机修车间	耗用量（工时）	2 200	1 700	3 900	260	40	4 200
	分配率（元/工时）	—	—	—	—	—	5
	金额（元）	11 000	8 500	19 500	1 300	200	21 000
金额合计（元）		51 660.2	36 713.2	88 373.4	1 960.64	365.96	90 700

注：表内有关数据计算：
供电车间耗用量＝84 500－500＝84 000（千瓦时），机修车间耗用量＝4 400－200＝4 200（工时）；
供电车间分配率＝69 700/84 000＝0.829 8（元/千瓦时），机修车间分配率＝21 000/4 200＝5（元/工时）。

【财务流程】

审核辅助生产成本归集正确完整⟶编制“辅助生产费用分配表”，把“生产成本——辅助生产成本”归集到“制造费用”“生产成本——基本生产成本”等科目。

【账务处理】

借：生产成本——基本生产成本——A 产品——其他　　　　51 660.20

——B产品——其他　　36 713.20

制造费用——基本生产车间　　1 960.64

管理费用——水电费　　165.96

——维修费　　200.00

贷：生产成本——辅助生产成本——机修车间　　21 000.00

——供电车间　　69 700.00

业务 51　结转制造费用

12 月 31 日，公司计算并结转制造费用 46 293.97 元。

【原始凭证】

见表 2-97。

表 2-97　　制造费用分配表

20×2 年 12 月　　单位：元

借方科目	生产工时	分配金额
		（分配率：0.538 3）
生产成本		
——A 产品	51 600	27 776.38
——B 产品	34 400	18 517.59
合计	86 000	46 293.97

【财务流程】

检查“生产成本——辅助生产成本”是否结转完毕（“生产成本——辅助生产成本”科目余额应为零）⟶编制“制造费用分配表”，把全部“制造费用”分配计入各种产品的“生产成本——基本生产成本”。

【账务处理】

借：生产成本——基本生产成本——A 产品——制造费用　27 776.38

　　　　　　　　　　　　　　——B 产品——制造费用　18 517.59

　贷：制造费用——机物料消耗　30 000.00

　　　　　　　——折旧费　6 333.33

　　　　　　　——职工薪酬　8 000.00

　　　　　　　——基本生产车间　1 960.64

业务52 把完工产品成本转到库存商品

12月31日，公司将本期生产的产品全部完工入库（A产品2 100件、B产品1 705件，假设该公司期末没有在产品）。

【原始凭证】

见表2-98至表2-101。

表2-98 **产品成本计算单**

产品名称：A产品 20×2年12月 产成品数量：2 100件

成本项目	产成品成本	
	总成本	单位成本
直接人工费	51 600.00	24.57
直接材料费	2 381 153.60	1 133.88
制造费用	27 776.38	13.23
辅助生产成本	51 660.20	24.60
合计	2 512 190.18	1 196.28

表2-99 **产品成本计算单**

产品名称：B产品 20×2年12月 产成品数量：1 705件

成本项目	产成品成本	
	总成本	单位成本
直接人工费	34 400.00	20.18
直接材料费	1 615 342.40	947.41
制造费用	18 517.59	10.86
辅助生产成本	36 713.20	21.53
合计	1 704 973.19	999.98

表2-100 **入库产品汇总表**

20×2年12月

产品名称	计量单位	数量	单价	金额	备注
A产品	件	2 100	1 196.28	2 512 190.18	
B产品	件	1 705	999.98	1 704 973.19	

续表

产品名称	计量单位	数量	单价	金额	备注
合计		3 805		4 217 163.37	

主管：何花　　会计：丹丹　　质检：小燕　　保管：小宝

注：入库产品汇总表根据产成品入库单（格式见下表，如果每月产品入库单较多，可以单独装订，月底汇总数量之和）与产品成本计算单编制。

表 2-101　　**产成品入库单**

交货单位：　　年　月　日　　编号：

产品名称	规格型号	计量单位	数量		检验结果	
			交送	实收	合格	不合格

仓库保管员：　　质检员：　　经办人：

【财务流程】

检查制造费用是否结转完毕（制造费用各明细科目余额应为零）⟶根据产品品种数量（通过审核入库单财务联、仓库保管员登记的产成品明细账、车间成本核算员提供的车间生产的产品明细表来确定）、各产品耗用的工时、生产成本等资料，编制《产品成本计算单》，将完工产品在各种产品之间进行归集和分配，计算出各种产品的成本⟶根据产品成本计算单及入库产品汇总表编制记账凭证。

【账务处理】

借：库存商品——A 产品　　2 512 190.18

——B 产品　　1 704 973.19

贷：生产成本——基本生产成本——A 产品——直接人工　　51 600.00

——直接材料　　2 381 153.60

——制造费用　　27 776.38

——其他　　51 660.20

生产成本——基本生产成本——B 产品——直接人工　　34 400.00

——直接材料　　1 615 342.40

——制造费用 18 517.59

——其他 36 713.20

温馨提醒

该公司期末没有在产品，结转完毕后，生产成本各明细科目余额应为零。对于期末需要考虑在产品的公司，还应将“生产成本——基本生产成本”在完工产品与在产品之间分配，“生产成本——基本生产成本”的借方余额为在产品的生产成本。

工业企业生产成本的核算是一个难点，在实际工作中，笔者发现许多公司都采用了简化的会计处理方法，没有用到辅助生产成本科目，成本费用随意分配，存在在产品的企业也不考虑在产品。想攻克此难点、全面掌握成本核算的读者，可以关注笔者公众号“栾庆忠税像”或“丰收税务”。

业务 53　结转本期产品销售成本

12 月 31 日，丹丹计算编制主营业务成本明细表，结转本期产品销售成本。

【原始凭证】

见表 2-102。

表 2-102　　**主营业务成本明细表**

20×2 年 12 月 31 日　　单位：元

产品名称	计量单位	期初库存		本期其他领用		本期完工入库		本期销售		
		数量	总成本	数量	总成本	数量	总成本	数量	单位成本	总成本
A产品	件	2 000	2 400 000.00	10	12 000.00	2 100	2 512 190.18	2 000	1 198.09	2 396 180.00
B产品	件	1 500	1 500 000.00			1 705	1 704 973.19	1 900	999.99	1 899 981.00
合计	—	3 500	3 900 000.00	10	12 000.00	3 805	4 217 163.37	3 900	2 198.08	4 296 161.00

【财务流程】

根据销售产品数量及产品加权平均单价计算当月主营业务成本⟶编制出库产品汇总表、主营业务成本明细表⟶编制记账凭证。

【账务处理】

借：主营业务成本——A 产品　　2 396 180.00

　　　　　　　　——B 产品　　1 899 981.00

　贷：库存商品——A 产品　　2 396 180.00

　　　　　　　——B 产品　　1 899 981.00

温馨提醒

计算公式为：

$$\text{产成品加权平均单价}=\frac{\text{期初结余金额}+\text{本期入库金额}}{\text{期初结余数量}+\text{本期入库数量}}$$

业务 54 盘　点

12 月 31 日，经丹丹监盘，保管员小宝盘点，发现丙材料盘亏 100 千克，金额 20 000 元。

【原始凭证】

见表 2-103。

表 2-103　　存货盘点结果汇总表

单位名称：L 市雨泽有限公司　　20×2 年 12 月 31 日　　金额单位：元

项目	账面数量	账面金额	盘点数量	盘点金额	数量差异	金额差异	备注
甲材料	15 000	1 502 380.00	15 000	1 502 380.00	0	0.00	
乙材料	12 000	1 266 640.00	12 000	1 266 640.00	0	0.00	
丙材料	6 000	1 200 000.00	5 900	1 180 000.00	100	20 000.00	盘亏
其他材料及配件	—	37 000.00	—	37 000.00	0	0.00	
A 产品	2 090	2 504 010.18	2 090	2 504 010.18	0	0.00	
B 产品	1 305	1 304 992.19	1 305	1 304 992.19	0	0.00	
合计	—	7 815 022.37	—	7 795 022.37	100	20 000.00	

财务负责人：丰收　　监盘人：丹丹　　盘点人：小宝

存货盘点结果汇总表由盘点明细表汇总编制，盘点明细表略。

【财务流程】

定期（年末、季度末、月末）对原材料、库存商品等实物盘点一次⟶财务经理负责、会计监盘、仓库保管员盘点⟶编制存货盘点明细表，存货盘点结果汇总表⟶盘盈盘亏结果及时报告⟶根据公司处理决定编制记账凭证。

【账务处理】

借：待处理财产损溢——待处理流动资产损溢　　22 600.00

　贷：原材料——丙材料　　20 000.00

　　应交税费——应交增值税（进项税额转出）　　2 600.00

温馨提醒

原材料盘亏属于非正常损失的部分要进行增值税进项税转出处理，非正常损失，是指因管理不善造成货物被盗、丢失、霉烂变质，以及因违反法律法规造成货物或者不动产被依法没收、销毁、拆除的情形。非正常损失的购进货物，以及相关的加工修理修配劳务和交通运输服务已经抵扣的进项税额均需要做进项税额转出处理。

自然灾害等其他损失均不属于非正常损失，不用进行增值税进项税转出处理。

若原材料购入时原抵扣的进项税额能够确定，直接转出即可，若不能确定则需要计算出原材料应该转出的进项税额，需要注意的是：相应的运费、加工修理费进项税额也要一并转出。不考虑其他相关费用，则：

购入当时取得的开票日期为 2019 年 4 月 1 日（含）之后专用发票的，进项税额转出＝(材料成本－运费)×13％＋运费×9％；

购入当时取得的开票日期为 2018 年 5 月 1 日（含）至 2019 年 3 月 31 日（含）专用发票的，进项税额转出＝(材料成本－运费)×16％＋运费×10％；

购入当时取得的开票日期为 2018 年 4 月 30 日（含）之前专用发票的，进项税额转出＝(材料成本－运费)×17％＋运费×11％。

若原材料是免税农产品，计算公式为：

购入当时取得的开票日期为 2019 年 4 月 1 日（含）之后农产品发票的，进项税额转出＝原材料成本/(1－9％)×9％；

购入当时取得的开票日期为 2018 年 5 月 1 日（含）之后农产品发票的，进项税额转出＝原材料成本/(1－10％)×10％；

购入当时取得的开票日期为 2018 年 4 月 30 日（含）之前农产品发票的，进项税额转出＝原材料成本/(1－11％)×11％。

业务 55　材料盘亏处理

12 月 31 日，经公司批准，由保管人员小宝赔偿 2 600 元，其余 20 000 元计入管理费用。

【原始凭证】

见表 2-104。

表 2-104

材料盘亏（盈）处理通知单

20×2 年 12 月 31 日

经审查确认，盘亏材料原因：保管人员保管不善。

盘亏材料处理办法：保管人员小宝赔偿材料损失 2 600 元，其余 20 000 元计入管理费用。

总经理：雨泽　　财务经理：丰收　　会计：丹丹　　保管：小宝

【财务流程】

盘盈盘亏结果及时报告⟶取得材料盘亏（盈）处理通知单⟶根据公司处理决定编制记账凭证。

【账务处理】

借：管理费用——财产损失	20 000.00
其他应收款——小宝	2 600.00
贷：待处理财产损溢——待处理流动资产损溢	22 600.00

温馨提醒

1. 查明原因，按管理权限报经批准后，根据造成存货盘亏或毁损的原因，分别以下情况进行处理：

（1）属于计量收发差错和管理不善等原因造成的存货短缺，应先扣除残料价值、可以收回的保险赔偿和过失人赔偿，将净损失计入管理费用。

（2）属于自然灾害等非常原因造成的存货毁损，应先扣除处置收入（如残料价值）、可以收回的保险赔偿和过失人赔偿，将净损失计入营业外支出。

（3）入库的残料价值计入原材料。

（4）可以收回的保险赔偿和过失人赔偿计入其他应收款，实际收到时计入银行存款或库存现金。

2.《企业资产损失所得税税前扣除管理办法》（国家税务总局公告2011年第25号发布）规定，存货报废、毁损或变质损失，为其计税成本扣除残值及责任人赔偿后的余额，应依据以下证据材料确认：

（1）存货计税成本的确定依据；

（2）企业内部关于存货报废、毁损、变质、残值情况说明及核销资料；

（3）涉及责任人赔偿的，应当有赔偿情况说明；

（4）该项损失数额较大的（指占企业该类资产计税成本10%以上，或减少当年应纳税所得、增加亏损10%以上，下同），应有专业技术鉴定意见或法定资质中介机构出具的专项报告等。

3.《国家税务总局关于企业所得税资产损失资料留存备查有关事项的公告》（国家税务总局公告2018年第15号）规定，企业向税务机关申报扣除资产损失，仅需填报企业所得税年度纳税申报表《资产损失税前扣除及纳税调整明细表》，不再报送资产损失相关资料。相关资料由企业留存备查。企业应当完整保存资产损失相关资料，保证资料的真实性、合法性。

业务 56 计提无形资产摊销

12 月 31 日，何花计提无形资产摊销 5 000 元。

【原始凭证】

见表 2-105。

表 2-105 无形资产摊销计算表

项目名称	原值	摊销年限	月摊销额	累计摊销额	净额
土地使用权	600 000	10	5 000	60 000	540 000

注：每年摊销金额＝无形资产原值/无形资产按摊销年限；
每月摊销金额＝每年摊销金额/12。

【财务流程】

根据无形资产原值、取得日期、摊销年限计算编制无形资产摊销计算表，并编制记账凭证。

【账务处理】

借：管理费用——无形资产摊销　　5 000.00

　贷：累计摊销——土地使用权　　5 000.00

温馨提醒

无形资产的摊销期自其可供使用时开始至停止使用或出售时止。有关法律规定或合同约定了使用年限的，可以按照规定或约定的使用年限分期摊销。不能可靠估计无形资产使用寿命的，按照企业会计准则不需要摊销，而税法和小企业会计准则规定摊销期不得低于 10 年。

无形资产应当在其使用寿命内采用年限平均法进行摊销，根据其受益对象计入相关资产成本或者当期损益。

业务 57　计提坏账准备

12 月 31 日，因本公司应收账款账龄均不超过一年，没有迹象表明应收款项的回收出现困难，何花根据应收账款期末余额的 5%计算本期应计提坏账准备金额 17 004.00 元。

【原始凭证】

见表 2-106。

表 2-106　　坏账准备计提金额计算表　　金额单位：元

应收账款期末余额	计提比例	坏账准备期末余额	坏账准备期初余额	核销坏账金额	已核销坏账又收回金额	本期应计提金额
489 480.00	5%	24 474.00	7 470.00	0.00	0.00	17 004.00

注：本期应计提金额＝坏账准备期末余额－（坏账准备期初余额－核销坏账金额＋已核销坏账又收回金额）；

坏账准备期末余额＝应收账款期末余额×计提比例。

【财务流程】

公司应对应收款项的可收回性做出具体评估后计提坏账准备。当有迹象表明应收款项的回收出现困难时，按预计坏账金额计提坏账准备──→对于一般应收款项，一般按照国家统一的会计制度规定运用账龄分析法和适当比例计提坏账准备，并按照权限范围和审批程序进行审批──→编制记账凭证。

【账务处理】

借：资产减值损失　　17 004.00

　贷：坏账准备　　17 004.00

温馨提醒

企业计提的坏账准备，不可以在税前扣除，只有实际发生的坏账才可以税前扣除。

根据《企业资产损失所得税税前扣除管理办法》（国家税务总局公告 2011 年

第25号发布）的规定，企业应收及预付款项坏账损失应依据以下相关证据材料确认：

（1）相关事项合同、协议或说明；

（2）属于债务人破产清算的，应有人民法院的破产、清算公告；

（3）属于诉讼案件的，应出具人民法院的判决书或裁决书或仲裁机构的仲裁书，或者被法院裁定终（中）止执行的法律文书；

（4）属于债务人停止营业的，应有工商部门注销、吊销营业执照证明；

（5）属于债务人死亡、失踪的，应有公安机关等有关部门对债务人个人的死亡、失踪证明；

（6）属于债务重组的，应有债务重组协议及其债务人重组收益纳税情况说明；

（7）属于自然灾害、战争等不可抗力而无法收回的，应有债务人受灾情况说明以及放弃债权申明。企业逾期3年以上的应收款项在会计上已作为损失处理的，可以作为坏账损失，但应说明情况，并出具专项报告。企业逾期一年以上，单笔数额不超过5万元或者不超过企业年度收入总额万分之一的应收款项，会计上已经作为损失处理的，可以作为坏账损失，但应说明情况，并出具专项报告。

业务 58　计算本月转出未交增值税

12 月 31 日，何花计算本月转出未交增值税 17 518.44 元。

【原始凭证】

见表 2-107。

表 2-107　　**转出未交增值税计算表**　　单位：元

科目	进项税额	销项税额	进项税额转出	转出未交增值税
本月合计	689 812.60	703 430.00	3 901.04	17 518.44

注：本月转出未交增值税＝销项税额－进项税额＋进项税额转出＝703 430.00－689 812.60＋3 901.04＝17 518.44（元）。

【财务流程】

审核涉及增值税业务的会计处理正确完整⟶月末根据当月“应交税费——应交增值税”明细账计算出其贷方余额同借方余额的差额（进项税额与认证结果清单相符，销项税额与防伪税控系统月度统计数据相符）⟶编制相应的会计分录将差额转出。

【账务处理】

借：应交税费——应交增值税（转出未交增值税 ）　　17 518.44

　　贷：应交税费——未交增值税　　17 518.44

温馨提醒

1. 各种情形下，纳税人月末缴纳增值税的财税处理。

（1）企业应将当月发生的应交未交增值税额自“应交税费——应交增值税”科目转入“未交增值税”明细科目，借记“应交税费——应交增值税（转出未交增值税)”科目，贷记“应交税费——未交增值税”科目。

（2）将本月多交的增值税自“应交税费——应交增值税”科目转入“未交增值税”明细科目，借记“应交税费——未交增值税”科目，贷记“应交税费——

应交增值税（转出多交增值税）”科目。现行规定设置了“预交增值税”科目，几乎很少出现这种“转出多交增值税”的情形。

（3）当月预缴本月增值税时，借记“应交税费——预交增值税”科目，贷记“银行存款”科目。月末，企业应将“预交增值税”明细科目余额转入“未交增值税”明细科目，借记“应交税费——未交增值税”科目，贷记“应交税费——预交增值税”科目。

（4）当月上缴上月应交未交的增值税，借记“应交税费——未交增值税”科目，贷记“银行存款”科目。交纳当月应交的增值税，借记“应交税费——应交增值税（已交税金）”科目，贷记“银行存款”科目。

（5）“应交税费——应交增值税”科目的期末借方余额，反映尚未抵扣的增值税。“应交税费——未交增值税”科目的期末借方余额，反映多交的增值税；贷方余额，反映未交的增值税。

举例说明。某公司月末缴纳增值税的账务处理如下：

（1）本月预缴增值税款1 000元，账务处理：

借：应交税费——预交增值税　　1 000

　贷：银行存款　　1 000

月末，

借：应交税费——未交增值税　　1 000

　贷：应交税费——预交增值税　　1 000

（2）本月销项税额为20 000元，进项税额为15 000元，则本月应交增值税为5 000元；扣除本月已经缴纳的本月增值税1 000元，月末尚未缴纳的增值税款为4 000元，账务处理：

借：应交税费——应交增值税（转出未交增值税）　　5 000

　贷：应交税费——未交增值税　　5 000

（3）若本月销项税额为16 500元，进项税额为16 000元，则本月应交增值税为500元；扣除本月已经预缴的增值税1 000元，月末多交增值税500元，多交的500元一般不会退回，可以直接抵下月应交增值税款，账务处理为：

借：应交税费——应交增值税（转出未交增值税） 500

贷：应交税费——未交增值税 500

(4) 若本月销项税额为13 000元，进项税额为15 000元，则本月应交增值税为—2 000元（即留抵进项税额2 000元），月末不需要进行账务处理。

2. 若企业有期末留抵税额，并且符合条件的可以办理退税。

《财政部 税务总局 海关总署关于深化增值税改革有关政策的公告》（财政部 税务总局 海关总署公告2019年第39号）第八条规定：

“自2019年4月1日起，试行增值税期末留抵税额退税制度。

（一）同时符合以下条件的纳税人，可以向主管税务机关申请退还增量留抵税额：

1. 自2019年4月税款所属期起，连续六个月（按季纳税的，连续两个季度）增量留抵税额均大于零，且第六个月增量留抵税额不低于50万元；

2. 纳税信用等级为A级或者B级；

3. 申请退税前36个月未发生骗取留抵退税、出口退税或虚开增值税专用发票情形的；

4. 申请退税前36个月未因偷税被税务机关处罚两次及以上的；

5. 自2019年4月1日起未享受即征即退、先征后返（退）政策的。

（二）本公告所称增量留抵税额，是指与2019年3月底相比新增加的期末留抵税额。

（三）纳税人当期允许退还的增量留抵税额，按照以下公式计算：

允许退还的增量留抵税额＝增量留抵税额×进项构成比例×60％

进项构成比例，为2019年4月至申请退税前一税款所属期内已抵扣的增值税专用发票（含税控机动车销售统一发票）、海关进口增值税专用缴款书、解缴税款完税凭证注明的增值税额占同期全部已抵扣进项税额的比重。

（四）纳税人应在增值税纳税申报期内，向主管税务机关申请退还留抵税额。

（五）纳税人出口货物劳务、发生跨境应税行为，适用免抵退税办法的，办理免抵退税后，仍符合本公告规定条件的，可以申请退还留抵税额；适用免退税办法的，相关进项税额不得用于退还留抵税额。

（六）纳税人取得退还的留抵税额后，应相应调减当期留抵税额。按照本条规定再次满足退税条件的，可以继续向主管税务机关申请退还留抵税额，但本条第（一）项第1点规定的连续期间，不得重复计算。

（七）以虚增进项、虚假申报或其他欺骗手段，骗取留抵退税款的，由税务机关追缴其骗取的退税款，并按照《中华人民共和国税收征收管理法》等有关规定处理。”

《国家税务总局关于办理增值税期末留抵税额退税有关事项的公告》（国家税务总局公告2019年第20号）规定：

纳税人申请办理留抵退税，应于符合留抵退税条件的次月起，在增值税纳税申报期（以下称申报期）内，完成本期增值税纳税申报后，通过电子税务局或办税服务厅提交《退（抵）税申请表》。

纳税人应在收到税务机关准予留抵退税的《税务事项通知书》当期，以税务机关核准的允许退还的增量留抵税额冲减期末留抵税额，并在办理增值税纳税申报时，相应填写《增值税纳税申报表附列资料（二）（本期进项税额明细）》第22栏“上期留抵税额退税”。

若读者需要深入学习增值税期末留抵税额退税制度，请参考《增值税纳税实务与节税技巧》（第六版）一书或者作者公众号。

3.《财政部 国家税务总局关于增值税期末留抵退税有关城市维护建设税 教育费附加和地方教育附加政策的通知》（财税〔2018〕80号）规定：

对实行增值税期末留抵退税的纳税人，允许其从城市维护建设税、教育费附加和地方教育附加的计税（征）依据中扣除退还的增值税税额。

延伸阅读

自2019年4月1日至2021年12月31日，允许生产、生活性服务业纳税人按照当期可抵扣进项税额加计10%，抵减应纳税额（以下称加计抵减政策）。

所称生产、生活性服务业纳税人，是指提供邮政服务、电信服务、现代服务、生活服务（以下称四项服务）取得的销售额占全部销售额的比重超过50%的纳税人。四项服务的具体范围按照《销售服务、无形资产、不动产注释》（财税〔2016〕36号印发）执行。

适用加计抵减政策的生产、生活性服务业纳税人，应在年度首次确认适用加计抵减政策时，通过电子税务局（或前往办税服务厅）提交《适用加计抵减政策的声明》。适用加计抵减政策的纳税人，同时兼营邮政服务、电信服务、现代服务、生活服务的，应按照四项服务中收入占比最高的业务在《适用加计抵减政策的声明》中勾选确定所属行业。

工业企业不能享受加计递减政策，若读者需要深入学习，请参考《增值税纳税实务与节税技巧》（第六版）一书或者作者公众号。

业务 59　计提城市维护建设税、教育费附加、地方教育附加、房产税、土地使用税

12 月 31 日，何花计算编制应交税费明细表，计提城市维护建设税 1 366.29 元、教育费附加 585.55 元、地方教育附加 390.37 元、房产税2 520.00 元、土地使用税 24 000.00 元。

【原始凭证】

表 2-108　　应交税费明细表

20×2 年 12 月　　单位：元

税种名称	计税依据	应税金额	税率	应交税金
城市维护建设税	增值税	19 518.44	7%	1366.29
教育费附加	增值税	19 518.44	3%	585.55
地方教育附加	增值税	19 518.44	2%	390.37
房产税	房产原值×(1－30%)	210 000.00	1.2%	2 520.00
土地使用税	应税土地面积	3 000.00	8 元/m^2	24 000.00
小计	—	—	—	28 862.21

注：1. 本月应申报缴纳增值税＝17 518.44（未交增值税）＋3 000（应交税费——简易计税）－1 000（应交税费——应交增值税——减免税款）＝19 518.44（元）。

2. 房产税的计算方法有以下两种：(1) 按房产原值一次减除 10%至 30%后的余值计算。假设公司减除比例为 30%，其计算公式为：年应纳税额＝房产账面原值×(1－30%)×1.2%，(2) 按租金收入计算，其计算公式为：年应纳税额＝年租金收入×适用税率（12%）。以上方法是按年计征的，如分期缴纳，比如按半年缴纳，则以年应纳税额除以 2；按季缴纳，则以年应纳税额除以 4；按月缴纳，则以年应纳税额除以 12。

3. 年应纳税额＝ $\sum$（各级次应税土地面积×该级次土地单位税额），按季度缴纳，则以年应纳税额除以 4。

4. 印花税待下月实际缴纳时直接计入税金及附加，不必计提。

【财务流程】

计算编制应交税费明细表，编制记账凭证。

【账务处理】

借：税金及附加　　2 342.21

　贷：应交税费——应交城市维护建设税　　1 366.29

　　　　　　——应交教育费附加　　585.55

　　　　　　——应交地方教育附加　　390.37

借：税金及附加——房产税　　2 520.00
　　　　　　——土地使用税　　24 000.00
　贷：应交税费——应交房产税　　2 520.00
　　　　　　——应交土地使用税　　24 000.00

温馨提醒

根据《财政部关于印发〈增值税会计处理规定〉的通知》（财会〔2016〕22号）的规定，全面试行营业税改征增值税后，“营业税金及附加”科目名称调整为“税金及附加”科目，该科目核算企业经营活动发生的消费税、城市维护建设税、资源税、教育费附加及房产税、土地使用税、车船税、印花税等相关税费；利润表中的“营业税金及附加”项目调整为“税金及附加”项目。

业务60 计提季度企业所得税

12月31日，何花计提季度企业所得税227 403.60元。

【原始凭证】

见表2-109。

表2-109 企业所得税计算表

20×2年12月 金额单位：元

税种名称	计税依据	应税金额	税率	应交税金
企业所得税	季度利润总额	909 614.40	25%	227 403.60

注：该公司企业所得税季度预缴金额按照企业“利润总额”计提。该公司尚未考虑所得税纳税调整项目的影响，纳税调整项目在公司20×3年5月31日之前的企业所得税汇算清缴中进行调整，详见第六章“雨泽公司20×2年纳税申报”。

【财务流程】

计算季度利润总额，编制企业所得税计算表，然后编制记账凭证。

【账务处理】

借：所得税费用 227 403.60

  贷：应交税费——应交所得税 227 403.60

业务61　将各损益类科目结转到本年利润

12月31日，何花将各损益类科目结转到本年利润。

【原始凭证】

见表2-110。

表2-110　　损益类科目本期发生额

20×2年12月　　单位：元

损益类科目	本期借方发生额	本期贷方发生额
主营业务收入		5 360 000.00
其他业务收入		36 000.00
资产处置损益		11 000.00
营业外收入		6 000.00
主营业务成本	4 296 161.00	
其他业务成本	30 048.00	
税金及附加	29 124.57	
销售费用	52 414.20	
管理费用	55 363.14	
财务费用	9 320.69	
资产减值损失	17 004.00	
营业外支出	13 950.00	
所得税费用	227 403.60	
合计	4 730 789.20	5 413 000.00

【财务流程】

汇总损益类科目本期发生额，编制记账凭证。

【账务处理】

借：主营业务收入　　5 360 000.00

　　其他业务收入　　36 000.00

　　资产处置损益　　11 000.00

　　营业外收入　　6 000.00

　　贷：本年利润　　　　5 413 000.00

借：本年利润　　　　4 730 789.20

　　贷：主营业务成本　　　　4 296 161.00

　　　　其他业务成本　　　　30 048.00

　　　　税金及附加　　　　29 124.57

　　　　销售费用　　　　52 414.20

　　　　管理费用　　　　55 363.14

　　　　财务费用　　　　9 320.69

　　　　资产减值损失　　　　17 004.00

　　　　营业外支出　　　　13 950.00

　　　　所得税费用　　　　227 403.60

业务 62 结转本年利润

12 月 31 日，何花将本年利润 682 210.80 元结转到未分配利润中。

【账务处理】

借：本年利润 682 210.80

　贷：利润分配——未分配利润 682 210.80

温馨提醒

该笔业务只需要于 12 月 31 日结转即可，各月末不需要结转。

业务 63 提取法定盈余公积金

12 月 31 日，何花将按照本年净利润的 10％提取法定盈余公积金 68 221.08 元。

法定盈余公积金＝净利润×10％＝682 210.80×10％＝68 221.08（元）。

【账务处理】

借：利润分配——提取法定盈余公积　　68 221.08

　贷：盈余公积——法定盈余公积　　68 221.08

业务 64　将利润分配各明细科目的余额转入“未分配利润”明细科目

12 月 31 日，何花将“利润分配——提取法定盈余公积”余额 68 221.08 元转入“利润分配——未分配利润”明细科目。

【账务处理】

借：利润分配——未分配利润　　68 221.08

　贷：利润分配——提取法定盈余公积　　68 221.08

Chapter 03

第三章

雨泽公司 20×2 年记账凭证

接下来，我们根据雨泽公司 20×2 年 12 月经济业务和审核无误的原始凭证编制记账凭证。

记账凭证又称记账凭单或分录凭单，是会计人员根据审核无误的原始凭证按照经济业务事项的内容加以归类，并据以确定会计分录、登记账簿的会计凭证。

在实际工作中，为了便于登记账簿，需要将来自不同单位、种类繁多、数量庞大、格式不一、大小各异的原始凭证加以归类、整理，填制具有统一格式的记账凭证，确定会计分录，并将相关的原始凭证附在记账凭证后面。

一、原始凭证的填制

填制要求如下：

1. 记录真实，手续完备

必须真实、准确地填写经济业务发生的日期、内容、数量、单价、金额等要素，手续要完备，比如：自制原始凭证必须有经办业务部门和人员的签章、主管领导的签字；外来原始凭证必须有对方单位的公章（或财务专用章、发票专用章）、本单位领导和经办人员签字；对外开出的原始凭证必须加盖本单位公章（或财务专用章、发票专用章）。

2. 内容完整，清楚规范

原始凭证的内容必须逐项填写完整，不可遗漏。原始凭证应按规定的格式填写，字迹必须清晰、工整，不得任意涂改、刮擦或挖补。

原始凭证有错误的，应当按规定方法更正，并在更正处加盖出具单位印章，但是原始凭证金额有错误的，应当由出具单位重开，不得更正。有关现金、银行存款收支业务的凭证，填写错误的也不能直接在原始凭证上更正，应当作废重填。

3. 编号连续，及时填制

预先编号的原始凭证，必须按照编号顺序填写，发生隔号或填写错误时，不得撕毁，应当加盖“作废”戳记作废，保存备查。

及时填制原始凭证，不得提前或拖延。

4. 清晰工整，数字规范

（1）阿拉伯数字应当一个一个地写，不得连笔写。阿拉伯金额数字前面应当书写货币币种符号或者货币名称简写和币种符号。币种符号与阿拉伯金额数字之间不得留有空白。凡阿拉伯数字前写有币种符号的，数字后面不再写货币单位。

（2）所有以元为单位（其他货币种类为货币基本单位，下同）的阿拉伯数字，除表示单价等情况外，一律填写到角分；无角分的，角位和分位可写“00”，或者符号“——”；有角无分的，分位应当写“0”，不得用符号“——”代替。

（3）汉字大写数字金额如零、壹、贰、叁、肆、伍、陆、柒、捌、玖、拾、佰、仟、万、亿等，一律用正楷或者行书体书写，不得用 0、一、二、三、四、五、六、七、八、九、十等简化字代替，不得任意自造简化字。大写金额数字到元或者角为止的，在“元”或者“角”字之后应当写“整”字或者“正”字；大写金额数字有分的，分字后面不写“整”或者“正”字。

（4）大写金额数字前未印有货币名称的，应当加填货币名称，货币名称与金额数字之间不得留有空白。

（5）阿拉伯金额数字中间有“0”时，汉字大写金额要写“零”字；阿拉伯数字金额中间连续有几个“0”时，汉字大写金额中可以只写一个“零”字；阿拉伯金额数字元位是“0”，或者数字中间连续有几个“0”、元位也是“0”但角位不是“0”时，汉字大写金额可以只写一个“零”字，也可以不写“零”字。

（6）凡填有大写和小写金额的原始凭证，大写与小写金额必须相符。

二、原始凭证的审核

取得的原始凭证必须经过会计人员的审核，只有经审核无误后的原始凭证，才能作为编制记账凭证和登记账簿的依据。原始凭证的主要审核内容如下：

（1）审核原始凭证的合法性、合理性。经济业务是否符合国家有关政策、法规、制度的规定，有无违反财经制度规定，经济业务是否符合企业生产经营活动的需要，是否符合有关的计划和预算，是否按成本开支范围办事，是否遵循专款专用原则，是否存在贪污盗窃、虚报冒领、伪造凭证等违纪行为。

（2）审核原始凭证的完整性。原始凭证的内容是否齐全，有无漏记项目、有关签章是否齐全等。

（3）审核原始凭证的正确性。原始凭证上有关数量、单价、金额是否正确无误，书写是否规范，联次是否正确，有无刮擦、涂改和挖补等。

（4）审核原始凭证的真实性。日期是否真实、业务内容是否真实、数据是否真实等。

三、不符合规定的原始凭证的处理方法

（1）对于真实、合法、合理但内容不完整、手续不完备、填写有错误的原始凭证，会计人员应退回给经办人员，要求经办人补办手续或进行更正。

（2）对于不真实、不合法、不合理的原始凭证，会计人员不予办理，涉及弄虚作假、严重违法的原始凭证还应当予以扣留，并及时向单位负责人或有关部门报告。

四、记账凭证的填制

记账凭证必须具备的内容包括：填制凭证的日期；凭证编号；经济业务摘要；会计科目；金额；所附原始凭证张数；填制凭证人员、稽核人员、记账人员、会计机构负责人、会计主管人员签名或者盖章。收款和付款记账凭证还应当由出纳人员签名或者盖章。

记账凭证要严格按照规定的格式和内容进行填制，必须做到记录真实，内容完整，填制及时，书写清楚。填制的具体方法如下：

（1）填制日期。

记账凭证是在哪一天编制的，填制日期就填哪一天，而非一定与原始凭证日期相同。记账凭证应及时填制，填制日期一般应稍后于原始凭证日期或与原始凭证日期相同。

（2）凭证编号。

记账凭证必须连续编号，企业可以按收款、付款、转账三类业务分别编号，也可以细分为现收、现付、银收、银付、转账五类分别编号。一笔经济业务需要填制两张以上记账凭证的，可以采用分数编号法编号。

（3）经济业务摘要。

“摘要”栏是对经济业务内容的简要说明，在填写“摘要”时，文字应当简明、全面、清楚，能够正确、完整地反映经济活动和资金变化的来龙去脉，切忌含糊不清。比如：购入原材料，要写明品名、数量、单价；支付款项，要注明现金、支票、汇票等；冲销前期凭证，应写明冲销的凭证日期、凭证号码和业务内容。

（4）会计科目及其记账方向。

会计科目应当根据经济业务的内容确定，必须正确使用，不得任意改变、简化会计科目的名称，有关的二级或明细账户也要填写齐全。会计科目借贷方向要正确、对应关系要清晰。

（5）附件。

除结账和更正错误的记账凭证可以没有附件（原始凭证）外，其他记账凭证必须附有原始凭证。

记账凭证可以根据每一张原始凭证填制，也可以根据若干张同种类别的原始凭证汇总编制，还可以根据原始凭证汇总表填制。但是，不同类别的原始凭证不能汇总填制在一张记账凭证上，这样会使会计科目对应关系不清晰，不方便查阅。

如果一张原始凭证涉及几张记账凭证，应把原始凭证附在一张主要的记账凭证后面，并在其他相关记账凭证上注明该主要记账凭证的编号或者将该原始凭证的复印件附后。

如果一张原始凭证所列费用需要与其他单位共同负担，应由保存该原始凭证的单位开具《原始凭证分割单》给其他应负担的单位作为附件。《原始凭证分割单》必须具备原始凭证的基本内容，即：凭证名称、填制凭证日期、填制凭证单位名称或者填制人姓名、经办人的签名或者盖章、接受凭证单位名称、经济业务内容、数量、单价、金额和费用分摊情况等。

每张记账凭证都要注明附件张数，以便于日后查对。

（6）在填制记账凭证时发生错误，应当重新填制。

已经登记入账的记账凭证，在当年内发现填写错误时，可以用红字填写一张与原内容相同的记账凭证，在摘要栏注明“注销某月某日某号凭证”字样，同时再用蓝字重新填制一张正确的记账凭证，注明“订正某月某日某号凭证”字样。如果会计科目没有错误，只是金额错误，也可以按正确数字与错误数字之间的差额，另编一张调整的记账凭证，调增金额用蓝字，调减金额用红字。发现以前年度记账凭证有错误的，应当用蓝字填制一张更正的记账凭证。

（7）记账凭证填制完经济业务事项后，如有空行，应当自“金额”栏最后一笔金额数字下的空行处至合计数上的空行处划线注销。

（8）填制记账凭证，字迹必须清晰、工整，数字规范，相关要求同原始凭证。

实行会计电算化的单位，对于机制记账凭证，要认真审核，做到会计科目使用正确，数字准确无误。打印出的机制记账凭证要加盖制单人员、审核人员、记账人员及会计机构负责人、会计主管人员印章或者签字。

五、记账凭证的审核

所有填制好的记账凭证，都必须经过其他会计人员的认真审核。只有审核无误的记账凭证，才能作为登记账簿的依据。记账凭证的主要审核内容包括：

（1）记账凭证是否附有原始凭证，所附原始凭证的内容与记账凭证的内容是否一致。

（2）所用会计科目是否正确，对应关系是否清晰、金额是否正确。

（3）记账凭证中的项目是否填制完整，摘要是否清楚，有关人员的签章是否齐全。

六、雨泽公司 20×2 年记账凭证的填制

笔者认为：会写会计分录就会编制记账凭证，此项内容没有必要占用大量篇幅，因此，对于全部记账凭证我们采取简写的方式提供给大家。这里仅举几例说明记账凭证的填制（见表 3-1 至表 3-4）。

根据所有经济业务的原始凭证编制记账凭证，详见《凭证明细简表》（表 3-5）。

表 3-1　　记字第 1 号凭证（业务 1）

记　账　凭　证

20×2 年 12 月 1 日

记字第 1 号

附件　1 张

摘要	一级账户	明细账户	借方金额	贷方金额	记账
从银行提取现金	库存现金		6 000.00		√
从银行提取现金	银行存款	中国××银行××支行 3700000800660000×××		6 000.00	√
合计			6 000.00	6 000.00	

会计主管：丰收　　记账：丹丹　　审核：何花　　制单：丹丹　　出纳：娜娜

表 3-2　　记字第 32 号凭证（业务 32）

记　账　凭　证

20×2 年 12 月 23 日

记字第 32 号

附件　2 张

摘要	一级账户	明细账户	借方金额	贷方金额	记账
销售 A 产品给发发发公司	应收账款	L 市发发发有限公司	3 390 000.00		√
销售 A 产品给发发发公司	主营业务收入	A 产品		3 000 000.00	√
销售 A 产品给发发发公司	应交税费	应交增值税（销项税额）		390 000.00	√
合计			3 390 000.00	3 390 000.00	

会计主管：丰收　　记账：丹丹　　审核：何花　　制单：丹丹

表 3-3　　　　记字第 57 号凭证（业务 53）

记　账　凭　证

20×2 年 12 月 31 日

记字第 57 号

附件　1 张

摘要	一级账户	明细账户	借方数量	借方金额	贷方数量	贷方金额	记账
结转产品销售成本	主营业务成本	A 产品		2 396 180.00			√
结转产品销售成本	主营业务成本	B 产品		1 899 981.00			√
结转产品销售成本	库存商品	A 产品			2 000.00	2 396 180.00	√
结转产品销售成本	库存商品	B 产品			1 900.00	1 899 981.00	√
合计				4 296 161.00		4 296 161.00	

会计主管：丰收　　　记账：丹丹　　　审核：何花　　　制单：丹丹

表 3-4　　　　记字第 63 号凭证（业务 59）

记　账　凭　证

20×2 年 12 月 31 日

记字第 63 号

附件　1 张

摘要	一级账户	明细账户	借方金额	贷方金额	记账
计提税金及附加	税金及附加		2 342.21		√
计提税金及附加	应交税费	应交城市维护建设税		1 366.29	√
计提税金及附加	应交税费	应交教育费附加		585.55	√
计提税金及附加	应交税费	应交地方教育附加		390.37	√
合计			2 342.21	2 342.21	

会计主管：丰收　　　记账：丹丹　　　审核：何花　　　制单：丹丹

表 3-5 **凭证明细简表**

核算单位：L 市雨泽有限公司 20×2 年 12 月

业务号	凭证号	凭证日期	摘要	科目名称	借/贷	数量	单价	金额
1	1	20×2.12.01	从银行提取现金	库存现金	借			6 000.00
			从银行提取现金	银行存款——中国××银行××支行 3700000800660000×××	贷			6 000.00
2	2	20×2.12.02	支付行政事业部李四办公用品款	管理费用——办公费	借			600.00
			支付行政事业部李四办公用品款	库存现金	贷			600.00
3	3	20×2.12.03	支付销售部叶武差旅费	销售费用——差旅费	借			200.00
			支付销售部叶武差旅费	库存现金	贷			200.00
4	4	20×2.12.03	收甲公司合同违约金	库存现金	借			6 000.00
			收甲公司合同违约金	营业外收入	贷			6 000.00
5	5	20×2.12.03	收顺顺顺公司电汇款	银行存款——中国××银行××支行 3700000800660000×××	借			37 400.00
			收顺顺顺公司电汇款	应收账款——（002）M 市顺顺顺有限公司	贷			37 400.00
6	6	20×2.12.03	将现金缴存银行	银行存款——中国××银行××支行 3700000800660000×××	借			5 000.00
			将现金缴存银行	库存现金	贷			5 000.00
7	7	20×2.12.04	销售部叶武借款	其他应收款——（01）销售部——叶武	借			3 500.00
			销售部叶武借款	库存现金	贷			3 500.00

续表

业务号	凭证号	凭证日期	摘要	科目名称	借/贷	数量	单价	金额
8	8	20×2.12.05	销售部叶武报销招待费	管理费用——业务招待费	借			4 000.00
			销售部叶武报销招待费	库存现金	贷			500.00
			销售部叶武报销招待费冲销借款	其他应收款——（01）销售部——叶武	贷			3 500.00
9	9	20×2.12.06	银行承兑汇票到期托收	银行存款——中国××银行××支行 3700000800660000×××	借			500 000.00
			银行承兑汇票到期托收	应收票据	贷			500 000.00
10	10	20×2.12.07	银行承兑汇票背书转让给双喜公司	应付账款——（001）M市双喜有限公司	借			500 000.00
			银行承兑汇票背书转让给双喜公司	应收票据	贷			500 000.00
11	11	20×2.12.08	银行承兑汇票贴现	银行存款——中国××银行××支行 3700000800660000×××	借			490 480.00
			银行承兑汇票贴现	财务费用——利息支出	借			9 520.00
			银行承兑汇票贴现	应收票据	贷			500 000.00
12	12	20×2.12.09	缴纳税款	应交税费——未交增值税	借			29 669.87
			缴纳税款	应交税费——应交城市维护建设税	借			2 076.89
			缴纳税款	应交税费——应交教育费附加	借			890.10
			缴纳税款	应交税费——应交地方教育附加	借			593.40
			缴纳税款	应交税费——应交个人所得税	借			6 000.00
			缴纳税款	税金及附加——印花税	借			262.36
			缴纳税款	银行存款——中国××银行××支行 3700000800660000×××	贷			39 492.62

续表

业务号	凭证号	凭证日期	摘要	科目名称	借/贷	数量	单价	金额
13	13	20×2.12.10	购甲材料 20 000kg	原材料——（001）甲材料	借	20 000.00	100.28	2 005 580.00
			购甲材料 20 000kg	应交税费——应交增值税——进项税额	借			260 343.62
			购甲材料 20 000kg 未付款	应付账款——（001）M 市双喜有限公司	贷			2 260 000.00
			购甲材料 20 000kg 未付款	应付账款——（003）M 市快快运输有限公司	贷			5 923.62
14	14	20×2.12.11	购乙材料 10 000kg	原材料——（002）乙材料	借	10 000.00	110	1 100 000.00
			购乙材料 10 000kg	应交税费——应交增值税——进项税额	借			143 000.00
			购乙材料 10 000kg 冲销预付款	预付账款——（002）L 市双财有限公司	贷			170 000.00
			购乙材料 10 000kg 暂未付款	应付账款——（002）L 市双财有限公司	贷			1 073 000.00
15	15	20×2.12.12	购丙材料 10 000kg	原材料——（003）丙材料	借	10 000.00	200	2 000 000.00
			购丙材料 10 000kg	应交税费——应交增值税——进项税额	借			260 000.00
			购丙材料 10 000kg	应付账款——（004）M 市 BBB 有限公司	贷			2 260 000.00
16	16	20×2.12.12	签发银行汇票	其他货币资金——银行汇票	借			120 000.00
			签发银行汇票	银行存款——中国××银行××支行 3700000800660000×××	贷			120 000.00

续表

业务号	凭证号	凭证日期	摘要	科目名称	借/贷	数量	单价	金额
17	17	20×2.12.13	银行汇票购材料配件	原材料——（004）其他材料及配件	借			100 000.00
			银行汇票购材料配件	应交税费——应交增值税——进项税额	借			13 000.00
			银行汇票多余金额收回	银行存款——中国××银行××支行 3700000800660000×××	借			7 000.00
			银行汇票购材料配件	其他货币资金——银行汇票	贷			120 000.00
18	18	20×2.12.14	购甲设备 1 台	固定资产——甲设备	借			50 558.00
			购甲设备 1 台	应交税费——应交增值税——进项税额	借			6 534.36
			购甲设备 1 台	银行存款——中国××银行××支行 3700000800660000×××	贷			57 092.36
19	19	20×2.12.15	现金支付运费	应付账款——（003）M 市快快运输有限公司	借			5 923.00
			现金支付运费	库存现金	贷			5 923.00
20	20	20×2.12.16	电汇支付双喜公司货款	应付账款——（001）M 市双喜有限公司	借			2 260 000.00
			电汇支付双喜公司货款	银行存款——中国××银行××支行 3700000800660000×××	贷			2 260 000.00
21	21	20×2.12.16	支付电汇手续费	财务费用——手续费	借			48.50
			支付电汇手续费	银行存款——中国××银行××支行 3700000800660000×××	贷			48.50

续表

业务号	凭证号	凭证日期	摘要	科目名称	借/贷	数量	单价	金额
22	22	20×2.12.17	信汇支付双财公司货款	应付账款——（002）L 市双财有限公司	借			1 073 000.00
			信汇支付双财公司货款	银行存款——中国××银行××支行 3700000800660000×××	贷			1 073 000.00
23	23	20×2.12.17	支付广告费	销售费用——广告费	借			10 000.00
			支付广告费	银行存款——中国××银行××支行 3700000800660000×××	贷			10 000.00
24	24	20×2.12.18	应付票据到期	应付票据	借			2 000 000.00
			应付票据到期	其他货币资金——银行承兑汇票保证金	贷			1 000 000.00
			应付票据到期	银行存款——中国××银行××支行 3700000800660000×××	贷			1 000 000.00
25	25	20×2.12.19	领用甲材料	管理费用——业务招待费	借			11 317.04
			领用甲材料	原材料——（001）甲材料	贷	100	100.16	10 016.00
			领用甲材料	应交税费——应交增值税——进项税额转出	贷			1 301.04
26	26	20×2.12.19	无偿赠送自产品	营业外支出——捐赠支出	借			13 950.00
			无偿赠送自产品	库存商品——（001）A 产品	贷	10	1 200.00	12 000.00
			无偿赠送自产品	应交税费——应交增值税——销项税额	贷			1 950.00
27	27	20×2.12.19	支付工会经费	应付职工薪酬——工会经费	借			1 990.00
			支付工会经费	库存现金	贷			1 990.00

续表

业务号	凭证号	凭证日期	摘要	科目名称	借/贷	数量	单价	金额
28	28	20×2.12.20	存款利息入账	财务费用——利息收入	借			−496.21
			存款利息入账	银行存款——中国××银行××支行 3700000800660000×××	贷			−496.21
29	29	20×2.12.20	支付贷款利息	财务费用——利息支出	借			248.40
			支付贷款利息	银行存款——中国××银行××支行 3700000800660000×××	贷			248.40
30	30	20×2.12.21	归还短期借款	短期借款	借			800 000.00
			归还短期借款	银行存款——中国××银行××支行 3700000800660000×××	贷			800 000.00
31	31	20×2.12.22	向银行借款	银行存款——中国××银行××支行 3700000800660000×××	借			1 000 000.00
			向银行借款	短期借款	贷			1 000 000.00
32	32	20×2.12.23	销售A产品给发发发公司	应收账款——（001）L市发发发有限公司	借			3 390 000.00
			销售A产品给发发发公司	主营业务收入——A产品	贷			3 000 000.00
			销售A产品给发发发公司	应交税费——应交增值税——销项税额	贷			390 000.00
33	33	20×2.12.24	销售B产品给双福公司冲销预收款	预收账款——（004）L市双福有限公司	借			1 000 000.00
			销售B产品给双福公司	应收账款——（004）L市双福有限公司	借			1 260 000.00
			销售B产品给双福公司	主营业务收入——B产品	贷			2 000 000.00
			销售B产品给双福公司	应交税费——应交增值税——销项税额	贷			260 000.00

续表

业务号	凭证号	凭证日期	摘要	科目名称	借/贷	数量	单价	金额
34	34	20×2.12.25	销售B产品给玉玲经贸公司	应收账款——（005）L市玉玲经贸有限公司	借			406 800.00
			销售B产品给玉玲经贸公司	主营业务收入——B产品	贷			360 000.00
			销售B产品给玉玲经贸公司	应交税费——应交增值税——销项税额	贷			46 800.00
35	35	20×2.12.25	支付销售产品运费	销售费用——运杂费	借			5 580.00
			支付销售产品运费	应交税费——应交增值税——进项税额	借			343.62
			支付销售产品运费	银行存款——中国××银行××支行3700000800660000×××	贷			5 923.62
36	36	20×2.12.26	销售甲材料给艳玲公司	应收账款——（003）L市艳玲有限公司	借			40 680.00
			销售甲材料给艳玲公司	其他业务收入	贷			36 000.00
			销售甲材料给艳玲公司	应交税费——应交增值税——销项税额	贷			4 680.00
	37	20×2.12.26	结转销售材料成本	其他业务成本	借			30 048.00
			结转销售材料成本	原材料——（001）甲材料	贷	300	100.16	30 048.00

续表

业务号	凭证号	凭证日期	摘要	科目名称	借/贷	数量	单价	金额
37	38	20×2.12.27	乙机床清理	固定资产清理	借			90 000.00
			乙机床清理	累计折旧	借			60 000.00
			乙机床清理	固定资产——乙机床	贷			150 000.00
	39	20×2.12.27	销售设备乙机床	应收账款——（006）M市佳佳有限公司	借			103 000.00
			销售设备乙机床	固定资产清理	贷			100 000.00
			销售设备乙机床	应交税费——简易计税	贷			3 000.00
	40	20×2.12.27	销售设备增值税优惠	应交税费——应交增值税——减免税款	借			1 000.00
			销售设备增值税优惠	资产处置损益	贷			1 000.00
	41	20×2.12.27	结转固定资产清理	固定资产清理	借			10 000.00
			结转固定资产清理	资产处置损益	贷			10 000.00
38	42	20×2.12.28	收回设备销售款	银行存款——中国××银行××支行3700000800660000×××	借			103 000.00
			收回设备销售款	应收账款——（006）M市佳佳有限公司	贷			103 000.00
39	43	20×2.12.28	收发发发有限公司货款	银行存款——中国××银行××支行3700000800660000×××	借			1 460 000.00
			收发发发有限公司货款	应收账款——（001）L市发发发有限公司	贷			1 460 000.00
40	44	20×2.12.29	收发发发公司银行承兑汇票	应收票据	借			2 000 000.00
			收发发发公司银行承兑汇票	应收账款——（001）L市发发发有限公司	贷			2 000 000.00

续表

业务号	凭证号	凭证日期	摘要	科目名称	借/贷	数量	单价	金额
41	45	20×2.12.29	托收双福公司款项到账	银行存款——中国××银行××支行 3700000800660000×××	借			1 260 000.00
			托收双福公司款项到账	应收账款——（004）L 市双福有限公司	贷			1 260 000.00
42	46	20×2.12.29	支付电费	生产成本——辅助生产成本——供电车间	借			50 700.00
			支付电费	应交税费——应交增值税——进项税额	借			6 591.00
			支付电费	银行存款——中国××银行××支行 3700000800660000×××	贷			57 291.00
43	47	20×2.12.29	为任丽代垫医药费	其他应收款——（02）代垫费用——任丽	借			2 674.70
			为任丽代垫医药费	库存现金	贷			2 674.70
44	48	20×2.12.29	支付职工培训费	应付职工薪酬——职工教育经费	借			288.00
			支付职工培训费	库存现金	贷			288.00
45	49	20×2.12.29	支付职工薪酬	应付职工薪酬——工资	借			99 500.00
			支付职工薪酬	应付职工薪酬——职工福利	借			3 990.00
			支付职工薪酬	银行存款——中国××银行××支行 3700000800660000×××	贷			78 993.65
			支付职工薪酬	其他应付款——社会保险费	贷			10 866.45
			支付职工薪酬	其他应付款——住房公积金	贷			10 349.00
			支付职工薪酬	其他应收款——（02）代垫费用——任丽	贷			2 674.70
			支付职工薪酬	应交税费——应交个人所得税	贷			606.20

续表

业务号	凭证号	凭证日期	摘要	科目名称	借/贷	数量	单价	金额
46	50	20×2.12.30	支付社会保险费	应付职工薪酬——社会保险费	借			28 977.20
			支付社会保险费	应付职工薪酬——住房公积金	借			10 349.00
			支付社会保险费	其他应付款——社会保险费	借			10 866.45
			支付社会保险费	其他应付款——住房公积金	借			10 349.00
			支付社会保险费	银行存款——中国××银行××支行 3700000800660000×××	贷			60 541.65
47	51	20×2.12.31	计提职工薪酬	生产成本——基本生产成本——A产品——直接人工	借			51 600.00
			计提职工薪酬	生产成本——基本生产成本——B产品——直接人工	借			34 400.00
			计提职工薪酬	生产成本——辅助生产成本——机修车间	借			5 000.00
			计提职工薪酬	生产成本——辅助生产成本——供电车间	借			5 000.00
			计提职工薪酬	制造费用——职工薪酬	借			8 000.00
			计提职工薪酬	管理费用——职工薪酬	借			7 660.00
			计提职工薪酬	销售费用——职工薪酬	借			35 634.20
			计提职工薪酬	应付职工薪酬——工资	贷			99 500.00
			计提职工薪酬	应付职工薪酬——职工福利	贷			3 990.00
			计提职工薪酬	应付职工薪酬——社会保险费	贷			28 977.20
			计提职工薪酬	应付职工薪酬——住房公积金	贷			10 349.00
			计提职工薪酬	应付职工薪酬——工会经费	贷			1 990.00
			计提职工薪酬	应付职工薪酬——职工教育经费	贷			2 488.00

续表

业务号	凭证号	凭证日期	摘要	科目名称	借/贷	数量	单价	金额
48	52	20×2.12.31	分配领用材料	生产成本——基本生产成本——A产品——直接材料	借			2 381 153.60
			分配领用材料	生产成本——基本生产成本——B产品——直接材料	借			1 615 342.40
			分配领用材料	生产成本——辅助生产成本——机修车间	借			16 000.00
			分配领用材料	生产成本——辅助生产成本——供电车间	借			14 000.00
			分配领用材料	制造费用——机物料消耗	借			30 000.00
			分配领用材料	管理费用——材料费	借			2 000.00
			分配领用材料	销售费用——材料	借			1 000.00
			分配领用材料	原材料——（001）甲材料	贷	19 600.00	100.16	1 963 136.00
			分配领用材料	原材料——（002）乙材料	贷	6 000.00	105.56	633 360.00
			分配领用材料	原材料——（003）丙材料	贷	7 000.00	200	1 400 000.00
			分配领用材料	原材料——（004）其他材料及配件	贷			63 000.00
49	53	20×2.12.31	计提固定资产折旧	管理费用——折旧费	借			4 420.14
			计提固定资产折旧	制造费用——折旧费	借			6 333.33
			计提固定资产折旧	累计折旧	贷			10 753.47

续表

业务号	凭证号	凭证日期	摘要	科目名称	借/贷	数量	单价	金额
50	54	20×2.12.31	分配辅助生产成本	生产成本——基本生产成本——A产品——其他	借			51 660.20
			分配辅助生产成本	生产成本——基本生产成本——B产品——其他	借			36 713.20
			分配辅助生产成本	制造费用——基本生产车间	借			1 960.64
			分配辅助生产成本	管理费用——水电费	借			165.96
			分配辅助生产成本	管理费用——维修费	借			200.00
			分配辅助生产成本	生产成本——辅助生产成本——机修车间	贷			21 000.00
			分配辅助生产成本	生产成本——辅助生产成本——供电车间	贷			69 700.00
51	55	20×2.12.31	结转制造费用	生产成本——基本生产成本——A产品——制造费用	借			27 776.38
			结转制造费用	生产成本——基本生产成本——B产品——制造费用	借			18 517.59
			结转制造费用	制造费用——机物料消耗	贷			30 000.00
			结转制造费用	制造费用——折旧费	贷			6 333.33
			结转制造费用	制造费用——职工薪酬	贷			8 000.00
			结转制造费用	制造费用——基本生产车间	贷			1 960.64

续表

业务号	凭证号	凭证日期	摘要	科目名称	借/贷	数量	单价	金额
52	56	20×2.12.31	产成品入库	库存商品——（001）A 产品	借	2 100.00	1 196.28	2 512 190.18
			产成品入库	库存商品——（002）B 产品	借	1 705.00	999.98	1 704 973.19
			产成品入库	生产成本——基本生产成本——A 产品——直接人工	贷			51 600.00
			产成品入库	生产成本——基本生产成本——A 产品——直接材料	贷			2 381 153.60
			产成品入库	生产成本——基本生产成本——A 产品——制造费用	贷			27 776.38
			产成品入库	生产成本——基本生产成本——A 产品——其他	贷			51 660.20
			产成品入库	生产成本——基本生产成本——B 产品——直接人工	贷			34 400.00
			产成品入库	生产成本——基本生产成本——B 产品——直接材料	贷			1 615 342.40
			产成品入库	生产成本——基本生产成本——B 产品——制造费用	贷			18 517.59
			产成品入库	生产成本——基本生产成本——B 产品——其他	贷			36 713.20
53	57	20×2.12.31	结转产品销售成本	主营业务成本——A 产品	借			2 396 180.00
			结转产品销售成本	主营业务成本——B 产品	借			1 899 981.00
			结转产品销售成本	库存商品——（001）A 产品	贷	2 000.00	1 198.09	2 396 180.00
			结转产品销售成本	库存商品——（002）B 产品	贷	1 900.00	999.99	1 899 981.00

续表

业务号	凭证号	凭证日期	摘要	科目名称	借/贷	数量	单价	金额
54	58	20×2.12.31	丙材料盘亏 100kg	待处理财产损溢——待处理流动资产损溢	借			22 600.00
			丙材料盘亏 100kg	原材料——（003）丙材料	贷	100	200	20 000.00
			丙材料盘亏 100kg	应交税费——应交增值税——进项税额转出	贷			2 600.00
55	59	20×2.12.31	材料盘亏处理	其他应收款——（03）小宝	借			2 600.00
			材料盘亏处理	管理费用——财产损失	借			20 000.00
			材料盘亏处理	待处理财产损溢——待处理流动资产损溢	贷			22 600.00
56	60	20×2.12.31	无形资产摊销	管理费用——无形资产摊销	借			5 000.00
			无形资产摊销	累计摊销——土地使用权	贷			5 000.00
57	61	20×2.12.31	计提坏账准备	资产减值损失	借			17 004.00
			计提坏账准备	坏账准备	贷			17 004.00
58	62	20×2.12.31	本月转出未交增值税	应交税费——应交增值税——转出未交增值税	借			17 518.44
			本月转出未交增值税	应交税费——未交增值税	贷			17 518.44
59	63	20×2.12.31	计提税金及附加	税金及附加	借			2 342.21
			计提税金及附加	应交税费——应交城市维护建设税	贷			1 366.29
			计提税金及附加	应交税费——应交教育费附加	贷			585.55
			计提税金及附加	应交税费——应交地方教育附加	贷			390.37
	64	20×2.12.31	计提房产税	税金及附加——房产税	借			2 520.00
			计提土地使用税	税金及附加——土地使用税	借			24 000.00
			计提房产税	应交税费——应交房产税	贷			2 520.00
			计提土地使用税	应交税费——应交土地使用税	贷			24 000.00

续表

业务号	凭证号	凭证日期	摘要	科目名称	借/贷	数量	单价	金额
60	65	20×2.12.31	计提第四季度企业所得税	所得税费用	借			227 403.60
			计提第四季度企业所得税	应交税费——应交所得税	贷			227 403.60
61	66	20×2.12.31	结转利润	主营业务收入——A 产品	借			3 000 000.00
			结转利润	主营业务收入——B 产品	借			2 360 000.00
			结转利润	其他业务收入	借			36 000.00
			结转利润	资产处置损益	借			11 000.00
			结转利润	营业外收入	借			6 000.00
			结转利润	本年利润	贷			5 413 000.00
	67	20×2.12.31	结转利润	本年利润	借			4 730 789.20
			结转利润	主营业务成本——A 产品	贷			2 396 180.00
			结转利润	主营业务成本——B 产品	贷			1 899 981.00
			结转利润	其他业务成本	贷			30 048.00
			结转利润	税金及附加	贷			29 124.57
			结转利润	销售费用——差旅费	贷			200.00
			结转利润	销售费用——广告费	贷			10 000.00
			结转利润	销售费用——职工薪酬	贷			35 634.20
			结转利润	销售费用——运费	贷			5 580.00
			结转利润	销售费用——材料	贷			1 000.00
			结转利润	管理费用——办公费	贷			600.00
			结转利润	管理费用——业务招待费	贷			15 317.04
			结转利润	管理费用——水电费	贷			165.96
			结转利润	管理费用——折旧费	贷			4 420.14
			结转利润	管理费用——职工薪酬	贷			7 660.00
			结转利润	管理费用——材料费	贷			2 000.00
			结转利润	管理费用——维修费	贷			200.00
			结转利润	管理费用——财产损失	贷			20 000.00
			结转利润	管理费用——无形资产摊销	贷			5 000.00
			结转利润	财务费用——利息支出	贷			9 768.40
			结转利润	财务费用——利息收入	贷			−496.21
			结转利润	财务费用——手续费	贷			48.50
			结转利润	资产减值损失	贷			17 004.00
			结转利润	营业外支出——捐赠支出	贷			13 950.00
			结转利润	所得税费用	贷			227 403.60

续表

业务号	凭证号	凭证日期	摘要	科目名称	借/贷	数量	单价	金额
62	68	20×2.12.31	结转本年利润	本年利润	借			682 210.80
			结转本年利润	利润分配——未分配利润	贷			682 210.80
63	69	20×2.12.31	提取法定盈余公积金	利润分配——提取法定盈余公积	借			68 221.08
			提取法定盈余公积金	盈余公积——法定盈余公积	贷			68 221.08
64	70	20×2.12.31	将利润分配其他明细余额转入“未分配利润”	利润分配——未分配利润	借			68 221.08
			将利润分配其他明细余额转入“未分配利润”	利润分配——提取法定盈余公积	贷			68 221.08

Chapter 04

第四章

雨泽公司 20×2 年会计账簿

在填制完成雨泽公司 20×2 年会计凭证后，我们就可以根据会计凭证登记会计账簿了。笔者对每一类会计账簿均选择典型会计科目举例说明，对于没有举例的会计科目，大家可以自己参考举例账簿进行练习。

一、会计账簿的记账规则

会计人员应当根据审核无误的会计凭证登记会计账簿。登记账簿的基本要求是：

（1）登记会计账簿时，应当将会计凭证日期、编号、业务内容摘要、金额和其他有关资料逐项记入账内，做到数字准确、摘要清楚、登记及时、字迹工整。

（2）登记完毕后，要在记账凭证上签名或者盖章，并注明已经登账的符号，表示已经记账。

（3）账簿中书写的文字和数字上面要留有适当空格，不要写满格；一般应占格距的二分之一。

（4）登记账簿要用蓝黑墨水或者碳素墨水书写，不得使用圆珠笔（银行的复写账簿除外）或者铅笔书写。

（5）下列情况，可以用红色墨水记账：

①按照红字冲账的记账凭证，冲销错误记录；

②在不设借贷等栏的多栏式账页中，登记减少数；

③在三栏式账户的余额栏前，未印明余额方向的，在余额栏内登记负数余额；

④根据国家统一会计制度的规定可以用红字登记的其他会计记录。

（6）各种账簿按页次顺序连续登记，不得跳行、隔页。如果发生跳行、隔页，应当将空行、空页划线注销，或者注明“此行空白”“此页空白”字样，并由记账人员签名或者盖章。

（7）凡需要结出余额的账户，结出余额后，应当在“借/贷”等栏内写明“借”或者“贷”等字样。没有余额的账户，应当在“借/贷”等栏内写“平”字，并在余额栏内用“Q”表示。

现金日记账和银行存款日记账必须逐日结出余额。

（8）每一账页登记完毕结转下页时，应当结出本页合计数及余额，写在本页最后一行和下页第一行有关栏内，并在“摘要”栏内注明“过次页”和“承前页”字样；也可以将本页合计数及金额只写在下页第一行有关栏内，并在“摘要”栏内注明“承前页”字样。

对需要结计本月发生额的账户，结计“过次页”的本页合计数应当为自本月初起至本页末止的发生额合计数；对需要结计本年累计发生额的账户，结计“过次页”的本页合计数应当为自年初起至本页末止的累计数；对既不需要结计本月发生额也不需要结计本年累计发生额的账户，可以只将每页末的余额结转次页。

（9）实行会计电算化的单位，总账和明细账应当定期打印。

发生收款和付款业务的，在输入收款凭证和付款凭证的当天必须打印出现金日记账和银行存款日记账，并与库存现金核对无误。

（10）账簿记录发生错误，不准涂改、挖补、刮擦或者用药水消除字迹，不准重新抄写，必须按照下列方法进行更正：

①登记账簿时发生错误，应当将错误的文字或者数字划红线注销，但必须使原有字迹仍可辨认；然后在划线上方填写正确的文字或者数字，并由记账人员在更正处盖章。对于错误的数字，应当全部划红线更正，不得只更正其中的错误数字。对于文字错误，可只划去错误的部分。

②由于记账凭证错误而使账簿记录发生错误，应当按更正的记账凭证登记账簿。

二、对　账

企业应当定期对会计账簿记录的有关数字与库存实物、货币资金、有价证券、往来单位或者个人等进行相互核对，保证账证相符、账账相符、账实相符。对账工作每年至少进行一次。

（1）账证核对。核对会计账簿记录与原始凭证、记账凭证的时间、凭证字号、内容、金额是否一致，记账方向是否相符。

（2）账账核对。核对不同会计账簿之间的账簿记录是否相符，包括：总账有关账户的余额核对，总账与明细账核对，总账与日记账核对，会计部门的财产物资明细账与财产物资保管和使用部门的有关明细账核对等。

（3）账实核对。核对会计账簿记录与财产等实有数额是否相符。包括：现金日记账账面余额与现金实际库存数相核对；银行存款日记账账面余额定期与银行对账单相核对；各种财物明细账账面余额与财物实存数额相核对；各种应收、应付款明细账账面余额与有关债务、债权单位或者个人核对等。

三、结　账

（1）结账前，必须将本期内所发生的各项经济业务全部登记入账。

（2）结账时，应当结出每个账户的期末余额。需要结出当月发生额的，应当在“摘要”栏内注明“本月合计”字样，并在下面通栏划单红线。需要结出本年累计发生额的，应当在“摘要”栏内注明“本年累计”字样，并在下面通栏划单红线；12月末的“本年累计”就是全年累计发生额。全年累计发生额下面应当通栏划双红线。年度终了结账时，所有总账账户都应当结出全年发生额和年末余额。

（3）年度终了，要把各账户的余额结转到下一会计年度，并在“摘要”栏内注明“结转下年”字样；在下一会计年度新建有关会计账簿的第一行“余额”栏内填写上年结转的余额，并在“摘要”栏内注明“上年结转”字样。

四、会计账簿

笔者认为，会计账簿只是对记账凭证业务内容的分科目抄写，会写记账凭证就会登记会计账簿，因此仅选择部分典型会计科目的明细账和总账进行举例说明，对于其他会计科目的会计账簿，大家可以自己练习。

（一）日记账

1. 库存现金日记账

见表4-1。

表4-1 库存现金日记账

（1001）库存现金

20×2年		凭证号	摘要	借方金额	贷方金额	借/贷	余额
月	日						
			上期结转			借	22 669.80
12	1	1	从银行提取现金	6 000.00		借	28 669.80

续表

20×2 年		凭证号	摘要	借方金额	贷方金额	借/贷	余额
月	日						
			本日合计	6 000.00			
12	2	2	支付行政事业部李四办公用品款		600.00	借	28 069.80
			本日合计		600.00		
12	3	3	支付销售部叶武差旅费		200.00	借	27 869.80
12	3	4	收甲公司合同违约金	6 000.00		借	33 869.80
12	3	6	将现金缴存银行		5 000.00	借	28 869.80
			本日合计	6 000.00	5 200.00		
12	4	7	销售部叶武借款		3 500.00	借	25 369.80
			本日合计		3 500.00		
12	5	8	销售部叶武报销招待费		500.00	借	24 869.80
			本日合计		500.00		
12	15	19	现金支付运费		5 923.00	借	18 946.80
			本日合计		5 923.00		
12	19	27	支付工会经费		1 990.00	借	16 956.80
			本日合计		1 990.00		
12	29	47	为任丽代垫医药费		2 674.70	借	14 282.10
12	29	48	支付职工培训费		288.00	借	13 994.10
			本日合计		2 962.70		
			本期合计	12 000.00	20 675.70		
			本年累计	12 000.00	20 675.70		

2. 银行存款日记账

见表 4-2。

表 4-2 　　**银行存款日记账**

(1002.01) 银行存款——中国××银行××支行 3700000800660000×××

20×2 年		凭证号	摘要	借方金额	贷方金额	借/贷	余额
月	日						
			上期结转			借	6 099 876.26
12	1	1	从银行提取现金		6 000.00	借	6 093 876.26
			本日合计		6 000.00		
12	3	5	收顺顺顺公司电汇款	37 400.00		借	6 131 276.26
12	3	6	将现金缴存银行	5 000.00		借	6 136 276.26
			本日合计	42 400.00			

续表

20×2年		凭证号	摘要	借方金额	贷方金额	借/贷	余额
月	日						
12	6	9	银行承兑汇票到期托收	500 000.00		借	6 636 276.26
			本日合计	500 000.00			
12	8	11	银行承兑汇票贴现	490 480.00		借	7 126 756.26
			本日合计	490 480.00			
12	9	12	缴纳税款		39 492.62	借	7 087 263.64
			本日合计		39 492.62		
12	12	16	签发银行汇票		120 000.00	借	6 967 263.64
			本日合计		120 000.00		
12	13	17	银行汇票多余金额收回	7 000.00		借	6 974 263.64
			本日合计	7 000.00			
12	14	18	购甲设备1台		57 092.36	借	6 917 171.28
			本日合计		57 092.36		
12	16	20	电汇支付双喜公司货款		2 260 000.00	借	4 657 171.28
12	16	21	支付电汇手续费		48.50	借	4 657 122.78
			本日合计		2 260 048.50		
12	17	22	信汇支付双财公司货款		1 073 000.00	借	3 584 122.78
12	17	23	支付广告费		10 000.00	借	3 574 122.78
			本日合计		1 083 000.00		
12	18	24	应付票据到期		1 000 000.00	借	2 574 122.78
			本日合计		1 000 000.00		
12	20	28	存款利息入账		−496.21	借	2 574 618.99
12	20	29	支付贷款利息		248.40	借	2 574 370.59
			本日合计		−247.81		
12	21	30	归还短期借款		800 000.00	借	1 774 370.59
			本日合计		800 000.00		
12	22	31	向银行借款	1 000 000.00		借	2 774 370.59
			本日合计	1 000 000.00			
12	25	35	支付销售产品运费		5 923.62	借	2 768 446.97
			本日合计		5 923.62		
12	28	42	收回设备销售款	103 000.00		借	2 871 446.97
12	28	43	收发发发有限公司货款	1 460 000.00		借	4 331 446.97
			本日合计	1 563 000.00			
12	29	45	托收双福公司款项到账	1 260 000.00		借	5 591 446.97
12	29	46	支付电费		57 291.00	借	5 534 155.97
12	29	49	支付职工薪酬		78 993.65	借	5 455 162.32
			本日合计	1 260 000.00	136 284.65		
12	30	50	支付社会保险费		60 541.65	借	5 394 620.67
			本日合计		60 541.65		
			本期合计	4 862 880.00	5 568 135.59		
			本年累计	4 862 880.00	5 568 135.59		

（二）明细分类账（三栏式）

1. 应收账款明细分类账

见表 4-3。

表 4-3 应收账款明细分类账

明细科目：（001）L 市发发发有限公司

20×2 年		凭证号	摘要	借方金额	贷方金额	借/贷	余额
月	日						
			上期结转			借	100 000.00
12	23	32	销售 A 产品给发发发公司	3 390 000.00		借	3 490 000.00
12	28	43	收发发发有限公司货款		1 460 000.00	借	2 030 000.00
12	29	44	收发发发公司银行承兑汇票		2 000 000.00	借	30 000.00
			本期合计	3 390 000.00	3 460 000.00		
			本年累计	3 390 000.00	3 460 000.00		

2. 固定资产清理明细分类账

见表 4-4。

表 4-4 固定资产清理明细分类账

（1606）固定资产清理

20×2 年		凭证号	摘要	借方金额	贷方金额	借/贷	余额
月	日						
			上期结转			平	
12	27	38	乙机床清理	90 000.00		借	90 000.00
12	27	39	销售设备乙机床		100 000.00	贷	10 000.00
12	27	41	结转固定资产清理	10 000.00		平	
			本期合计	100 000.00	100 000.00		
			本年累计	100 000.00	100 000.00		

3. 应交税费明细分类账

见表 4-5。

表 4-5　　应交税费明细分类账

(2221.012) 应交税费——未交增值税

20×2 年		凭证号	摘要	借方金额	贷方金额	借/贷	余额
月	日						
			上期结转			贷	29 669.87
12	9	12	缴纳税款	29 669.87		平	
12	31	62	本月转出未交增值税		17 518.44	贷	17 518.44
			本期合计	29 669.87	17 518.44		
			本年累计	29 669.87	17 518.44		

4. 本年利润明细分类账

见表 4-6。

表 4-6　　本年利润明细分类账

(4103) 本年利润

20×2 年		凭证号	摘要	借方金额	贷方金额	借/贷	余额
月	日						
			上期结转			平	
12	31	66	结转利润		5 413 000.00	贷	5 413 000.00
12	31	67	结转利润	4 730 789.20		贷	682 210.80
12	31	68	结转本年利润	682 210.80		平	
			本期合计	5 413 000.00	5 413 000.00		
			本年累计	5 413 000.00	5 413 000.00		

5. 主营业务收入明细分类账

见表 4-7。

表 4-7 **主营业务收入明细分类账**

(6001.01) 主营业务收入——A产品

20×2年		凭证号	摘要	借方金额	贷方金额	借/贷	余额
月	日						
			上期结转			平	
12	23	32	销售A产品给发发发公司		3 000 000.00	贷	3 000 000.00
12	31	66	结转利润	3 000 000.00		平	
			本期合计	3 000 000.00	3 000 000.00		
			本年累计	3 000 000.00	3 000 000.00		

6. 税金及附加明细分类账

见表4-8。

表 4-8 **税金及附加明细分类账**

(6403) 税金及附加

20×2年		凭证号	摘要	借方金额	贷方金额	借/贷	余额
月	日						
			上期结转			平	
12	9	12	缴纳税款	262.36		借	262.36
12	31	63	计提税金及附加	2 342.21		借	2 604.57
12	31	64	计提房产税、土地使用税	26 520.00		借	29 124.57
12	31	67	结转利润		29 124.57	平	
			本期合计	29 124.57	29 124.57		
			本年累计	29 124.57	29 124.57		

(三) 明细分类账(数量金额式)

1. 原材料明细分类账

见表4-9。

2. 库存商品明细分类账

见表4-10。

表 4-9

原材料明细分类账

明细科目：(001) 甲材料，类别：原料及主要材料，数量单位：kg

20×2年		凭证号	摘要	借方			贷方			结余			
月	日			数量	单价	金额	数量	单价	金额	数量	单价		金额
			上期结转							15 000.00	100.00	借	1 500 000.00
12	10	13	购甲材料 20 000kg	20 000.00	100.28	2 005 580.00				35 000.00	100.16	借	3 505 580.00
12	19	25	领用甲材料				100.00	100.16	10 016.00	34 900.00	100.16	借	3 495 564.00
12	26	37	结转销售材料成本				300.00	100.16	30 048.00	34 600.00	100.16	借	3 465 516.00
12	31	52	分配领用材料				19 600.00	100.16	1 963 136.00	15 000.00	100.16	借	1 502 380.00
			本期合计	20 000.00	100.28	2 005 580.00	20 000.00	100.16	2 003 200.00				
			本年累计	20 000.00	100.28	2 005 580.00	20 000.00	100.16	2 003 200.00				

表 4-10

库存商品明细分类账

明细科目：(001) A 产品，数量单位：件

20×2年		凭证号	摘要	借方			贷方			结余			
月	日			数量	单价	金额	数量	单价	金额	数量	单价		金额
			上期结转							2 000.00	1 200.00	借	2 400 000.00
12	19	26	无偿赠送自产品				10.00	1 200.00	12 000.00	1 990.00	1 200.00	借	2 388 000.00
12	31	56	产成品入库	2 100.00	1 196.28	2 512 190.18				4 090.00	1 198.09	借	4 900 190.18
12	31	57	结转产品销售成本				2 000.00	1 198.09	2 396 180.00	2 090.00	1 198.09	借	2 504 010.18
			本期合计	2 100.00	1 196.28	2 512 190.18	2 010.00	1 198.10	2 408 180.00				
			本年累计	2 100.00	1 196.28	2 512 190.18	2 010.00	1 198.10	2 408 180.00				

（四）明细分类账（多栏式）

1. 生产成本明细分类账（一）

见表 4-11。

表 4-11 生产成本明细分类账（一）

（5001）生产成本

20×2 年		凭证号	摘要	合计	基本生产成本	辅助生产成本
月	日					
			上期结转			
12	29	46	支付电费	50 700.00		50 700.00
12	31	51	计提职工薪酬	96 000.00	86 000.00	10 000.00
12	31	52	分配领用材料	4 026 496.00	3 996 496.00	30 000.00
12	31	54	分配辅助生产成本	−2 326.60	88 373.40	−90 700.00
12	31	55	结转制造费用	46 293.97	46 293.97	
12	31	56	产成品入库	−4 217 163.37	−4 217 163.37	
			本期合计			
			本年累计			

说明：生产成本明细账的贷方，因基本只在期末结转一次完工产品成本时使用，为简化格式可不设贷方，生产成本从借方转出或冲销的发生额可在借方用红字（负数）登记。

2. 生产成本明细分类账（二）

见表 4-12。

表 4-12 生产成本明细分类账（二）

（5001.001.01）生产成本——基本生产成本——A 产品

20×2 年		凭证号	摘要	合计	直接人工	直接材料	制造费用	其他
月	日							
			上期结转					
12	31	51	计提职工薪酬	51 600.00	51 600.00			
12	31	52	分配领用材料	2 381 153.60		2 381 153.60		
12	31	54	分配辅助生产成本	51 660.20				51 660.20
12	31	55	结转制造费用	27 776.38			27 776.38	

续表

20×2年 月	日	凭证号	摘要	合计	直接人工	直接材料	制造费用	其他
12	31	56	产成品入库	−2 512 190.18	−51 600.00	−2 381 153.60	−27 776.38	−51 660.20
			本期合计					
			本年累计					

3. 生产成本明细分类账（三）

见表 4-13。

表 4-13　　生产成本明细分类账（三）

(5001.001.02) 生产成本——基本生产成本——B产品

20×2年 月	日	凭证号	摘要	合计	直接人工	直接材料	制造费用	其他
			上期结转					
12	31	51	计提职工薪酬	34 400.00	34 400.00			
12	31	52	分配领用材料	1 615 342.40		1 615 342.40		
12	31	54	分配辅助生产成本	36 713.20				36 713.20
12	31	55	结转制造费用	18 517.59			18 517.59	
12	31	56	产成品入库	−1 704 973.19	−34 400.00	−1 615 342.40	−18 517.59	−36 713.20
			本期合计					
			本年累计					

4. 生产成本明细分类账（四）

见表 4-14。

表 4-14　　生产成本明细分类账

(5001.002) 生产成本——辅助生产成本

20×2年 月	日	凭证号	摘要	合计	机修车间	供电车间
			上期结转			
12	29	46	支付电费	50 700.00		50 700.00
12	31	51	计提职工薪酬	10 000.00	5 000.00	5 000.00
12	31	52	分配领用材料	30 000.00	16 000.00	14 000.00

续表

20×2年		凭证号	摘要	合计	机修车间	供电车间
月	日					
12	31	54	分配辅助生产成本	−90 700.00	−21 000.00	−69 700.00
			本期合计			
			本年累计			

5. 制造费用明细分类账

见表4-15。

表4-15 制造费用明细分类账

(5101) 制造费用

20×2年		凭证号	摘要	合计	机物料消耗	折旧费	职工薪酬	基本生产车间
月	日							
			上期结转					
12	31	51	计提职工薪酬	8 000.00			8 000.00	
12	31	52	分配领用材料	30 000.00	30 000.00			
12	31	53	计提固定资产折旧	6 333.33		6 333.33		
12	31	54	分配辅助生产成本	1 960.64				1 960.64
12	31	55	结转制造费用	−46 293.97	−30 000.00	−6 333.33	−8 000.00	−1 960.64
			本期合计					
			本年累计					

6. 销售费用明细分类账

见表4-16。

表4-16 销售费用明细分类账

(6601) 销售费用

20×2年		凭证号	摘要	合计	差旅费	广告费	职工薪酬	运杂费	材料
月	日								
			上期结转						
12	3	3	支付销售部小叶差旅费	200.00	200.00				
12	17	23	支付广告费	10 000.00		10 000.00			

续表

20×2年		凭证号	摘要	合计	差旅费	广告费	职工薪酬	运杂费	材料
月	日								
12	25	35	支付销售产品运费	5 580.00				5 580.00	
12	31	51	计提职工薪酬	35 634.20			35 634.20		
12	31	52	分配领用材料	1 000.00					1 000.00
12	31	67	结转利润	−52 414.20	−200.00	−10 000.00	−35 634.20	−5 580.00	−1 000.00
			本期合计	52 414.20	200.00	10 000.00	35 634.20	5 580.00	1 000.00
			本年累计	52 414.20	200.00	10 000.00	35 634.20	5 580.00	1 000.00

7. 财务费用明细分类账

见表4-17。

表4-17　　财务费用明细分类账

（6603）财务费用，明细分类账

20×2年		凭证号	摘要	合计	利息支出	利息收入	手续费
月	日						
			上期结转				
12	8	11	银行承兑汇票贴现	9 520.00	9 520.00		
12	16	21	支付电汇手续费	48.50			48.50
12	20	28	存款利息入账	−496.21		−496.21	
12	20	29	支付贷款利息	248.40	248.40		
12	31	67	结转利润	−9 320.69	−9 768.40	496.21	−48.50
			本期合计	9 320.69	9 768.40	−496.21	48.50
			本年累计	9 320.69	9 768.40	−496.21	48.50

8. 管理费用明细分类账

见表4-18。

（五）明细分类账（应交增值税多栏式）

见表4-19。

表 4-18 　管理费用明细分类账

20×2年		凭证号	摘要	合计	办公费	业务招待费	水电费	折旧费	职工薪酬	材料费	维修费	财产损失	无形资产摊销
月	日												
			上期结转										
12	2	2	支付行政事业部李四办公用品款	600.00	600.00								
12	5	8	销售部叶武报销招待费	4 000.00		4 000.00							
12	19	25	领用甲材料用于交际应酬	11 317.04		11 317.04							
12	31	51	计提职工薪酬	7 660.00					7 660.00				
12	31	52	分配领用材料	2 000.00						2 000.00			
12	31	53	计提固定资产折旧	4 420.14				4 420.14					
12	31	54	分配辅助生产成本	365.96			165.96				200.00		
12	31	59	材料盘亏处理	20 000.00								20 000.00	
12	31	60	无形资产摊销	5 000.00									5 000.00
12	31	67	结转利润	−55 363.14	−600.00	−15 317.04	−165.96	−4 420.14	−7 660.00	−2 000.00	−200.00	−20 000.00	−5 000.00
			本期合计	55 363.14	600.00	15 317.04	165.96	4 420.14	7 660.00	2 000.00	200.00	20 000.00	5 000.00
			本年累计	55 363.14	600.00	15 317.04	165.96	4 420.14	7 660.00	2 000.00	200.00	20 000.00	5 000.00

表 4-19 应交税费明细分类账

(2221.001) 应交税费——应交增值税

20×2年		凭证号	摘要	借方				贷方			借/贷	余额
月	日			合计	进项税额	转出未交增值税	减免税款	合计	销项税额	进项税额转出		
			上期结转								平	
12	10	13	购甲材料 20 000kg	260 343.62	260 343.62						借	260 343.62
12	11	14	购乙材料 10 000kg	143 000.00	143 000.00						借	403 343.62
12	12	15	购丙材料 10 000kg	260 000.00	260 000.00						借	663 343.62
12	13	17	银行汇票购材料配件	13 000.00	13 000.00						借	676 343.62
12	14	18	购甲设备 1 台	6 534.36	6 534.36						借	682 877.98
12	19	25	领用甲材料用于交际应酬					1 301.04		1 301.04	借	681 576.94
12	19	26	无偿赠送自产品					1 950.00	1 950.00		借	679 626.94
12	23	32	销售 A 产品给发发发公司					390 000.00	390 000.00		借	289 626.94
12	24	33	销售 B 产品给双福公司					260 000.00	260 000.00		借	29 626.94
12	25	34	销售 B 产品给玉玲经贸公司					46 800.00	46 800.00		贷	17 173.06
12	25	35	支付销售产品运费	343.62	343.62						贷	16 829.44
12	26	36	销售甲材料给艳玲公司					4 680.00	4 680.00		贷	21 509.44
12	27	40	销售设备增值税优惠	1 000.00			1 000.00				贷	20 509.44
12	29	46	支付电费	6 591.00	6 591.00						贷	13 918.44
12	31	58	丙材料盘亏 100kg					2 600.00		2 600.00	贷	16 518.44
12	31	62	本月转出未交增值税	17 518.44		17 518.44					借	1 000.00
			本期合计	708 331.04	689 812.60	17 518.44	1 000.00	707 331.04	703 430.00	3 901.04		
			本年累计	708 331.04	689 812.60	17 518.44	1 000.00	707 331.04	703 430.00	3 901.04		

（六）科目余额表

在登记总账之前，先根据记账凭证编制科目余额表（见表 4-20）。

表 4-20 **科目余额表**

20×2 年 12 月

科目代码	科目名称	借/贷	期初余额	本期借方发生额	本期贷方发生额	借/贷	期末余额
1001	库存现金	借	22 669.80	12 000.00	20 675.70	借	13 994.10
1002	银行存款	借	6 099 876.26	4 862 880.00	5 568 135.59	借	5 394 620.67
1012	其他货币资金	借	1 000 000.00	120 000.00	1 120 000.00	平	
1121	应收票据	借	2 000 000.00	2 000 000.00	1 500 000.00	借	2 500 000.00
1122	应收账款	借	149 400.00	5 200 480.00	4 860 400.00	借	489 480.00
1123	预付账款	借	170 000.00		170 000.00	平	
1221	其他应收款	平		8 774.70	6 174.70	借	2 600.00
1231	坏账准备	贷	7 470.00		17 004.00	贷	24 474.00
1403	原材料	借	2 900 000.00	5 205 580.00	4 119 560.00	借	3 986 020.00
1405	库存商品	借	3 900 000.00	4 217 163.37	4 308 161.00	借	3 809 002.37
1601	固定资产	借	1 260 000.00	50 558.00	150 000.00	借	1 160 558.00
1602	累计折旧	贷	217 246.53	60 000.00	10 753.47	贷	168 000.00
1606	固定资产清理	平		100 000.00	100 000.00	平	
1701	无形资产	借	600 000.00			借	600 000.00
1702	累计摊销	贷	55 000.00		5 000.00	贷	60 000.00
1901	待处理财产损溢	平		22 600.00	22 600.00	平	
2001	短期借款	贷	800 000.00	800 000.00	1 000 000.00	贷	1 000 000.00
2201	应付票据	贷	2 000 000.00	2 000 000.00		平	
2202	应付账款	贷	500 000.00	3 838 923.00	5 598 923.62	贷	2 260 000.62
2203	预收账款	贷	1 000 000.00	1 000 000.00		平	
2211	应付职工薪酬	平		145 094.20	147 294.20	贷	2 200.00
2221	应交税费	贷	39 230.26	747 561.30	926 220.92	贷	217 889.88
2241	其他应付款	平		21 215.45	21 215.45	平	
4001	实收资本（或股本）	贷	12 000 000.00			贷	12 000 000.00
4101	盈余公积	贷	185 903.66		68 221.08	贷	254 124.74
4103	本年利润	平		5 413 000.00	5 413 000.00	平	
4104	利润分配	贷	1 297 095.61	136 442.16	750 431.88	贷	1 911 085.33

续表

科目代码	科目名称	借/贷	期初余额	本期借方发生额	本期贷方发生额	借/贷	期末余额
5001	生产成本	平		4 307 863.37	4 307 863.37	平	
5101	制造费用	平		46 293.97	46 293.97	平	
6001	主营业务收入	平		5 360 000.00	5 360 000.00	平	
6051	其他业务收入	平		36 000.00	36 000.00	平	
6201	资产处置损益	平		11 000.00	11 000.00	平	
6301	营业外收入	平		6 000.00	6 000.00	平	
6401	主营业务成本	平		4 296 161.00	4 296 161.00	平	
6402	其他业务成本	平		30 048.00	30 048.00	平	
6403	税金及附加	平		29 124.57	29 124.57	平	
6601	销售费用	平		52 414.20	52 414.20	平	
6602	管理费用	平		55 363.14	55 363.14	平	
6603	财务费用	平		9 320.69	9 320.69	平	
6701	资产减值损失	平		17 004.00	17 004.00	平	
6711	营业外支出	平		13 950.00	13 950.00	平	
6801	所得税费用	平		227 403.60	227 403.60	平	
	合计	平		50 460 218.72	50 460 218.72	平	

（七）总账

总账根据《科目余额表》登记，举例如下：

1. 库存现金总账

见表 4-21。

表 4-21　　库存现金总账

20×2 年		凭证号	摘要	借方金额	贷方金额	借/贷	余额
月	日						
			上期结转			借	22 669.80
12	31		汇总本期共 11 笔发生	12 000.00	20 675.70	借	13 994.10
			本期合计	12 000.00	20 675.70		
			本年累计	12 000.00	20 675.70		

2. 应收账款总账

见表 4-22。

表 4-22 **应收账款总账**

20×2 年		凭证号	摘要	借方金额	贷方金额	借/贷	余额
月	日						
			上期结转			借	149 400.00
12	31		汇总本期共 10 笔发生	5 200 480.00	4 860 400.00	借	489 480.00
			本期合计	5 200 480.00	4 860 400.00		
			本年累计	5 200 480.00	4 860 400.00		

3. 原材料总账

见表 4-23。

表 4-23 **原材料总账**

20×2 年		凭证号	摘要	借方金额	贷方金额	借/贷	余额
月	日						
			上期结转			借	2 900 000.00
12	31		汇总本期共 11 笔发生	5 205 580.00	4 119 560.00	借	3 986 020.00
			本期合计	5 205 580.00	4 119 560.00		
			本年累计	5 205 580.00	4 119 560.00		

4. 应交税费总账

见表 4-24。

表 4-24 **应交税费总账**

20×2 年		凭证号	摘要	借方金额	贷方金额	借/贷	余额
月	日						
			上期结转			贷	39 230.26

续表

20×2年		凭证号	摘要	借方金额	贷方金额	借/贷	余额
月	日						
12	31		汇总本期共30笔发生	747 561.30	984 721.49	贷	276 390.45
			本期合计	747 561.30	984 721.49		
			本年累计	747 561.30	984 721.49		

5. 生产成本总账

见表4-25。

表4-25　生产成本总账

20×2年		凭证号	摘要	借方金额	贷方金额	借/贷	余额
月	日						
			上期结转			平	
12	31		汇总本期共23笔发生	4 307 863.37	4 307 863.37	平	
			本期合计	4 307 863.37	4 307 863.37		
			本年累计	4 307 863.37	4 307 863.37		

6. 利润分配总账

见表4-26。

表4-26　利润分配总账

20×2年		凭证号	摘要	借方金额	贷方金额	借/贷	余额
月	日						
			上期结转			贷	1 297 095.61
12	31		汇总本期共4笔发生	136 442.16	750 431.88	贷	1 911 085.33
			本期合计	136 442.16	750 431.88		
			本年累计	136 442.16	750 431.88		

7. 主营业务收入总账

见表4-27。

表 4-27 主营业务收入总账

20×2年		凭证号	摘要	借方金额	贷方金额	借/贷	余额
月	日						
			上期结转			平	
12	31		汇总本期共5笔发生	5 360 000.00	5 360 000.00	平	
			本期合计	5 360 000.00	5 360 000.00		
			本年累计	5 360 000.00	5 360 000.00		

其他科目总账，读者可以自己练习。

Chapter 05

第五章

雨泽公司 20×2 年会计报表

在登记完雨泽公司 20×2 年会计账簿后，我们就可以编制会计报表了。资产负债表和利润表一般根据科目余额表编制，资产负债表项目根据科目余额表的余额填列，利润表项目根据科目余额表的发生额填列。

一、资产负债表

雨泽公司 20×2 年资产负债表见表 5-1。

表 5-1　　　　资产负债表

会企 01 表

编制单位：L 市雨泽有限公司　　　20×2 年 12 月 31 日　　　单位：元

资产	期末余额	年初余额	负债和所有者权益（或股东权益）	期末余额	年初余额
流动资产：			流动负债：		

续表

资产	期末余额	年初余额	负债和所有者权益（或股东权益）	期末余额	年初余额
货币资金	5 408 614.77	7 122 546.06	短期借款	1 000 000.00	800 000.00
以公允价值计量且其变动计入当期损益的金融资产			以公允价值计量且其变动计入当期损益的金融负债		
衍生金融资产			衍生金融负债		
应收票据	2 500 000.00	2 000 000.00	应付票据		2 000 000.00
应收账款	465 006.00	141 930.00	应付账款	2 260 000.62	500 000.00
预付款项		170 000.00	预收款项		1 000 000.00
其他应收款	2 600.00		应付职工薪酬	2 200.00	
存货	7 795 022.37	6 800 000.00	应交税费	276 390.45	39 230.26
持有待售资产			其他应付款		
一年内到期的非流动资产			持有待售负债		
其他流动资产			一年内到期的非流动负债		
流动资产合计	16 171 243.14	16 234 476.06	其他流动负债		
非流动资产：			流动负债合计	3 538 591.07	4 339 230.26
可供出售金融资产			非流动负债：		
持有至到期投资			长期借款		
长期应收款			应付债券		
长期股权投资			其中：优先股		
投资性房地产			永续债		
固定资产	992 558.00	1 042 753.47	长期应付款		
在建工程			预计负债		
生产性生物资产			递延收益		
油气资产			递延所得税负债		
无形资产	540 000.00	545 000.00	其他非流动负债		
开发支出			非流动负债合计		
商誉			负债合计	3 538 591.07	4 339 230.26
长期待摊费用			所有者权益（或股东权益）：		
递延所得税资产			实收资本（或股本）	12 000 000.00	12 000 000.00
其他非流动资产			其他权益工具		

续表

资产	期末余额	年初余额	负债和所有者权益（或股东权益）	期末余额	年初余额
非流动资产合计	1 532 558.00	1 587 753.47	其中：优先股		
			永续债		
			资本公积		
			减：库存股		
			其他综合收益		
			专项储备		
			盈余公积	254 124.74	185 903.66
			未分配利润	1 911 085.33	1 297 095.61
			所有者权益（或股东权益）合计	14 165 210.07	13 482 999.27
资产总计	17 703 801.14	17 822 229.53	负债和所有者权益（或股东权益）总计	17 703 801.14	17 822 229.53

二、利润表

雨泽公司 20×2 年利润表见表 5-2。

表 5-2　　利润表

会企 02 表

编制单位：L 市雨泽有限公司　　20×2 年 12 月　　单位：元

项目	本期金额	上期金额（略）
一、营业收入	5 396 000.00	
减：营业成本	4 326 209.00	
税金及附加	29 124.57	
销售费用	52 414.20	
管理费用	55 363.14	
研发费用		
财务费用	9 320.69	
其中：利息费用	9 768.40	
利息收入	－496.21	
加：其他收益		
投资收益（损失以“－”号填列）		
其中：对联营企业和合营企业的投资收益		
公允价值变动收益（损失以“－”号填列）		
资产减值损失	17 004.00	

续表

项目	本期金额	上期金额（略）
资产处置收益（损失以“－”号填列）	11 000.00	
二、营业利润（亏损以“－”号填列）	917 564.40	
加：营业外收入	6 000.00	
减：营业外支出	13 950.00	
三、利润总额（亏损总额以“－”号填列）	909 614.40	
减：所得税费用	227 403.60	
四、净利润（净亏损以“－”号填列）	682 210.80	
（一）持续经营净利润（净亏损以“－”号填列）		
（二）终止经营净利润（净亏损以“－”号填列）		
五、其他综合收益的税后净额		
（一）不能重分类进损益的其他综合收益		
1. 重新计量设定受益计划变动额		
2. 权益法下不能转损益的其他综合收益		
……		
（二）将重分类进损益的其他综合收益		
1. 权益法下可转损益的其他综合收益		
2. 可供出售金融资产公允价值变动损益		
3. 持有至到期投资重分类为可供出售金融资产损益		
4. 现金流量套期损益的有效部分		
5. 外币财务报表折算差额		
……		
六、综合收益总额		
七、每股收益：		
（一）基本每股收益		
（二）稀释每股收益		

三、现金流量表

雨泽公司 20×2 年现金流量表见表 5-3。

表 5-3 **现金流量表**

会企 03 表

编制单位：L 市雨泽有限公司 20×2 年 12 月 单位：元

项目	本期金额	上期金额（略）
一、经营活动产生的现金流量：		
销售商品、提供劳务收到的现金	3 747 880.00	

续表

项目	本期金额	上期金额（略）
收到的税费返还		
收到的其他与经营活动有关的现金	6 496.21	
经营活动现金流入小计	3 754 376.21	
购买商品、接受劳务支付的现金	5 509 214.00	
支付给职工以及为职工支付的现金	141 813.30	
支付的各项税费	39 492.62	
支付的其他与经营活动有关的现金	23 446.82	
经营活动现金流出小计	5 713 966.74	
经营活动产生的现金流量净额	—1 959 590.53	
二、投资活动产生的现金流量：		
收回投资收到的现金		
取得投资收益收到的现金		
处置固定资产、无形资产和其他长期资产所收回的现金净额	103 000.00	
处置子公司及其他营业单位收到的现金净额		
收到的其他与投资活动有关的现金		
投资活动现金流入小计	103 000.00	
购建固定资产、无形资产和其他长期资产所支付的现金	57 092.36	
投资支付的现金		
取得子公司及其他营业单位支付的现金净额		
支付的其他与投资活动有关的现金		
投资活动现金流出小计	57 092.36	
投资活动产生的现金流量净额	45 907.64	
三、筹资活动产生的现金流量：		
吸收投资收到的现金		
取得借款收到的现金	1 000 000.00	
收到的其他与筹资活动有关的现金		
筹资活动现金流入小计	1 000 000.00	
偿还债务所支付的现金	800 000.00	
分配股利、利润或偿付利息所支付的现金	248.40	
支付的其他与筹资活动有关的现金		
筹资活动现金流出小计	800 248.40	
筹资活动产生的现金流量净额	199 751.60	
四、汇率变动对现金及现金等价物的影响		
五、现金及现金等价物净增加额	—1 713 931.29	
加：期初现金及现金等价物余额	7 122 546.06	
六、期末现金及现金等价物余额	5 408 614.77	

四、资产负债表常用项目内容与填列方法

详见表5-4。

表5-4　　资产负债表常用项目内容与填列方法

项目	内容	填列方法	期末余额
货币资金	反映企业库存现金、银行结算户存款、外埠存款、银行汇票存款、银行本票存款、信用卡存款、信用证保证金存款等的合计数。	根据“库存现金”“银行存款”“其他货币资金”科目期末余额的合计数填列。	13 994.10＋5 394 620.67＝5 408 614.77
应收票据	反映资产负债表日以摊余成本计量的、企业因销售商品、提供服务等收到的商业汇票，包括银行承兑汇票和商业承兑汇票，根据其信用风险计提坏账准备。	该项目应根据“应收票据”科目的期末余额，减去“坏账准备”科目中相关坏账准备期末余额后的金额填列。	2 500 000.00
应收账款	反映资产负债表日以摊余成本计量的、企业因销售商品、提供服务等经营活动应收取的款项，根据其信用风险计提坏账准备。	该项目应根据“应收账款”科目的期末余额，减去“坏账准备”科目中相关坏账准备期末余额后的金额填列。	489 480.00－24 474.00＝465 006.00
其他应收款	反映企业除应收票据、应收账款、预付账款等经营活动以外的其他各种应收、暂付的款项。	根据“应收利息”、“应收股利”和“其他应收款”科目的期末余额合计数，减去“坏账准备”科目中相关坏账准备期末余额后的金额填列。	2 600.00
存货	反映企业期末在库、在途和在加工中的各种存货的可变现净值。	根据“材料采购”“原材料”“低值易耗品”“库存商品”“周转材料”“委托加工物资”“委托代销商品”“生产成本”等科目的期末余额合计，减去“受托代销商品款”“存货跌价准备”科目期末余额后的金额填列。材料采用计划成本核算，以及库存商品采用计划成本核算或售价核算的企业，还应按加或减材料成本差异、商品进销差价后的金额填列。	3 986 020.00＋ 3 809 002.37＝7 795 022.37

续表

项目	内容	填列方法	期末余额
固定资产	反映资产负债表日企业固定资产的期末账面价值和企业尚未清理完毕的固定资产清理净损益。	根据“固定资产”科目的期末余额，减去“累计折旧”和“固定资产减值准备”科目的期末余额后的金额，以及“固定资产清理”科目的期末余额填列。	1 160 558.00－168 000.00＝992 558.00
无形资产	反映企业持有的无形资产，包括专利权、非专利技术、商标权、著作权、土地使用权等。	根据“无形资产”科目的期末余额，减去“累计摊销”和“无形资产减值准备”科目期末余额后的金额填列。	600 000.00－60 000.00＝540 000.00
短期借款	反映企业向银行或其他金融机构等借入的期限在一年以下（含一年）的各种借款。	根据“短期借款”科目的期末余额填列。	1 000 000.00
应付票据	反映资产负债表日以摊余成本计量的、企业因购买材料、商品和接受服务等开出、承兑的商业汇票，包括银行承兑汇票和商业承兑汇票。	根据“应付票据”科目的期末余额填列。	
应付账款	反映资产负债表日以摊余成本计量的、企业因购买材料、商品和接受服务等经营活动应支付的款项。	根据“应付账款”和“预付账款”科目所属的相关明细科目的期末贷方余额合计数填列。	2 260 000.62
应付职工薪酬	反映企业根据有关规定应付给职工的工资、职工福利、社会保险费、住房公积金、工会经费、职工教育经费、非货币性福利、辞退福利等各种薪酬。外商投资企业按规定从净利润中提取的职工奖励及福利基金，也在本项目列示。	根据“应付职工薪酬”科目的期末余额填列。	2 200.00

续表

项目	内容	填列方法	期末余额
应交税费	反映企业按照税法规定计算应交纳的各种税费，包括增值税、消费税、所得税、资源税、土地增值税、城市维护建设税、房产税、土地使用税、车船税、教育费附加、矿产资源补偿费等。企业代扣代交的个人所得税，也通过本项目列示。企业所交纳的税金不需要预计应交数的，如印花税、耕地占用税等，不在本项目列示。	根据“应交税费”科目的期末贷方余额填列；如“应交税费”科目期末为借方余额，应以“－”号填列。	276 390.45
其他应付款	反映企业除应付票据、应付账款、预收款项、应付职工薪酬、应交税费等经营活动以外的其他各项应付、暂收的款项。	根据“应付利息”“应付股利”“其他应付款”科目的期末余额合计数填列。	0
实收资本（或股本）	反映企业各投资者实际投入的资本（或股本）总额。	根据“实收资本”（或“股本”）科目的期末余额填列。	12 000 000.00
资本公积	反映企业资本公积的期末余额。	根据“资本公积”科目的期末余额填列。	0
盈余公积	反映企业盈余公积的期末余额。	根据“盈余公积”科目的期末余额填列。	254 124.74
未分配利润	反映企业尚未分配的利润。	根据“本年利润”科目和“利润分配”科目的余额计算填列。未弥补的亏损在本项目内以“－”号填列。	1 911 085.33

说明：期初余额计算略，读者可以自己参考“填列方法”栏的提示计算。

五、利润表常用项目内容与填列方法

详见表 5-5。

表 5-5　　利润表常用项目内容与填列方法

项目	内容	填列方法	本期金额
营业收入	反映企业经营主要业务和其他业务所确认的收入总额。	根据“主营业务收入”和“其他业务收入”科目的发生额分析填列。	5 360 000.00+36 000.00=5 396 000.00
营业成本	反映企业经营主要业务和其他业务所发生的成本总额。	根据“主营业务成本”和“其他业务成本”科目的发生额分析填列。	4 296 161.00+30 048.00=4 326 209.00
税金及附加	反映企业经营业务应负担的消费税、城市建设维护税、资源税、土地增值税和教育费附加、印花税、土地使用税、房产税等。	根据“税金及附加”科目的发生额分析填列。	29 124.57
销售费用	反映企业在销售商品过程中发生的包装费、广告费等费用和为销售本企业商品而专设的销售机构的职工薪酬、业务费等经营费用。	根据“销售费用”科目的发生额分析填列。	52 414.20
管理费用	反映企业为组织和管理生产经营发生的管理费用。	根据“管理费用”的发生额分析填列。	55 363.14
财务费用	反映企业筹集生产经营所需资金等而发生的筹资费用。	根据“财务费用”科目的发生额分析填列。	9 320.69
其中：利息费用	反映企业为筹集生产经营所需资金等而发生的应予费用化的利息支出。	根据“财务费用”科目的相关明细科目的发生额分析填列	9 768.40

续表

项目	内容	填列方法	本期金额
利息收入	反映企业确认的利息收入。	应根据“财务费用”科目的相关明细科目的发生额分析填列。	－496.21
资产减值损失	反映企业各项资产发生的减值损失。	根据“资产减值损失”科目的发生额分析填列。	17 004.00
资产处置收益	反映企业出售划分为持有待售的非流动资产（金融工具、长期股权投资和投资性房地产除外）或处置组（子公司和业务除外）时确认的处置利得或损失，以及处置未划分为持有待售的固定资产、在建工程、生产性生物资产及无形资产而产生的处置利得或损失。债务重组中因处置非流动资产产生的利得或损失和非货币性资产交换中换出非流动资产产生的利得或损失也包括在本项目内。	根据“资产处置损益”科目的发生额分析填列；如为处置损失，以“－”号填列。	11 000.00
营业利润	反映企业实现的营业利润。	根据“营业收入－营业成本－税金及附加－销售费用－管理费用－财务费用＋公允价值变动收益＋投资收益－资产减值损失＋资产处置收益＋其他收益”计算填列。如为亏损，本项目以“－”号填列。	5 396 000.00－4 326 209.00－29 124.57－52 414.20－55 363.14－9 320.69－17 004.00＋11 000.00＝917 564.40
营业外收入	反映企业发生的除营业利润以外的收益，主要包括债务重组利得、与企业日常活动无关的政府补助、盘盈利得、捐赠利得（企业接受股东或股东的子公司直接或间接的捐赠，经济实质属于股东对企业的资本性投入的除外）等。	根据“营业外收入”科目的发生额分析填列。	6 000.00

续表

项目	内容	填列方法	本期金额
营业外支出	反映企业发生的除营业利润以外的支出，主要包括债务重组损失、公益性捐赠支出、非常损失、盘亏损失、非流动资产毁损报废损失等。	根据“营业外支出”科目的发生额分析填列。	13 950.00
利润总额	反映企业实现的利润。	根据“营业利润＋营业外收入－营业外支出”计算填列。如为亏损，本项目以“－”号填列。	917 564.40＋6 000.00－13 950.00＝909 614.40
所得税费用	反映企业应从当期利润总额中扣除的所得税费用。	根据“所得税费用”科目的发生额分析填列。	227 403.60
净利润	反映企业实现的净利润。	根据“利润总额－所得税费用”计算填列。如为亏损，本项目以“－”号填列。	909 614.40－227 403.60＝682 210.80

六、现金流量表填制方法

对于现金流量表而言，大部分中小企业本身和国家相关部门要求都不是很高。现金流量表的编制对大部分会计来说是一个难点，即便对拥有十几年工作经验的老会计来说也是如此。这里笔者教给大家一种简单有效的方法——科目替换法。科目替换法很好理解，就是将涉及现金及现金等价物且对现金流量表产生影响的会计分录的科目替换为现金流量表中的项目。下面我们利用这种方法来编制现金流量表，见表5-6。

表 5-6　　用科目替换法编制现金流量表

凭证号	方向	现金流量表项目	金额
2	贷	支付的其他与经营活动有关的现金	600.00
3	贷	支付的其他与经营活动有关的现金	200.00
4	借	收到的其他与经营活动有关的现金	6 000.00
5	借	销售商品、提供劳务收到的现金	37 400.00
7	贷	支付的其他与经营活动有关的现金	3 500.00
8	贷	支付的其他与经营活动有关的现金	500.00
9	借	销售商品、提供劳务收到的现金	500 000.00
11	借	销售商品、提供劳务收到的现金	490 480.00
12	贷	支付的各项税费	39 492.62
17	贷	购买商品、接受劳务支付的现金	113 000.00
18	贷	购置固定资产、无形资产和其他长期资产支付的现金	57 092.36
19	贷	购买商品、接受劳务支付的现金	5 923.00
20	贷	购买商品、接受劳务支付的现金	2 260 000.00
21	贷	支付的其他与经营活动有关的现金	48.50
22	贷	购买商品、接受劳务支付的现金	1 073 000.00
23	贷	支付的其他与经营活动有关的现金	10 000.00
24	贷	购买商品、接受劳务支付的现金	2 000 000.00
27	贷	支付给职工以及为职工支付的现金	1 990.00
28	借	收到的其他与经营活动有关的现金	496.21
29	贷	分配股利、利润和偿付利息支付的现金	248.40
30	贷	偿还债务支付的现金	800 000.00
31	借	取得借款收到的现金	1 000 000.00
35	贷	支付的其他与经营活动有关的现金	5 923.62
42	借	处置固定资产、无形资产和其他长期资产收回的现金净额	103 000.00
43	借	销售商品、提供劳务收到的现金	1 460 000.00
45	借	销售商品、提供劳务收到的现金	1 260 000.00
46	贷	购买商品、接受劳务支付的现金	57 291.00
47	贷	支付的其他与经营活动有关的现金	2 674.70
48	贷	支付给职工以及为职工支付的现金	288.00
49	贷	支付给职工以及为职工支付的现金	78 993.65
50	贷	支付给职工以及为职工支付的现金	60 541.65

将上述替换分录对准项目填列于现金流量表中，现金流量表就编制完成了。

Chapter 06

第六章

雨泽公司 20×2 年纳税申报

在编制完成财务报表后，就可以进行纳税申报了。

下面，我们以雨泽公司为例讲解企业纳税申报。

一、增值税纳税申报

（一）整理雨泽公司 12 月份纳税资料

1. 开具增值税专用发票情况

本期开具增值税专用发票 3 份，金额为 5 036 000 元，税额 654 680 元。纳税申报数值一定要与开票系统中的数值一致。不管是金税盘还是税控盘，都是通过开票系统中的“报税处理”的“月度统计”进行查询的。

2. 开具增值税普通发票情况

本期开具增值税普通发票2份，其中1份金额为360 000元，税额46 800元，税率13%；另一份金额为100 000元，税额3 000元，税率3%（发票上印刷为税率，实际为征收率）。

3. 未开具发票情况

根据26号凭证，无偿赠送自产品，应按视同销售缴纳增值税，成本12 000元，视同销售收入15 000元，税额1 950元。虽然未开具发票，但是纳税义务发生时间已达到，也必须进行纳税申报。

4. 简易征收办法征收增值税情况

销售本公司一台旧的机器设备，按简易征收办法3%征收率减按2%征收增值税，开具普通发票1份，税率栏填写3%，销售金额100 000元，应纳税额3 000元，减按2%征收增值税2 000元。

5. 发票认证（勾选）情况

将本月取得的增值税专用发票全部认证，已认证相符的、符合本期抵扣条件的增值税专用发票抵扣联9份，金额5 308 717.80元，税额689 812.60元。

6. 进项税额转出情况

（1）根据25号凭证，公司领用生产用原材料一批用于交际应酬，进项税额转出1 301.04元。

（2）根据58号凭证，由于保管不善，原材料发生非常损失，进项税额转出2 600元。

7. 纳税资料与企业相应账簿核对相符

上述六项纳税资料应当与企业相应账簿（主营业务收入明细账、其他业务收入明细账、库存商品明细账、应交税费——应交增值税明细账、应交税费——未交增值税明细账、应交税费——简易计税明细账等）核对相符。

（二）《增值税纳税申报表》主表及附表的填列

关于《增值税纳税申报表（一般纳税人适用）》及其附列资料填写说明，读者可以参考《国家税务总局关于调整增值税纳税申报有关事项的公告》（国家税务总局公告 2019 年第 15 号），此处不再赘述。

1. 根据资料“1. 开具增值税专用发票情况”填列

将销售额 5 036 000 元、销项税额 654 680 元填列在《增值税纳税申报表附列资料（一）》第 1 行“13%税率的货物及加工修理修配劳务”中的第 1、2 列内。

2. 根据资料“2. 开具增值税普通发票情况”填列

将销售额 360 000 元、销项税额 46 800 元填列在《增值税纳税申报表附列资料（一）》第 1 行“13%税率的货物及加工修理修配劳务”中的第 3、4 列内。

3. 根据资料“3. 未开具发票情况”填列

将销售额 15 000 元、销项税额 1 950 元填列在《增值税纳税申报表附列资料（一）》第 1 行“13%税率的货物及加工修理修配劳务”中的第 5、6 列内。

4. 根据资料“4. 简易征收办法征收增值税情况”填列

不含税销售额 100 000 元，填列在《增值税纳税申报表附列资料（一）》第 11

行“3%征收率的货物及加工修理修配的劳务”栏及《增值税纳税申报表》（一般纳税人适用）第5行“按简易办法计税销售额”栏；

应纳税额3 000元，填列在《增值税纳税申报表》（一般纳税人适用）第21行“简易计税办法计算的应纳税额”栏；

减征的1%，即1 000元，填列在《增值税纳税申报表》（一般纳税人适用）第23项“应纳税额减征额”栏。

5. 根据资料“5. 发票认证（勾选）情况”填列

《增值税纳税申报表附列资料（二）》第2栏“其中：本期认证相符且本期申报抵扣”中的“份数”“金额”“税额”栏内的数据分别填列为“9”“5 308 717.80”“689 812.60”。本行数据有的省份申报表自动生成，有的省份需要手工录入。

6. 根据资料“6. 进项税额转出情况”填列

将公司管理部门领用生产用原材料进项税转出额1 301.04元填列在《增值税纳税申报表附列资料（二）》第15栏“集体福利、个人消费”中的“税额”栏内。

将原材料发生非常损失进项税转出额2 600元填列在《增值税纳税申报表附列资料（二）》第16栏“非正常损失”中的“税额”栏内。

7. 其他数据的填列

在完成以上数据填列后，增值税纳税申报表附列资料（一）、（二）中的“小计”“合计”等栏的数据都会自动生成。

在对增值税纳税申报表附列资料（一）、（二）进行保存后，增值税纳税申报表主表的大部分数据已经自动生成。这时可以检查自动生成的数据是否正确，一般来说，只要附表正确，主表也会正确。

对于不能自动生成的数据要手工填入：根据资料“4. 简易征收办法征收增值税情况”将减半征收税额2 000元直接填入第23栏“应纳税额减征额”。

至此，增值税申报表主表及附表填列完成，详见表 6-1 至表 6-7。

增值税纳税申报表主表及附表填列完成后，再填写资产负债表、利润表、现金流量表，检查一遍确保没什么问题后，就可以进行纳税申报了。除了这些全国统一的报表外，个别省份可能还要求填报一些其他报表，其他报表通常比较简单，此处不再赘述。

表 6-1　　增值税纳税申报表

（一般纳税人适用）

根据国家税收法律法规及增值税相关规定制定本表。纳税人不论有无销售额，均应按税务机关核定的纳税期限填写本表，并向当地税务机关申报。

税款所属时间：自 20×2 年 12 月 1 日至 20×2 年 12 月 31 日　　填表日期：20×3 年 1 月 7 日

金额单位：元至角分

纳税人识别号	910370000000000088			所属行业	××制造		
纳税人名称	L市雨泽有限公司	法定代表人姓名	雨泽	注册地址	L市××区××路6号	生产经营地址	L市××区××路6号
开户银行及账号	3700000800660000×××			登记注册类型	有限责任公司	电话号码	6660000

	项目	栏次	一般项目		即征即退项目	
			本月数	本年累计	本月数	本年累计
销售额	（一）按适用税率计税销售额	1	5 411 000.00	5 411 000.00		
	其中：应税货物销售额	2	5 411 000.00	5 411 000.00		
	应税劳务销售额	3				
	纳税检查调整的销售额	4				
	（二）按简易办法计税销售额	5	100 000.00	100 000.00		
	其中：纳税检查调整的销售额	6				
	（三）免、抵、退办法出口销售额	7			—	—
	（四）免税销售额	8			—	—
	其中：免税货物销售额	9			—	—
	免税劳务销售额	10			—	—
税款计算	销项税额	11	703 430.00	703 430.00		
	进项税额	12	689 812.60	689 812.60		
	上期留抵税额	13				—
	进项税额转出	14	3901.04	3901.04		
	免、抵、退应退税额	15			—	—
	按适用税率计算的纳税检查应补缴税额	16			—	—
	应抵扣税额合计	17＝12＋13－14－15＋16	685 911.56	—		—
	实际抵扣税额	18（如 17＜11，则为 17，否则为 11）	685 911.56	685 911.56		

续表

	项目	栏次	一般项目		即征即退项目	
			本月数	本年累计	本月数	本年累计
	应纳税额	19=11-18	17 518.44	17 518.44		
	期末留抵税额	20=17-18				—
	简易计税办法计算的应纳税额	21	3 000.00	3 000.00		
	按简易计税办法计算的纳税检查应补缴税额	22			—	—
	应纳税额减征额	23	1 000.00	1 000.00		
	应纳税额合计	24=19+21-23	19 518.44	19 518.44		
税款缴纳	期初未缴税额（多缴为负数）	25	29 669.87	29 669.87		
	实收出口开具专用缴款书退税额	26			—	—
	本期已缴税额	27=28+29+30+31	29 669.87	29 669.87		
	①分次预缴税额	28		—		—
	②出口开具专用缴款书预缴税额	29		—	—	—
	③本期缴纳上期应纳税额	30	29 669.87	29 669.87		
	④本期缴纳欠缴税额	31				
	期末未缴税额（多缴为负数）	32=24+25+26-27	19 518.44	19 518.44		
	其中：欠缴税额（≥0）	33 = 25 + 26 -27		—		—
	本期应补（退）税额	34=24-28-29	19 518.44	—		—
	即征即退实际退税额	35	—	—		
	期初未缴查补税额	36			—	—
	本期入库查补税额	37			—	—
	期末未缴查补税额	38=16+22+36-37			—	—

授权声明		申报人声明	
	如果你已委托代理申报人，请填写下列资料： 为代理一切税务事宜，现授权________________（地址）________________为本纳税人的代理申报人，任何与本申报表有关的往来文件都可寄与此人。		此纳税申报表是根据《中华人民共和国增值税暂行条例》的规定填报的，我确信它是真实的、可靠的、完整的。
	授权人签字：		声明人签字：

以下由税务机关填写：

收到日期：　　　　　　　　接收人：　　　　　　　　主管税务机关盖章：

表 6-2

增值税纳税申报表附列资料（一）

（本期销售情况明细）

税款所属时间：20×2 年 12 月 1 日至 20×2 年 12 月 31 日

纳税人名称：（公章）L 市雨泽有限公司　　　　金额单位：元至角分

项目及栏次				开具增值税专用发票		开具其他发票		未开具发票		纳税检查调整		合计			服务、不动产和无形资产扣除项目本期实际扣除金额	扣除后	
				销售额	销项（应纳）税额	销售额	销项（应纳）税额	销售额	销项（应纳）税额	销售额	销项（应纳）税额	销售额	销项（应纳）税额	价税合计		含税（免税）销售额	销项（应纳）税额
				1	2	3	4	5	6	7	8	9=1+3+5+7	10=2+4+6+8	11=9+10	12	13=11−12	14=13÷(100%+税率或征收率)×税率或征收率
一、一般计税方法计税	全部征税项目	13%税率的货物及加工修理修配劳务	1	5 036 000	654 630	360 000	46 800	15 000	1 950			5 411 000	703 430	—	—	—	—
		13%税率的服务、不动产和无形资产	2														
		9%税率的货物及加工修理修配劳务	3											—	—	—	—

续表

项目及栏次				开具增值税专用发票		开具其他发票		未开具发票		纳税检查调整		合计			服务、不动产和无形资产扣除项目本期实际扣除金额	扣除后	
				销售额	销项（应纳）税额	销售额	销项（应纳）税额	销售额	销项（应纳）税额	销售额	销项（应纳）税额	销售额	销项（应纳）税额	价税合计		含税（免税）销售额	销项（应纳）税额
				1	2	3	4	5	6	7	8	9=1+3+5+7	10=2+4+6+8	11=9+10	12	13=11−12	14=13÷（100%+税率或征收率）×税率或征收率
一、一般计税方法计税	全部征税项目	9%税率的服务、不动产和无形资产	4														
		6%税率	5														
	其中：即征即退项目	即征即退货物及加工修理修配劳务	6	—	—	—	—	—	—	—	—			—	—	—	—
		即征即退服务、不动产和无形资产	7	—	—	—	—	—	—	—	—						

续表

项目及栏次				开具增值税专用发票		开具其他发票		未开具发票		纳税检查调整		合计			服务、不动产和无形资产扣除项目本期实际扣除金额	扣除后	
				销售额	销项（应纳）税额	销售额	销项（应纳）税额	销售额	销项（应纳）税额	销售额	销项（应纳）税额	销售额	销项（应纳）税额	价税合计		含税（免税）销售额	销项（应纳）税额
				1	2	3	4	5	6	7	8	9=1+3+5+7	10=2+4+6+8	11=9+10	12	13=11−12	14=13÷(100%+税率或征收率)×税率或征收率
二、简易计税方法计税	全部征税项目	6%征收率	8							—	—			—	—	—	—
		5%征收率的货物及加工修理修配劳务	9a							—	—			—	—	—	—
		5%征收率的服务、不动产和无形资产	9b							—	—						
		4%征收率	10							—	—			—	—	—	—
		3%征收率的货物及加工修理修配劳务	11			100 000	3 000			—	—	100 000	3 000	—	—	—	—

续表

项目及栏次				开具增值税专用发票		开具其他发票		未开具发票		纳税检查调整		合计			服务、不动产和无形资产扣除项目本期实际扣除金额	扣除后	
				销售额	销项（应纳）税额	销售额	销项（应纳）税额	销售额	销项（应纳）税额	销售额	销项（应纳）税额	销售额	销项（应纳）税额	价税合计		含税（免税）销售额	销项（应纳）税额
				1	2	3	4	5	6	7	8	9＝1＋3＋5＋7	10＝2＋4＋6＋8	11＝9＋10	12	13＝11－12	14＝13÷（100%＋税率或征收率）×税率或征收率
二、简易计税方法计税	全部征税项目	3%征收率的服务、不动产和无形资产	12							—	—						
		预征率　%	13a							—	—						
		预征率　%	13b							—	—						
		预征率　%	13c							—	—						
	其中：即征即退项目	即征即退货物及加工修理修配劳务	14	—	—	—	—	—	—	—	—			—	—	—	—
		即征即退服务、不动产和无形资产	15	—	—	—	—	—	—	—	—						

续表

项目及栏次			开具增值税专用发票		开具其他发票		未开具发票		纳税检查调整		合计			服务、不动产和无形资产扣除项目本期实际扣除金额	扣除后	
			销售额	销项（应纳）税额	销售额	销项（应纳）税额	销售额	销项（应纳）税额	销售额	销项（应纳）税额	销售额	销项（应纳）税额	价税合计		含税（免税）销售额	销项（应纳）税额
			1	2	3	4	5	6	7	8	9=1+3+5+7	10=2+4+6+8	11=9+10	12	13=11−12	14=13÷(100%+税率或征收率)×税率或征收率
三、免抵退税	货物及加工修理修配劳务	16	—	—		—		—	—	—		—	—	—	—	—
	服务、不动产和无形资产	17	—	—		—		—	—	—		—				—
四、免税	货物及加工修理修配劳务	18				—		—	—	—		—	—	—	—	—
	服务、不动产和无形资产	19	—	—		—		—	—	—		—				—

表 6-3　　增值税纳税申报表附列资料（二）

（本期进项税额明细）

税款所属时间：20×2 年 12 月 1 日至 20×2 年 12 月 31 日

纳税人名称：（公章）　　L 市雨泽有限公司　　金额单位：元至角分

一、申报抵扣的进项税额				
项目	栏次	份数	金额	税额
（一）认证相符的增值税专用发票	1=2+3	9	5 308 717.80	689 812.60
其中：本期认证相符且本期申报抵扣	2	9	5 308 717.80	689 812.60
前期认证相符且本期申报抵扣	3			
（二）其他扣税凭证	4=5+6+7+8a+8b			
其中：海关进口增值税专用缴款书	5			
农产品收购发票或者销售发票	6			
代扣代缴税收缴款凭证	7		——	
加计扣除农产品进项税额	8a	——	——	
其他	8b			
（三）本期用于购建不动产的扣税凭证	9			
（四）本期用于抵扣的旅客运输服务扣税凭证	10			
（五）外贸企业进项税额抵扣证明	11	——	——	
当期申报抵扣进项税额合计	12=1+4+11	9	5 308 717.8	689 812.6
二、进项税额转出额				
项目	栏次	税额		
本期进项税额转出额	13=14 至 23 之和	3 901.04		
其中：免税项目用	14			
集体福利、个人消费	15	1 301.04		
非正常损失	16	2 600.00		
简易计税方法征税项目用	17			
免抵退税办法不得抵扣的进项税额	18			
纳税检查调减进项税额	19			
红字专用发票信息表注明的进项税额	20			
上期留抵税额抵减欠税	21			
上期留抵税额退税	22			
其他应作进项税额转出的情形	23			
三、待抵扣进项税额				
项目	栏次	份数	金额	税额
（一）认证相符的增值税专用发票	24	——	——	——
期初已认证相符但未申报抵扣	25			
本期认证相符且本期未申报抵扣	26			

续表

项目	栏次	份数	金额	税额
期末已认证相符但未申报抵扣	27			
其中：按照税法规定不允许抵扣	28			
（二）其他扣税凭证	29＝30 至 33 之和			
其中：海关进口增值税专用缴款书	30			
农产品收购发票或者销售发票	31			
代扣代缴税收缴款凭证	32		——	
其他	33			
	34			
四、其他				
项目	栏次	份数	金额	税额
本期认证相符的增值税专用发票	35	9	5 308 717.80	689 812.60
代扣代缴税额	36	——	——	

表 6-4　增值税纳税申报表附列资料（三）

（服务、不动产和无形资产扣除项目明细）

税款所属时间：　　年　月　日至　　年　月　日

纳税人名称：（公章）　　　　　　　　　　　　金额单位：元至角分

项目及栏次		本期服务、不动产和无形资产价税合计额（免税销售额）	服务、不动产和无形资产扣除项目				
			期初余额	本期发生额	本期应扣除金额	本期实际扣除金额	期末余额
		1	2	3	4＝2＋3	5(5≤1 且 5≤4)	6＝4－5
13%税率的项目	1						
9%税率的项目	2						
6%税率的项目（不含金融商品转让）	3						
6%税率的金融商品转让项目	4						
5%征收率的项目	5						
3%征收率的项目	6						
免抵退税的项目	7						
免税的项目	8						

本表工业企业一般不需要填写，若发生上述项目则需要填写，填写方法较为简单，不再举例。

表 6-5 **增值税纳税申报表附列资料（四）**

（税额抵减情况表）

税款所属时间： 年 月 日至 年 月 日

纳税人名称：（公章）L 市雨泽有限公司 金额单位：元至角分

一、税额抵减情况						
序号	抵减项目	期初余额	本期发生额	本期应抵减税额	本期实际抵减税额	期末余额
		1	2	3=1+2	4≤3	5=3−4
1	增值税税控系统专用设备费及技术维护费					
2	分支机构预征缴纳税款					
3	建筑服务预征缴纳税款					
4	销售不动产预征缴纳税款					
5	出租不动产预征缴纳税款					

二、加计抵减情况							
序号	加计抵减项目	期初余额	本期发生额	本期调减额	本期可抵减额	本期实际抵减额	期末余额
		1	2	3	4=1+2−3	5	6=4−5
6	一般项目加计抵减额计算						
7	即征即退项目加计抵减额计算						
8	合计						

本表工业企业除第 1 行外一般不需要填写，企业若发生上述项目则需要填写，填写方法较为简单，不再举例。

表 6-6 **增值税减免税申报明细表**

税款所属时间：自 年 月 日至 年 月 日

纳税人名称：（公章） 金额单位：元至角分

一、减税项目						
减税性质代码及名称	栏次	期初余额	本期发生额	本期应抵减税额	本期实际抵减税额	期末余额
		1	2	3=1+2	4≤3	5=3−4
合计	1					
	2					
	3					
	4					
	5					
	6					

二、免税项目						
免税性质代码及名称	栏次	免征增值税项目销售额	免税销售额扣除项目本期实际扣除金额	扣除后免税销售额	免税销售额对应的进项税额	免税额
		1	2	3=1－2	4	5
合计	7					
出口免税	8		——	——	——	——
其中：跨境服务	9		——	——	——	——
	10					
	11					
	12					
	13					
	14					
	15					
	16					

企业无减免项目，本表不需要填写，若发生上述项目则需要填写，填写方法较为简单，不再举例。

（三）抄税、报税、税款缴纳的流程

增值税纳税申报表填列完成后，再填写资产负债表、利润表、现金流量表，检查一遍确保没什么问题后，就可以进行纳税申报了。

抄税、报税、税款缴纳的流程很简单，主要有以下几步：

（1）对已开具的发票信息完成远程抄报税。

①金税盘版。

计算机连接互联网状态下登录开票系统，征期内系统自动进行上报汇总工作，提示抄报数据上传成功，这说明您已经完成上报汇总。

②税控盘版。

软件升级为最新版的已经实现自动抄报和反写成功，无须再进行手工操作。

如需手工抄报，则步骤如下：

第一步，进入开票软件，点击报税处理——网上抄报。

第二步，点击“上报汇总”，向税务机关提交开票数据，初次点击“上报汇总”的时候会提示让设置网上抄报的密码，建议设置为88888888，以后再抄报，就无须再输入了。

（2）用办税软件或登录网上申报系统，在办税软件或系统中的“业务”模块进入“纳税申报”，鼠标点击“增值税申报”业务开始填报申报表。

按照填写顺序依次填写申报表，填写完成后提交申报。待一定时间后，查看税务机关受理结果。

（3）税款缴纳。已签署“税库银联网三方协议”的可以网上缴纳税款。

金税盘版：纳税申报成功后需要您再次登录开票软件，提示：金税设备已经完成清卡操作，将重新启动开票软件，出现该界面说明您已经完成本月税控机报税工作。

提醒注意：纳税申报后必须登录一次系统，否则无法完成清卡工作！

税控盘版：纳税申报成功之后，打开开票软件，点击报税处理——网上抄报，统一点击“反写”，有多少种发票，就点击多少次“反写”，同样，主分机也是一样的操作，直到所有的发票都反写成功，本开票机就完税成功了。

提醒注意：因开票软件有自动反写的功能，如您打开“网上抄报”发现开票截止时间已经是次月，就无须进行反写操作了。

（四）抄税、报税需要注意的事项

金税三期上线后，对申报表的逻辑审核更加严格。根据申报表及附表之间的关系，建议申报表及附表填写顺序为：

（1）《增值税纳税申报表附列资料（一）》（以下简称附表一）；

（2）《增值税纳税申报表附列资料（三）》（以下简称附表三）；

（3）《增值税纳税申报表附列资料（二）》（以下简称附表二）；

（4）《增值税纳税申报表附列资料（四）》（以下简称附表四）；

（5）《增值税减免税申报明细表》；

（6）《增值税纳税申报表》（以下简称主表）。

（1）主表上相应的销项税额和进项税额来自附表，自动带出不可修改。主表第 15 栏数据是取自出口退税系统出口退税部门审核后的免抵退应退税额，自动带出不可修改。按照税法规定享受即征即退税收优惠政策的纳税人要特别注意：企业即征即退的税额必须是通过即征即退栏计算而来的税款，因此在申报时必须按照要求将一般货物及劳务和应税服务与即征即退货物及劳务和应税服务的数据分别填写申报表。

“即征即退项目”栏只填写纳税人按照税法规定享受即征即退税收优惠政策，由税务机关负责征收并直接办理退税的增值税应税货物及劳务和应税服务，不填写由财政部门返还增值税的货物及劳务和应税服务。

但享受即征即退税收优惠政策的货物及劳务和应税服务经税务稽查发现偷税的，不得填入“即征即退项目”部分，而应将本部分销售额在“一般项目”栏中反映。

（2）虽然一般纳税人增值税纳税申报表的第 25 栏、27 栏、30 栏的数据由系统自动生成，但是某些时候会出现错误（比如辅导期纳税人预缴税款、转为正式一般纳税人的几个月份，第 25 栏的数据可能出现错误；一般纳税人申请延期缴纳税款时，第 27 栏、30 栏的数据可能出现错误），税务会计要认真核对申报数据，按照实际情况进行修改，修改正确后，再点击“提交”，否则会造成数据错误。

（3）按 3%征收率减按 2%征收的情况下，不能在附表一中直接按减按 2%后的税额填写。具体填写方法为：

①填写增值税纳税申报表附表一“二、简易计税方法计税”中“开具其他发票”的“3%征收率的货物及加工修理修配劳务”相关栏次。

②增值税纳税申报表第 5 栏“（二）按简易办法计税销售额”和第 21 栏“简易计税办法计算的应纳税额”自动生成。将计算的减征税额填入增值税纳税申报表第 23 栏“应纳税额减征额”栏次。

（4）附表一反映纳税人当期的销项。部分栏次对纯货物劳务类纳税人开放；部分栏次对纯服务、不动产、无形资产类纳税人开放；兼营纳税人相关行次都会开放。第 12 列的数据与附表三差额征税会钩稽。差额征税启用白名单管理，如果没有向主管税务所报送过，将无法填写差额征税栏次。

附表一第1至8列分别填写纳税人取得的销售额以及销项（应纳）税额。“开具增值税专用发票”部分包括开具防伪税控增值税专用发票部分以及机动车销售统一发票的销售额及销项（应纳）税额；“开具其他发票”部分填写纳税人开具上述几种发票以外的发票所取得的销售额及销项（应纳）税额。

纳税人必须根据发票类型、税率分别在相应的栏次填写销售额和税额，与防伪税控开票系统开票数据认真核对，确保申报数据与系统数据完全一致。

纳税人操作失误的，也必须按照防伪税控开票系统开票数据进行纳税申报，次月再进行调整，比如发票税率开错，将6%开成13%，本月按13%的发票申报，次月红字重回后重新开具6%的发票再申报；又比如开具的纸质发票作废但系统发票未作废，本月按系统发票数额申报，下月红字冲回后再进行负数申报。

（5）附表二填写的是本期进项税额明细，金税三期上线以后，本期有进项税额时，网报填写第2栏的进项金额和税额后，会带出到最下面的第35栏金额和税额，并且还有“2＋26＝35栏”这一数据公式，会校验。海关进口增值税专用缴款书纳税人如实填写，会在申报比对时与海关稽核系统数据比对。

（6）附表二第一部分“申报抵扣的进项税额”按增值税扣税凭证类别分别填列在相应栏次。

增值税一般纳税人支付桥、闸通行费，按照政策规定，以取得的通行费发票（不含财政票据）上注明的收费金额计算的可抵扣进项税额，填入第8栏“其他”。

纳税人购进国内旅客运输服务，其进项税额允许从销项税额中抵扣。纳税人未取得增值税专用发票的，暂按照以下规定确定进项税额：

①取得增值税电子普通发票的，为发票上注明的税额；

②取得注明旅客身份信息的航空运输电子客票行程单的，为按照下列公式计算进项税额

航空旅客运输进项税额＝(票价＋燃油附加费)÷(1＋9%)×9%

③取得注明旅客身份信息的铁路车票的，为按照下列公式计算的进项税额：

铁路旅客运输进项税额＝票面金额÷(1＋9%)×9%

④取得注明旅客身份信息的公路、水路等其他客票的，按照下列公式计算进项税额：

公路、水路等其他旅客运输进项税额＝票面金额÷(1＋3%)×3%

上述可抵扣的进项税额，填入第 8 栏“其他”。

(7) 附表二第二部分“进项税额转出额”主要涉及两种类型的进项税额转出。

①填写纳税人已经抵扣，但按税法规定不允许抵扣，需做进项税额转出的部分。

②发生服务中止、购进货物退出、折让而收回的增值税额，应从当期的进项税额中扣减。

纳税人填写时需注意：

①纳税人进项税额转出栏次需要填写准确。比如，不能将红字专用发票通知单注明的进项税额填入第 23 栏“其他应作进项税额转出的情形”，而应填入第 20 栏“红字专用发票信息表注明的进项税额”。

②购买方取得的红字专用发票不需要认证，直接在附表二第 20 栏转出，若企业已经将红字发票认证，在第 23 栏填写负数进行更正。

(8) 附表二第三部分“待抵扣进项税额”，主要由辅导期一般纳税人填写。

辅导期纳税人当月认证，待取得稽核比对通知书后才能按通知书结果申报抵扣。纳税人需注意以下栏次的填写：

①辅导期纳税人在填报附表二时，一定要注意第 3 栏、25 栏、26 栏、27 栏是否正确！若填写不正确可能会导致辅导期纳税人抵扣税额不正确。

对于本期认证的进项税额部分，在账务处理时计入“待抵扣进项税额”，并在附表二第 26 栏“本期认证相符且本期未申报抵扣”内填写此行内容。下期收到《稽核比对结果通知书》后，在附表二第 3 栏“前期认证相符且本期申报抵扣”自动生成数据，第 25 栏“期初已认证相符但未申报抵扣”的数据必须手工录入，因为这四栏钩稽计算关系为“第 3 栏＝第 25 栏＋第 26 栏－第 27 栏”，第 25 栏如果不录入数据，第 27 栏容易出错，有时候还可能出负数。所以会计人员一定要搞清附表二的钩稽计算关系，以免造成不必要的麻烦。

另外，遇到数据出错或者以前认证的数据未在报表上体现出来等情况，一定要及时联系所属分局操作人员，否则在跨月后将无法抵扣，从而给企业造成巨大损失！

②第5栏填写税务机关告知的《稽核比对结果通知书》及其明细清单注明的本期稽核相符的海关进口增值税专用缴款书、协查结果中允许抵扣的海关进口增值税专用缴款书的份数、金额、税额。

③第30栏填写本月未收到稽核比对结果的海关进口增值税专用缴款书。

(9) 附表三填写应税服务、不动产和无形资产扣除项目明细，不同税率、征收率应税服务、不动产和无形资产扣除项目差额应分别扣除，不能通扣。有扣除项目的一般纳税人应到主管税务机关进行增值税税收优惠事项备案（差额征税类），同时填写《应税服务减除项目清单》，采集合法的扣除凭证明细，否则无法填报附表三。

点击附表一第12列“服务、不动产和无形资产扣除项目本期实际扣除金额”，会弹出填写框，在此框中填写数据，相关数据会带到附表三中相应的栏次。如果没有差额征税，纳税人不应点击第12栏，否则打开后无法关闭填写框，只能点击左上角退出此申报表。

(10) 附表四填写税额抵减情况。

增值税税控系统专用设备费及技术维护费本期实际抵减税额，在主表第23栏应纳税额减征额中要再次体现。

分支机构预征、建筑服务预征、销售不动产预征、出租不动产预征的本期实际抵减税额也应在主表第28栏分次预缴中再次体现。

(11)《增值税减免税申报明细表》不是必填表，如不涉及，无须填写。当纳税人发生减征、免税业务时填写《增值税减免税申报明细表》，填写减免税信息时，需要先点击选择减免大类，再点击选择减免小类，进而填写数据。请务必根据业务据实填写减免税明细数据。监控条件：免税项目第5列“免税额”大于等于第3列“扣除后免税销售额”×5%－第4列“免税销售额对应的进项税额”且小于等于第3列“扣除后免税销售额”×13%－第4列“免税销售额对应的进项税额”。

（12）在纳税申报中，需要认真核对申报数据，如遇到数据出现错误或异常，比如申报表累计数据出错、留抵税款、期初未缴税款、预缴税款、机动车认证数据和红字发票通知单等数据出现错误或异常，必须及时改正，无法自行修改的应该及时联系所属税务局，及时改正。如果申报完成，数据导入到省局数据库，则无法修改，从而给企业造成不必要的麻烦。

（13）即使一个月内没有购买一张发票也没有开具一张发票，没有发生任何经济业务，也要进行抄报税工作。

二、季度所得税纳税申报

企业填写的《企业所得税月（季）度预缴纳税申报表》，见表 6-7。

表 6-7　A200000　中华人民共和国企业所得税月（季）度预缴纳税申报表（A 类）

税款所属期间：20×2 年 10 月 1 日至 20×2 年 12 月 31 日

纳税人识别号（统一社会信用代码）：910370000000000088

纳税人名称：L 市雨泽有限公司　　　　　　　金额单位：人民币元（列至角分）

预缴方式	☑ 按照实际利润额预缴	□ 按照上一纳税年度应纳税所得额平均额预缴	□ 按照税务机关确定的其他方法预缴
企业类型	☑ 一般企业	□ 跨地区经营汇总纳税企业总机构	□ 跨地区经营汇总纳税企业分支机构

预缴税款计算

行次	项目	本年累计金额
1	营业收入	5 396 000.00
2	营业成本	4 326 209.00
3	利润总额	909 614.40
4	加：特定业务计算的应纳税所得额	
5	减：不征税收入	
6	减：免税收入、减计收入、所得减免等优惠金额（填写 A201010）	
7	减：固定资产加速折旧（扣除）调减额（填写 A201020）	
8	减：弥补以前年度亏损	

9	实际利润额（3＋4－5－6－7－8）\ 按照上一纳税年度应纳税所得额平均额确定的应纳税所得额	909 614.40
10	税率（25%）	25%
11	应纳所得税额（9×10）	227 403.60
12	减：减免所得税额（填写 A201030）	
13	减：实际已缴纳所得税额	
14	减：特定业务预缴（征）所得税额	
15	本期应补（退）所得税额（11－12－13－14）\ 税务机关确定的本期应纳所得税额	227 403.60

汇总纳税企业总分机构税款计算

16	总机构填报	总机构本期分摊应补（退）所得税额（17＋18＋19）	
17		其中：总机构分摊应补（退）所得税额（15×总机构分摊比例__%）	
18		财政集中分配应补（退）所得税额（15×财政集中分配比例__%）	
19		总机构具有主体生产经营职能的部门分摊所得税额（15×全部分支机构分摊比例__%×总机构具有主体生产经营职能部门分摊比例__%）	
20	分支机构填报	分支机构本期分摊比例	
21		分支机构本期分摊应补（退）所得税额	

附报信息

高新技术企业	□是 ☑否	科技型中小企业	□是 ☑否
技术入股递延纳税事项	□是 ☑否		

按季度填报信息

季初从业人数	36	季末从业人数	36
季初资产总额（万元）	1 782.22	季末资产总额（万元）	1 770.38
国家限制或禁止行业	□是 ☑否	小型微利企业	□是 ☑否

谨声明：本纳税申报表是根据国家税收法律法规及相关规定填报的，是真实的、可靠的、完整的。

纳税人（签章）：　　　　年　月　日

经办人： 经办人身份证号： 代理机构签章： 代理机构统一社会信用代码：	受理人： 受理税务机关（章）： 受理日期：　年　月　日

国家税务总局监制

说明：A200000《中华人民共和国企业所得税月（季）度预缴纳税申报表（A

类)》填报说明、A201010《免税收入、减计收入、所得减免等优惠明细表》填报说明、A201020《固定资产加速折旧（扣除）优惠明细表》填报说明、A201030《减免所得税优惠明细表》填报说明、A202000《企业所得税汇总纳税分支机构所得税分配表》填报说明、B100000《中华人民共和国企业所得税月（季）度预缴和年度纳税申报表（B类)》填报说明，详见《国家税务总局关于发布〈中华人民共和国企业所得税月（季）度预缴纳税申报表（A类，2018年版)〉等报表的公告》（国家税务总局公告2018年第26号)、《国家税务总局关于修订〈中华人民共和国企业所得税月（季）度预缴纳税申报表（A类，2018年版)〉等部分表单样式及填报说明的公告》（国家税务总局公告2019年第3号)、《国家税务总局关于修订2018年版企业所得税预缴纳税申报表部分表单及填报说明的公告》（国家税务总局公告2019年第23号）的附件。

除《中华人民共和国企业所得税月（季）度预缴纳税申报表（A类)》外，其他表格企业用到的较少。本企业未发生业务，无须填写，故本书未列出，大家如果需要可以直接查询上述3个文件。

三、企业所得税汇算清缴——企业所得税年度纳税申报

企业每年5月31日之前进行企业所得税汇算清缴工作。假设雨泽公司20×3年4月14日进行汇算清缴，填写《中华人民共和国企业所得税年度纳税申报表（A类)》主表及附表（见表6-8至表6-18，中小企业日常较少需要填写的附表略)。

关于中华人民共和国企业所得税年度纳税申报表（A类）全部报表及其详细填报说明，大家可以查看《国家税务总局关于发布〈中华人民共和国企业所得税年度纳税申报表（A类，2017年版)〉的公告》（国家税务总局公告2017年第54号）和《国家税务总局关于修订〈中华人民共和国企业所得税月（季）度预缴纳税申报表（A类2018年版)〉等部分表单样式及填报说明的公告》（国家税务总局公告2019年第3号）这2个文件的附件。

表 6-8　　A100000 中华人民共和国企业所得税年度纳税申报表（A 类）

行次	类别	项目	金额
1	利润总额计算	一、营业收入（填写 A101010＼101020＼103000）	5 396 000.00
2		减：营业成本（填写 A102010＼102020＼103000）	4 326 209.00
3		减：税金及附加	29 124.57
4		减：销售费用（填写 A104000）	52 414.20
5		减：管理费用（填写 A104000）	55 363.14
6		减：财务费用（填写 A104000）	9 320.69
7		减：资产减值损失	17 004.00
8		加：公允价值变动收益	
9		加：投资收益	
10		二、营业利润（1－2－3－4－5－6－7＋8＋9）	906 564.40
11		加：营业外收入（填写 A101010＼101020＼103000）	17 000.00
12		减：营业外支出（填写 A102010＼102020＼103000）	13 950.00
13		三、利润总额（10＋11－12）	909 614.40
14	应纳税所得额计算	减：境外所得（填写 A108010）	—
15		加：纳税调整增加额（填写 A105000）	68 296.82
16		减：纳税调整减少额（填写 A105000）	22 016.00
17		减：免税、减计收入及加计扣除（填写 A107010）	—
18		加：境外应税所得抵减境内亏损（填写 A108000）	—
19		四、纳税调整后所得（13－14＋15－16－17＋18）	955 895.22
20		减：所得减免（填写 A107020）	—
21		减：弥补以前年度亏损（填写 A106000）	—
22		减：抵扣应纳税所得额（填写 A107030）	—
23		五、应纳税所得额（19－20－21－22）	955 895.22
24	应纳税额计算	税率（25％）	25％
25		六、应纳所得税额（23×24）	238 973.80
26		减：减免所得税额（填写 A107040）	—
27		减：抵免所得税额（填写 A107050）	—
28		七、应纳税额（25－26－27）	238 973.80
29		加：境外所得应纳所得税额（填写 A108000）	—
30		减：境外所得抵免所得税额（填写 A108000）	—
31		八、实际应纳所得税额（28＋29－30）	238 973.80
32		减：本年累计实际已缴纳的所得税额	234 002.30
33		九、本年应补（退）所得税额（31－32）	4 971.50
34		其中：总机构分摊本年应补（退）所得税额（填写 A109000）	—
35		财政集中分配本年应补（退）所得税额（填写 A109000）	—
36		总机构主体生产经营部门分摊本年应补（退）所得税额（填写 A109000）	—

说明：

(1)《中华人民共和国企业所得税年度纳税申报表（A类)》根据附表及其利润表等资料填写。大部分项目都可以在填写附表后自动生成。

(2) 本年应补（退）的所得税额为 4 971.50 元，企业还应做如下会计分录：

借：所得税费用——当期所得税费用　　4 971.50

　贷：应交税费——应交所得税　　4 971.50

实际缴纳时，

借：应交税费——应交所得税　　4 971.50

　贷：银行存款　　4 971.50

(3) 上述纳税调整增加额与纳税调整减少额中除准备金调增额 17 004.00 元与折旧摊销调增额 4 000.00 元为暂时性差异外，其他调整额均为永久性差异。

对于永久性差异不必做会计分录，只需填写申报表，即：调表不调账；对于暂时性差异需要进行会计处理，即：调表又调账。

税法上规定，这部分预提的减值准备金和调增的折旧摊销额在未来发生时可以抵扣，属于可抵扣暂时性差异，而这种差异对企业是有利的，将来可以为企业抵税，属于一项资产——递延所得税资产。

企业误区：有的企业认为，“递延所得税资产”科目的核算与流转税没有多少关系，而且不影响企业所得税的核算和计缴，对此科目的核算又较难掌握，因此就不使用“递延所得税资产”科目核算。实际上，这些企业应使用而未使用该科目核算，可能出现因遗忘可抵扣暂时性差异而多缴企业所得税的情况。

在进行 20×2 年度汇算清缴时，应做如下会计分录：

借：递延所得税资产——可抵扣暂时性差异

　　4 251.00(17 004.00×25%=4 251.00)

　递延所得税资产——可抵扣暂时性差异

　　1 000.00(4 000.00×25%=1 000.00)

　贷：所得税费用——递延所得税费用　　5 251.00

当这笔准备金实际发生时，可在实际发生的年度汇算清缴时根据转回的可抵扣暂时性差异 17 004.00 元，做如下会计分录：

借：所得税费用——递延所得税费用　　4 251.00

　　贷：递延所得税资产——可抵扣暂时性差异　　4 251.00

当会计折旧摊销完毕而税法允许折旧摊销时，可在实际发生的年度汇算清缴时根据转回的可抵扣暂时性差异 4 000.00 元，做如下会计分录：

借：所得税费用——递延所得税费用　　1 000.00

　　贷：递延所得税资产——可抵扣暂时性差异　　1 000.00

“递延所得税资产”与“递延所得税负债”科目核算较难掌握，但是看过笔者总结的快速掌握递延所得税核算秘诀的读者相信已经轻松搞定了。因篇幅所限，这里不再重复，有兴趣的读者可以阅读笔者编著的《会计从入门到高手》一书。

延伸阅读

该公司不符合小型微利企业条件，若符合小型微利企业条件，可以享受如下优惠：

《国家税务总局关于实施小型微利企业普惠性所得税减免政策有关问题的公告》（国家税务总局公告 2019 年第 2 号）规定：

“一、自 2019 年 1 月 1 日至 2021 年 12 月 31 日，对小型微利企业年应纳税所得额不超过 100 万元的部分，减按 25% 计入应纳税所得额，按 20% 的税率缴纳企业所得税；对年应纳税所得额超过 100 万元但不超过 300 万元的部分，减按 50% 计入应纳税所得额，按 20% 的税率缴纳企业所得税。

小型微利企业无论按查账征收方式或核定征收方式缴纳企业所得税，均可享受上述优惠政策。

二、本公告所称小型微利企业是指从事国家非限制和禁止行业，且同时符合年度应纳税所得额不超过 300 万元、从业人数不超过 300 人、资产总额不超过 5 000 万元等三个条件的企业。

三、小型微利企业所得税统一实行按季度预缴。

预缴企业所得税时，小型微利企业的资产总额、从业人数、年度应纳税所得额指标，暂按当年度截至本期申报所属期末的情况进行判断。其中，资产总额、从业人数指标比照《通知》第二条中‘全年季度平均值’的计算公式，计算截至本期申报所属期末的季度平均值；年度应纳税所得额指标暂按截至本期申报所属期末不超过300万元的标准判断。

四、原不符合小型微利企业条件的企业，在年度中间预缴企业所得税时，按本公告第三条规定判断符合小型微利企业条件的，应按照截至本期申报所属期末累计情况计算享受小型微利企业所得税减免政策。当年度此前期间因不符合小型微利企业条件而多预缴的企业所得税税款，可在以后季度应预缴的企业所得税税款中抵减。

按月度预缴企业所得税的企业，在当年度4月、7月、10月预缴申报时，如果按照本公告第三条规定判断符合小型微利企业条件的，下一个预缴申报期起调整为按季度预缴申报，一经调整，当年度内不再变更。

五、小型微利企业在预缴和汇算清缴企业所得税时，通过填写纳税申报表相关内容，即可享受小型微利企业所得税减免政策。

六、实行核定应纳所得税额征收的企业，根据小型微利企业所得税减免政策规定需要调减定额的，由主管税务机关按照程序调整，并及时将调整情况告知企业。

七、企业预缴企业所得税时已享受小型微利企业所得税减免政策，汇算清缴企业所得税时不符合《通知》第二条规定的，应当按照规定补缴企业所得税税款。”

表 6-9　　A101010 一般企业收入明细表

行次	项目	金额
1	一、营业收入（2+9）	5 396 000.00
2	（一）主营业务收入（3+5+6+7+8）	5 360 000.00
3	1. 销售商品收入	5 360 000.00
4	其中：非货币性资产交换收入	
5	2. 提供劳务收入	
6	3. 建造合同收入	
7	4. 让渡资产使用权收入	
8	5. 其他	
9	（二）其他业务收入（10+12+13+14+15）	36 000.00
10	1. 销售材料收入	36 000.00

续表

行次	项目	金额
11	其中：非货币性资产交换收入	
12	2. 出租固定资产收入	
13	3. 出租无形资产收入	
14	4. 出租包装物和商品收入	
15	5. 其他	
16	二、营业外收入（17＋18＋19＋20＋21＋22＋23＋24＋25＋26）	17 000.00
17	（一）非流动资产处置利得	11 000.00
18	（二）非货币性资产交换利得	
19	（三）债务重组利得	
20	（四）政府补助利得	
21	（五）盘盈利得	
22	（六）捐赠利得	
23	（七）罚没利得	6 000.00
24	（八）确实无法偿付的应付款项	
25	（九）汇兑收益	
26	（十）其他	

说明：《一般企业收入明细表》根据企业主营业务收入、其他业务收入、资产处置收益、营业外收入明细账填列。会计上的资产处置收益也填在这个表的营业外收入中。

小型微利企业免于填报《一般企业收入明细表》(A101010)、《金融企业收入明细表》(A101020)、《一般企业成本支出明细表》(A102010)、《金融企业支出明细表》(A102020)、《事业单位、民间非营利组织收入、支出明细表》(A103000)、《期间费用明细表》(A104000)。

表 6-10　　A102010 一般企业成本支出明细表

行次	项目	金额
1	一、营业成本（2＋9）	4 326 209.00
2	（一）主营业务成本（3＋5＋6＋7＋8）	4 296 161.00
3	1. 销售商品成本	4 296 161.00
4	其中：非货币性资产交换成本	
5	2. 提供劳务成本	
6	3. 建造合同成本	
7	4. 让渡资产使用权成本	

续表

行次	项目	金额
8	5. 其他	
9	（二）其他业务成本（10＋12＋13＋14＋15）	30 048.00
10	1. 销售材料成本	30 048.00
11	其中：非货币性资产交换成本	
12	2. 出租固定资产成本	
13	3. 出租无形资产成本	
14	4. 包装物出租成本	
15	5. 其他	
16	二、营业外支出（17＋18＋19＋20＋21＋22＋23＋24＋25＋26）	13 950.00
17	（一）非流动资产处置损失	
18	（二）非货币性资产交换损失	
19	（三）债务重组损失	
20	（四）非常损失	
21	（五）捐赠支出	13 950.00
22	（六）赞助支出	
23	（七）罚没支出	
24	（八）坏账损失	
25	（九）无法收回的债券股权投资损失	
26	（十）其他	

说明：《一般企业成本支出明细表》根据企业主营业务成本、其他业务成本、营业外支出明细账填列。

表 6-11　　　　A104000 期间费用明细表

行次	项目	销售费用	其中：境外支付	管理费用	其中：境外支付	财务费用	其中：境外支付
		1	2	3	4	5	6
1	一、职工薪酬	35 634.20	*	7 660.00	*	*	*
2	二、劳务费					*	*
3	三、咨询顾问费					*	*
4	四、业务招待费		*	15 317.04	*	*	*
5	五、广告费和业务宣传费	10 000.00	*		*	*	*
6	六、佣金和手续费						
7	七、资产折旧摊销费		*	9 420.14	*	*	*

续表

行次	项目	销售费用	其中：境外支付	管理费用	其中：境外支付	财务费用	其中：境外支付
		1	2	3	4	5	6
8	八、财产损耗、盘亏及毁损损失		*	20 000.00	*	*	*
9	九、办公费		*	600.00	*	*	*
10	十、董事会费		*		*	*	*
11	十一、租赁费					*	*
12	十二、诉讼费		*		*	*	*
13	十三、差旅费	200.00	*		*	*	*
14	十四、保险费		*		*	*	*
15	十五、运输、仓储费	5 580.00				*	*
16	十六、修理费			200.00		*	*
17	十七、包装费		*		*	*	*
18	十八、技术转让费					*	*
19	十九、研究费用					*	*
20	二十、各项税费		*		*	*	*
21	二十一、利息收支	*	*	*	*	9 272.19	
22	二十二、汇兑差额	*	*	*			
23	二十三、现金折扣	*	*	*	*		*
24	二十四、党组织工作经费	*	*		*	*	*
25	二十五、其他	1 000.00		2 165.96		48.50	
26	合计（1＋2＋3＋…25）	52 414.20	—	55 363.14	—	9 320.69	—

说明：《期间费用明细表》根据企业管理费用、销售费用、财务费用明细账填列。

表 6-12　　　　A105000 纳税调整项目明细表

行次	项目	账载金额	税收金额	调增金额	调减金额
		1	2	3	4
1	一、收入类调整项目（2＋3＋…8＋10＋11）	*	*	25 016.00	
2	（一）视同销售收入（填写A105010）	*	25 016.00	25 016.00	*
3	（二）未按权责发生制原则确认的收入（填写 A105020）		—	—	

续表

行次	项目	账载金额	税收金额	调增金额	调减金额
		1	2	3	4
4	（三）投资收益（填写A105030）		—	—	
5	（四）按权益法核算长期股权投资对初始投资成本调整确认收益	*	*	*	
6	（五）交易性金融资产初始投资调整	*	*		*
7	（六）公允价值变动净损益		*	—	—
8	（七）不征税收入	*	*		
9	其中：专项用途财政性资金（填写A105040）	*	*	—	—
10	（八）销售折扣、折让和退回			—	—
11	（九）其他			—	—
12	二、扣除类调整项目（13＋14＋…24＋26＋27＋28＋29＋30）	*	*	22 276.82	22 016.00
13	（一）视同销售成本（填写A105010）	*	22 016.00	*	22 016.00
14	（二）职工薪酬（填写A105050）	147 294.20	145 094.20	2 200.00	—
15	（三）业务招待费支出	15 317.04	9 190.22	6 126.82	*
16	（四）广告费和业务宣传费支出（填写A105060）	*	*	—	—
17	（五）捐赠支出（填写A105070）	13 950.00	—	13 950.00	—
18	（六）利息支出	9 768.40	9 768.40	—	—
19	（七）罚金、罚款和被没收财物的损失		*	—	*
20	（八）税收滞纳金、加收利息		*	—	*
21	（九）赞助支出		*	—	*
22	（十）与未实现融资收益相关在当期确认的财务费用			—	—
23	（十一）佣金和手续费支出			—	*
24	（十二）不征税收入用于支出所形成的费用	*	*		*
25	其中：专项用途财政性资金用于支出所形成的费用（填写A105040）	*	*	—	*

续表

行次	项目	账载金额	税收金额	调增金额	调减金额
		1	2	3	4
26	（十三）跨期扣除项目				—
27	（十四）与取得收入无关的支出		*	—	*
28	（十五）境外所得分摊的共同支出	*	*	—	*
29	（十六）党组织工作经费			—	—
30	（十七）其他			—	—
31	三、资产类调整项目（32＋33＋34＋35）	*	*	21 004.00	—
32	（一）资产折旧、摊销（填写 A105080）	15 753.47	11 753.47	4 000.00	—
33	（二）资产减值准备金	17 004.00	*	17 004.00	—
34	（三）资产损失（填写 A105090）	20 000.00	20 000.00	—	—
35	（四）其他			—	—
36	四、特殊事项调整项目（37＋38＋…＋42）	*	*	—	—
37	（一）企业重组及递延纳税事项（填写 A105100）	—	—	—	—
38	（二）政策性搬迁（填写 A105110）	*	*	—	—
39	（三）特殊行业准备金（填写 A105120）	—	—	—	—
40	（四）房地产开发企业特定业务计算的纳税调整额（填写 A105010）	*	—	—	—
41	（五）有限合伙企业法人合伙方应分得的应纳税所得额			—	—
42	（六）其他	*	*		
43	五、特别纳税调整应税所得	*	*		
44	六、其他	*	*		
45	合计（1＋12＋31＋36＋43＋44）	*	*	68 296.82	22 016.00

说明：

(1)《企业所得税法实施条例》第四十三条规定：“企业发生的与生产经营活动有关的业务招待费支出，按照发生额的 60% 扣除，但最高不得超过当年销售

（营业）收入的5‰。”即：扣除限额为业务招待费发生额的60%与当年销售（营业）收入的5‰的较小者。

根据“管理费用——业务招待费”科目明细账填列，该公司业务招待费发生额15 317.04元，扣除限额为：15 317.04×60%＝9 190.22（元），未超过收入的5‰。

注意有无应在业务招待费列支而另外在其他科目列支的事项。

(2)《财政部 税务总局关于公益性捐赠支出企业所得税税前结转扣除有关政策的通知》（财税〔2018〕15号）规定：

“一、企业通过公益性社会组织或者县级（含县级）以上人民政府及其组成部门和直属机构，用于慈善活动、公益事业的捐赠支出，在年度利润总额12%以内的部分，准予在计算应纳税所得额时扣除；超过年度利润总额12%的部分，准予结转以后三年内在计算应纳税所得额时扣除。

本条所称公益性社会组织，应当依法取得公益性捐赠税前扣除资格。

本条所称年度利润总额，是指企业依照国家统一会计制度的规定计算的大于零的数额。

二、企业当年发生及以前年度结转的公益性捐赠支出，准予在当年税前扣除的部分，不能超过企业当年年度利润总额的12%。

三、企业发生的公益性捐赠支出未在当年税前扣除的部分，准予向以后年度结转扣除，但结转年限自捐赠发生年度的次年起计算最长不得超过三年。

四、企业在对公益性捐赠支出计算扣除时，应先扣除以前年度结转的捐赠支出，再扣除当年发生的捐赠支出。”

根据营业外支出等科目明细账分析填列。“营业外支出——捐赠支出”发生额13 950.00元，为直接捐赠，不符合税收规定的公益性捐赠，因此应全额调增，填写A105070捐赠支出及纳税调整明细表。

(3)《企业所得税法实施条例》第三十八条规定：

“企业在生产经营活动中发生的下列利息支出，准予扣除：

（一）非金融企业向金融企业借款的利息支出、金融企业的各项存款利息支出和同业拆借利息支出、企业经批准发行债券的利息支出；

（二）非金融企业向非金融企业借款的利息支出，不超过按照金融企业同期同类贷款利率计算的数额的部分。”

（4）《企业所得税法》第十条第（七）项规定：未经核定的准备金支出，在计算应纳税所得额时不得扣除。《企业所得税法实施条例》第五十五条规定：企业所得税法第十条第（七）项所称未经核定的准备金支出，是指不符合国务院财政、税务主管部门规定的各项资产减值准备、风险准备等准备金支出。根据以上税法规定，会计核算中计提的各项准备均不得在税前扣除。因此，会计上计提的准备影响了当期利润的，都要进行相应的调整。计提时减少了利润的要调增所得额，转回时增加了利润的要调减所得额。所以，此表的调整额为“本期计提额”减“本期转回额”的差额。资产减值准备金 17 004.00 元不得税前扣除，纳税调增。

（5）其他项目通过填写后面附表自动生成。

表 6-13　　A105010 视同销售和房地产开发企业特定业务纳税调整明细表

行次	项目	税收金额	纳税调整金额
		1	2
1	一、视同销售（营业）收入（2+3+4+5+6+7+8+9+10）	25 016.00	25 016.00
2	（一）非货币性资产交换视同销售收入		—
3	（二）用于市场推广或销售视同销售收入		—
4	（三）用于交际应酬视同销售收入	10 016.00	10 016.00
5	（四）用于职工奖励或福利视同销售收入		—
6	（五）用于股息分配视同销售收入		—
7	（六）用于对外捐赠视同销售收入	15 000.00	15 000.00
8	（七）用于对外投资项目视同销售收入		—
9	（八）提供劳务视同销售收入		—
10	（九）其他		—
11	二、视同销售（营业）成本（12+13+14+15+16+17+18+19+20）	22 016.00	−22 016.00
12	（一）非货币性资产交换视同销售成本		—
13	（二）用于市场推广或销售视同销售成本		—
14	（三）用于交际应酬视同销售成本	10 016.00	−10 016.00
15	（四）用于职工奖励或福利视同销售成本		—
16	（五）用于股息分配视同销售成本		—

续表

行次	项目	税收金额	纳税调整金额
		1	2
17	（六）用于对外捐赠视同销售成本	12 000.00	－12 000.00
18	（七）用于对外投资项目视同销售成本		—
19	（八）提供劳务视同销售成本		—
20	（九）其他		—
21	三、房地产开发企业特定业务计算的纳税调整额（22－26）	—	—
22	（一）房地产企业销售未完工开发产品特定业务计算的纳税调整额（24－25）	—	—
23	1. 销售未完工产品的收入		*
24	2. 销售未完工产品预计毛利额		
25	3. 实际发生的税金及附加、土地增值税		
26	（二）房地产企业销售的未完工产品转完工产品特定业务计算的纳税调整额（28－29）	—	—
27	1. 销售未完工产品转完工产品确认的销售收入		*
28	2. 转回的销售未完工产品预计毛利额		
29	3. 转回实际发生的税金及附加、土地增值税		

说明：填写会计上未做收入处理，而企业所得税上需要视同销售的情形，同时调整视同销售收入和视同销售成本。

表 6-14　　A105050 职工薪酬支出及纳税调整明细表

行次	项目	账载金额	实际发生额	税收规定扣除率	以前年度累计结转扣除额	税收金额	纳税调整金额	累计结转以后年度扣除额
		1	2	3	4	5	6（1－5）	7(1＋4－5)
1	一、工资薪金支出	99 500.00	99 500.00	*	*	99 500.00	—	*
2	其中：股权激励			*	*	—	—	*
3	二、职工福利费支出	3 990.00	3 990.00	14%	*	3 990.00	—	*
4	三、职工教育经费支出	2 488.00	288.00	*	—	288.00	2 200.00	—
5	其中：按税收规定比例扣除的职工教育经费	2 488.00	288.00	8%		288.00	2 200.00	—
6	按税收规定全额扣除的职工培训费用			100%	*	—	—	*
7	四、工会经费支出	1 990.00	1 990.00	2%	*	1 990.00	—	*
8	五、各类基本社会保障性缴款	28 977.20	28 977.20	*	*	28 977.20	—	*

续表

行次	项目	账载金额	实际发生额	税收规定扣除率	以前年度累计结转扣除额	税收金额	纳税调整金额	累计结转以后年度扣除额
		1	2	3	4	5	6（1－5）	7(1＋4－5)
9	六、住房公积金	10 349.00	10 349.00	*	*	10 349.00	—	*
10	七、补充养老保险	—	—	5%	*	—	—	*
11	八、补充医疗保险	—	—	5%	*	—	—	*
12	九、其他			*	*		—	*
13	合计（1＋3＋4＋7＋8＋9＋10＋11＋12）	147 294.20	145 094.20	*	—	145 094.20	2 200.00	—

说明：

（1）《企业所得税法实施条例》第三十四条规定：企业发生的合理的工资薪金支出，准予扣除。前款所称工资薪金，是指企业每一纳税年度支付给在本企业任职或者受雇的员工的所有现金形式或者非现金形式的劳动报酬，包括基本工资、奖金、津贴、补贴、年终加薪、加班工资，以及与员工任职或者受雇有关的其他支出。

该公司实际发生的合理的工资薪金支出为 99 500.00 元。

（2）《企业所得税法实施条例》第四十条规定：企业发生的职工福利费支出，不超过工资薪金总额 14%的部分，准予扣除。

该公司实际发生的职工福利费支出为 3 990.00 元，扣除限额为：99 500.00×14%＝13 930.00（元）。

（3）《企业所得税法实施条例》第四十一条规定：企业拨缴的工会经费，不超过工资薪金总额 2%的部分，准予扣除。

该公司拨缴的工会经费为 1 990.00 元，扣除限额为：99 500.00×2%＝1 990.00（元）。

注意：建立工会组织的企业、事业单位、社会团体，按每月全部职工工资总额的 2%向工会缴拨的经费，凭工会组织开具的《工会经费收入专用收据》在税前扣除。凡不能出具《工会经费收入专用收据》的，其提取的职工工会经费不得在企业所得税前扣除。

《财政部 税务总局关于企业职工教育经费税前扣除政策的通知》（财税〔2018〕51 号）规定，自 2018 年 1 月 1 日起，企业发生的职工教育经费支出，不超过工资薪金总额8%的部分，准予在计算企业所得税应纳税所得额时扣除；超过部分，准予在以后纳税年度结转扣除。

该公司实际发生的职工教育经费为288.00元，扣除限额为：99 500.00×8%=7 960（元），实际计提的职工教育经费为2 488.00元，企业计提而未实际发生的教育经费为：2 488.00－288.00＝2 200.00（元）。

(4)《企业所得税法实施条例》第三十五条规定：企业依照国务院有关主管部门或者省级人民政府规定的范围和标准为职工缴纳的基本养老保险费、基本医疗保险费、失业保险费、工伤保险费、生育保险费等基本社会保险费和住房公积金，准予扣除。企业为投资者或者职工支付的补充养老保险费、补充医疗保险费，在国务院财政、税务主管部门规定的范围和标准内，准予扣除。

表6-15　　A105060 广告费和业务宣传费跨年度纳税调整明细表

行次	项目	金额
1	一、本年广告费和业务宣传费支出	10 000.00
2	减：不允许扣除的广告费和业务宣传费支出	
3	二、本年符合条件的广告费和业务宣传费支出（1－2）	10 000.00
4	三、本年计算广告费和业务宣传费扣除限额的销售（营业）收入	5 421 016.00
5	乘：税收规定扣除率	15.00%
6	四、本企业计算的广告费和业务宣传费扣除限额（4×5）	813 152.40
7	五、本年结转以后年度扣除额（3＞6，本行＝3－6；3≤6，本行＝0）	—
8	加：以前年度累计结转扣除额	—
9	减：本年扣除的以前年度结转额［3＞6，本行＝0；3≤6，本行＝8与（6－3）孰小值］	—
10	六、按照分摊协议归集至其他关联方的广告费和业务宣传费（10≤3与6孰小值）	
11	按照分摊协议从其他关联方归集至本企业的广告费和业务宣传费	
12	七、本年广告费和业务宣传费支出纳税调整金额（3＞6，本行＝2＋3－6＋10－11；3≤6，本行＝2＋10－11－9）	—
13	八、累计结转以后年度扣除额（7＋8－9）	—

说明：《企业所得税法实施条例》第四十四条规定：“企业发生的符合条件的广告费和业务宣传费支出，除国务院财政、税务主管部门另有规定外，不超过当年销售（营业）收入15%的部分，准予扣除；超过部分，准予在以后纳税年度结转扣除。”

表 6-16

A105070 捐赠支出及纳税调整明细表

行次	项目	账载金额	以前年度结转可扣除的捐赠额	按税收规定计算的扣除限额	税收金额	纳税调增金额	纳税调减金额	可结转以后年度扣除的捐赠额
		1	2	3	4	5	6	7
1	一、非公益性捐赠	13 950.00	*	*	*	13 950.00	*	*
2	二、全额扣除的公益性捐赠		*	*	—	*	*	*
3	三、限额扣除的公益性捐赠（4+5+6+7）	—	—	109 153.73	—	—	—	—
4	前三年度（年）	*		*	*	*		*
5	前二年度（年）	*		*	*	*		—
6	前一年度（年）	*		*	*	*		—
7	本年（年）		*	109 153.73			*	—
8	合计（1+2+3）	13 950.00	—	109 153.73	—	13 950.00	—	—

表 6-17 A105080 资产折旧、摊销及纳税调整明细表

行次	项目		账载金额			税收金额					纳税调整金额
			资产原值	本年折旧、摊销额	累计折旧、摊销额	资产计税基础	税收折旧额	享受加速折旧政策的资产按税收一般规定计算的折旧、摊销额	加速折旧统计额	累计折旧、摊销额	
			1	2	3	4	5	6	7=5−6	8	9（2−5）
1	一、固定资产（2+3+4+5+6+7）		1 260 000.00	10 753.47	228 000.00	1 260 000.00	10 753.47	*	*	228 000.00	—
2	所有固定资产	（一）房屋、建筑物	300 000.00	1 187.50	23 750.00	300 000.00	1 187.50	*	*	23 750.00	—
3		（二）飞机、火车、轮船、机器、机械和其他生产设备	800 000.00	6 333.33	152 000.00	800 000.00	6 333.33	*	*	152 000.00	—
4		（三）与生产经营活动有关的器具、工具、家具等						*	*		—
5		（四）飞机、火车、轮船以外的运输工具	150 000.00	2 968.75	47 500.00	150 000.00	2 968.75	*	*	47 500.00	—
6		（五）电子设备	10 000.00	263.89	4 750.00	10 000.00	263.89	*	*	4 750.00	—
7		（六）其他						*	*		—

续表

行次	项目		账载金额			税收金额					纳税调整金额
			资产原值	本年折旧、摊销额	累计折旧、摊销额	资产计税基础	税收折旧额	享受加速折旧政策的资产按税收一般规定计算的折旧、摊销额	加速折旧统计额	累计折旧、摊销额	
			1	2	3	4	5	6	7=5−6	8	9（2−5）
8	其中：享受固定资产加速折旧及一次性扣除政策的资产加速折旧额大于一般折旧额的部分	（一）重要行业固定资产加速折旧（不含一次性扣除）							—		*
9		（二）其他行业研发设备加速折旧							—		*
10		（三）固定资产一次性扣除							—		*
11		（四）技术进步、更新换代固定资产							—		*
12		（五）常年强震动、高腐蚀固定资产							—		*
13		（六）外购软件折旧							—		*
14		（七）集成电路企业生产设备							—		*

续表

行次	项目	账载金额			税收金额					纳税调整金额
		资产原值	本年折旧、摊销额	累计折旧、摊销额	资产计税基础	税收折旧额	享受加速折旧政策的资产按税收一般规定计算的折旧、摊销额	加速折旧统计额	累计折旧、摊销额	
		1	2	3	4	5	6	7=5−6	8	9（2−5）
15	二、生产性生物资产（19+20）	—	—	—	—	—	*	*	—	—
16	（一）林木类						*	*		—
17	（二）畜类						*	*		—
18	三、无形资产（22+23+24+25+26+27+28+30）	600 000.00	5 000.00	60 000.00	600 000.00	1 000.00	*	*	12 000.00	4 000.00
19	（一）专利权						*	*		—
20	（二）商标权						*	*		—
21	（三）著作权						*	*		—
22	（四）土地使用权	600 000.00	5 000.00	60 000.00	600 000.00	1 000.00	*	*	12 000.00	4 000.00
23	（五）非专利技术						*	*		—
24	（六）特许权使用费						*	*		—
25	（七）软件						*	*		—
26	其中：享受企业外购软件加速摊销政策									*
27	（八）其他						*	*		—

续表

行次	项目	账载金额			税收金额					纳税调整金额
		资产原值	本年折旧、摊销额	累计折旧、摊销额	资产计税基础	税收折旧额	享受加速折旧政策的资产按税收一般规定计算的折旧、摊销额	加速折旧统计额	累计折旧、摊销额	
		1	2	3	4	5	6	7=5−6	8	9（2−5）
28	四、长期待摊费用（32＋33＋34＋35＋36）	—	—	—	—	—	*	*	—	—
29	（一）已足额提取折旧的固定资产的改建支出						*	*		—
30	（二）租入固定资产的改建支出						*	*		—
31	（三）固定资产的大修理支出						*	*		—
32	（四）开办费						*	*		—
33	（五）其他						*	*		—
34	五、油气勘探投资						*	*		—
35	六、油气开发投资						*	*		—
36	合计（1＋18＋21＋31＋37＋38）	1 860 000.00	15 753.47	288 000.00	1 860 000.00	11 753.47			240 000.00	4 000.00
附列资料	全民所有制企业公司制改制资产评估增值政策资产						*	*		*

说明：资产折旧、摊销会计核算与税法的差异主要体现在资产的计税基础和折旧、摊销年限两个方面。

《企业所得税法实施条例》第五十九条规定：固定资产按照直线法计算的折旧，准予扣除。企业应当自固定资产投入使用月份的次月起计算折旧；停止使用的固定资产，应当自停止使用月份的次月起停止计算折旧。企业应当根据固定资产的性质和使用情况，合理确定固定资产的预计净残值。固定资产的预计净残值一经确定，不得变更。《企业所得税法实施条例》第六十条规定：除国务院财政、税务主管部门另有规定外，固定资产计算折旧的最低年限如下：（1）房屋、建筑物，为 20 年；（2）飞机、火车、轮船、机器、机械和其他生产设备，为 10 年；（3）与生产经营活动有关的器具、工具、家具等，为 5 年；（4）飞机、火车、轮船以外的运输工具，为 4 年；（5）电子设备，为 3 年。

该企业按照税法规定计提固定资产折旧，因此，纳税调整额为 0 元。

固定资产加速折旧相关政策参考第一章相关内容。

该企业土地使用权按税法规定应当按照 50 年摊销，会计上按 10 年摊销，应当纳税调整 4 000 元。

表 6-18　　　　A105090 资产损失税前扣除及纳税调整明细表

行次	项目	资产损失的账载金额	资产处置收入	赔偿收入	资产计税基础	资产损失的税收金额	纳税调整金额
		1	2	3	4	5(4－2－3)	6(1－5)
1	一、现金及银行存款损失					—	—
2	二、应收及预付款项坏账损失					—	—
3	其中：逾期三年以上的应收款项损失					—	—
4	逾期一年以上的小额应收款项损失					—	—
5	三、存货损失	20 000.00		2 600.00	22 600.00	20 000.00	—
6	其中：存货盘亏、报废、损毁、变质或被盗损失	20 000.00		2 600.00	22 600.00	20 000.00	—
7	四、固定资产损失					—	—
8	其中：固定资产盘亏、丢失、报废、损毁或被盗损失					—	—
9	五、无形资产损失					—	—
10	其中：无形资产转让损失					—	—

续表

行次	项目	资产损失的账载金额	资产处置收入	赔偿收入	资产计税基础	资产损失的税收金额	纳税调整金额
		1	2	3	4	5(4－2－3)	6(1－5)
11	无形资产被替代或超过法律保护期限形成的损失					—	—
12	六、在建工程损失					—	—
13	其中：在建工程停建、报废损失					—	—
14	七、生产性生物资产损失					—	—
15	其中：生产性生物资产盘亏、非正常死亡、被盗、丢失等产生的损失					—	—
16	八、债权性投资损失（17＋22）	—	—	—	—	—	—
17	（一）金融企业债权性投资损失（18＋21）	—	—	—	—	—	—
18	1. 符合条件的涉农和中小企业贷款损失					—	—
19	其中：单户贷款余额 300 万（含）以下的贷款损失					—	—
20	单户贷款余额 300 万元至 1 000 万元（含）的 贷款损失					—	—
21	2. 其他债权性投资损失					—	—
22	（二）非金融企业债权性投资损失					—	—
23	九、股权（权益）性投资损失					—	—
24	其中：股权转让损失					—	—
25	十、通过各种交易场所、市场买卖债券、股票、期货、基金以及金融衍生产品等发生的损失					—	—
26	十一、打包出售资产损失					—	—
27	十二、其他资产损失					—	—
28	合计（1＋2＋5＋7＋9＋12＋14＋16＋23＋25＋26＋27）	20 000.00	—	2 600.00	22 600.00	20 000.00	—
29	其中：分支机构留存备查的资产损失					—	—

说明：

企业向税务机关申报扣除资产损失，仅需填报企业所得税年度纳税申报表《资产损失税前扣除及纳税调整明细表》，不再报送资产损失相关资料。相关资料由企业留存备查。

企业应当完整保存资产损失相关资料，保证资料的真实性、合法性。

根据管理费用、营业外支出、资产减值损失等科目明细账分析填列。该企业“管理费用——财产损失”20 000.00 元，按税法规定填列本表，相关资料由企业留存备查。

四、其他税费纳税申报

其他税费的纳税申报表所需填列内容主要包括“计税依据”“计税金额”“税率（征收率）”“本期应纳税额”“本期已缴税额”“本期应补（退）税额”等项目，一般没有附表或者只有一张比较简单的附表，填写非常简单，大家一看就会，参见表 6-19 至表 6-23。

申报表详细填表说明参考《全国县级税务机关纳税服务规范》、《国家税务总局关于修订财产行为税部分税种申报表的通知》（税总发〔2015〕114 号）、《国家税务总局关于修订个人所得税申报表的公告》（国家税务总局公告 2019 年第 7 号）三个文件。

1. 城镇土地使用税和房产税纳税申报

《国家税务总局关于实施便民办税缴费十条新举措的通知》（税总函〔2019〕223 号）规定：推行城镇土地使用税和房产税合并申报。税务总局合并城镇土地使用税和房产税纳税申报表，各省税务机关统一城镇土地使用税和房产税纳税期限，减少纳税人申报次数。

本书印刷之日，尚未出台新申报表的文件，暂按原申报表，合并后的新申报表与原申报表原理一样，搞清楚原理，自然也就会申报了。

（1）城镇土地使用税纳税申报见表 6-19；

（2）房产税纳税申报见表 6-20。

说明：《房产税纳税申报表（汇总版）》《房产税减免税明细申报表》《从价计征房产税税源明细表》《从租计征房产税税源明细表》的填写略。

2. 城市维护建设税、教育费附加、地方教育附加税（费）纳税申报

见表 6-21。

说明：减免性质代码按照国家税务总局制定下发的最新《减免性质及分类表》中的最细项减免性质代码填报。

由于地方水利建设基金计算缴纳方法各省不统一，未考虑。

3. 印花税纳税申报

见表 6-22。

说明：

（1）假设该企业签订合同情况为：购销合同金额为 5 396 000 元，运输合同金额为 12 600 元，借款合同 1 000 000 元，未签订其他合同。

（2）印花税纳税义务发生时间：账簿起用时；合同（协议）签订时；证照领受时；资本注册时或增加时。

（3）应纳税额不足一角的，免纳印花税。应纳税额在一角以上的，其税额尾数不满五分的不计，满五分的按一角计算缴纳。

（4）财产租赁合同按租赁金额 1‰贴花。税额不足 1 元，按 1 元贴花。

（5）有的企业采取核定征收方式，核定依据指采用核定方式征收印花税的应税凭证所对应的费用、收入金额。如购销合同对应采购金额、销售收入；加工承揽合同对应加工承揽金额；建筑安装承包合同对应承包金额等。

4. 个人所得税纳税申报

见表 6-23。

表 6-19 **城镇土地使用税纳税申报表**

税款所属期：自 20×2 年 1 月 1 日至 20×2 年 12 月 31 日　填表日期：20×3 年 1 月 7 日　　金额单位：元至角分；面积单位：平方米

纳税人识别号：91037000000000088

纳税人信息	名称			L 市雨泽有限公司			纳税人分类		单位☑　个人☐		
	登记注册类型			有限责任公司			所属行业		某某制造		
	身份证件类型			身份证☑　护照☐　其他☐			身份证件号码		370002198001268888		
	联系人			雨泽			联系方式		05××—6660000		
申报纳税信息	土地编号	宗地的地号	土地等级	税额标准	土地总面积	所属期起	所属期止	本期应纳税额	本期减免税额	本期已缴税额	本期应补（退）税额
	*	L12-9-99-9	一级土地	8.00	3 000.00	20×2-01-01	20×2-12-31	24 000.00	0.00	0.00	24 000.00
	*										
	*										
	*										
	*										
	*										
	*										
	*										
	*										
	*										
	合计			*	3 000.00	*	*	24 000.00	0.00	0.00	24 000.00
以下由纳税人填写：											
纳税人声明	此纳税申报表是根据《中华人民共和国城镇土地使用税暂行条例》和国家有关税收规定填报的，是真实的、可靠的、完整的。										
纳税人签章		代理人签章			代理人身份证号						
以下由税务机关填写：											
受理人		受理日期		年　月　日	受理税务机关签章						

本表一式两份，一份纳税人留存，一份税务机关留存。

表 6-20 **房产税纳税申报表**

税款所属期：自 20×2 年 1 月 1 日至 20×2 年 12 月 31 日　填表日期：20×3 年 1 月 7 日　　金额单位：元至角分；面积单位：平方米

纳税人识别号：910370000000000088

纳税人信息	名称	L 市雨泽有限公司	纳税人分类	单位☑　个人□
	登记注册类型	有限责任公司	所属行业	某某制造
	身份证件类型	身份证☑　护照□　其他□______	身份证件号码	370002198001268888
	联系人	雨泽	联系方式	05××—6660000

一、从价计征房产税

	房产编号	房产原值	其中：出租房产原值	计税比例	税率	所属期起	所属期止	本期应纳税额	本期减免税额	本期已缴税额	本期应补（退）税额
1	*	300 000.00		70%	1.2%	20×2-01-01	20×2-12-31	2 520.00	0.00	0.00	2 520.00
2	*										
3	*										
4	*										
5	*										
6	*										
7	*										
8	*										
9	*										
10	*										
合计	*	*	*	*	*	*	*	2 520.00	0.00	0.00	2 520.00

二、从租计征房产税

	本期申报租金收入	税率	本期应纳税额	本期减免税额	本期已缴税额	本期应补（退）税额
1						

续表

	本期申报租金收入	税率	本期应纳税额	本期减免税额	本期已缴税额	本期应补（退）税额
2						
3						
合计		*				
以下由纳税人填写：						
纳税人声明	此纳税申报表是根据《中华人民共和国房产税暂行条例》和国家有关税收规定填报的，是真实的、可靠的、完整的。					
纳税人签章		代理人签章		代理人身份证号		
以下由税务机关填写：						
受理人		受理日期	年　月　日	受理税务机关签章		

本表一式两份，一份纳税人留存，一份税务机关留存。

表 6-21

城市维护建设税 教育费附加 地方教育附加申报表

税款所属期：自 20×2 年 12 月 01 日至 20×2 年 12 月 31 日

纳税人识别号（统一社会信用代码）：91037000000000088

纳税人名称：L 市雨泽有限公司　　　　金额单位：人民币元（列至角分）

本期是否适用增值税小规模纳税人减征政策（减免性质代码_____城市维护建设税：07049901，减免性质代码_教育费附加：61049901，减免性质代码_____地方教育附加：99049901）	□ 是 ☑ 否	减征比例_____城市维护建设税（%）	
		减征比例_____教育费附加（%）	
		减征比例_____地方教育附加（%）	
本期是否适用试点建设培育产教融合型企业抵免政策	□ 是 ☑ 否	当期新增投资额	
		上期留抵可抵免金额	
		结转下期可抵免金额	

税（费）种	计税（费）依据					税率（征收率）	本期应纳税（费）额	本期减免税（费）额		本期增值税小规模纳税人减征额	试点建设培育产教融合型企业		本期已缴税（费）额	本期应补（退）税（费）额
	增值税		消费税	营业税	合计			减免性质代码	减免税（费）额		减免性质	本期抵免金额		
	一般增值税	免抵税额												
	1	2	3	4	5=1+2+3+4	6	7=5×6	8	9	10	11	12	13	14=7−9−10−12−13
城建税	19 518.44				19 518.44	7%	1 366.29				—	—		1 366.29
教育费附加	19 518.44				19 518.44	3%	585.55							585.55
地方教育附加	19 518.44				19 518.44	2%	390.37							390.37
—														
合计	—					—	2 342.21							2 342.21

谨声明：本纳税申报表是根据国家税收法律法规及相关规定填报的，是真实的、可靠的、完整的。

纳税人（签章）：　　　　年　月　日

经办人： 经办人身份证号： 代理机构签章： 代理机构统一社会信用代码：	受理人： 受理税务机关（章）： 受理日期：　　年　月　日

表 6-22

印花税纳税申报（报告）表

税款所属期限：自 20×2 年 1 月 1 日至 20×2 年 12 月 31 日　　填表日期：20×3 年 1 月 7 日　　金额单位：元至角分

纳税人识别号：91037000000000088

纳税人信息	名称		L 市雨泽有限公司			☑单位　□个人			
	登记注册类型		有限责任公司		所属行业	某某制造			
	身份证件类型		身份证		身份证件号码	370002198001268888			
	联系方式		05××—6660000						
应税凭证	计税金额或件数	核定征收		适用税率	本期应纳税额	本期已缴税额	本期减免税额		本期应补（退）税额
		核定依据	核定比例				减免性质代码	减免额	
	1	2	3	4	5＝1×4＋2×3×4	6	7	8	9＝5－6－8
购销合同	5 396 000			0.3‰	1 618.80				1 618.80
加工承揽合同				0.5‰					
建设工程勘察设计合同				0.5‰					
建筑安装工程承包合同				0.3‰					
财产租赁合同				1‰					
货物运输合同	12 600			0.5‰	6.3				6.3
仓储保管合同				1‰					
借款合同	1 000 000			0.05‰	50				50
财产保险合同				1‰					
技术合同				0.3‰					
产权转移书据				0.5‰					
营业账簿（记载资金的账簿）		—		0.5‰					
营业账簿（其他账簿）		—		5					

续表

应税凭证	计税金额或件数	核定征收		适用税率	本期应纳税额	本期已缴税额	本期减免税额		本期应补（退）税额
		核定依据	核定比例				减免性质代码	减免额	
	1	2	3	4	5=1×4+2×3×4	6	7	8	9=5−6−8
权利、许可证照		—		5					
合计	—	—		—	1 675.10				1 675.10
以下由纳税人填写：									
纳税人声明	此纳税申报表是根据《中华人民共和国印花税暂行条例》和国家有关税收规定填报的，是真实的、可靠的、完整的。								
纳税人签章		代理人签章			代理人身份证号				
以下由税务机关填写：									
受理人		受理日期		年 月 日	受理税务机关签章				

本表一式两份，一份纳税人留存，一份税务机关留存。

减免性质代码：减免性质代码按照税务机关最新制发的减免税政策代码表中的最细项减免性质代码填报。

表 6-23

个人所得税扣缴申报表

税款所属期：　年　月　日至　年　月　日

扣缴义务人名称：

扣缴义务人纳税人识别号（统一社会信用代码）：□□□□□□□□□□□□□□□□□□□□□□□□　　金额单位：人民币元（列至角分）

序号	姓名	身份证件类型	身份证件号码	纳税人识别号	是否为非居民个人	所得项目	本月（次）情况														累计情况（工资、薪金）									减按计税比例	准予扣除的捐赠额	税款计算							备注
							收入额计算			减除费用	专项扣除				其他扣除						累计收入额	累计减除费用	累计专项扣除	累计专项附加扣除					累计其他扣除			应纳税所得额	税率/预扣率	速算扣除数	应纳税额	减免税额	已扣缴税额	应补（退）税额	
							收入	费用	免税收入		基本养老保险费	基本医疗保险费	失业保险费	住房公积金	年金	商业健康保险	税延养老保险	财产原值	允许扣除的税费	其他				子女教育	赡养老人	住房贷款利息	住房租金	继续教育											
1	2	3	4	5	6	7	8	9	10	11	12	13	14	15	16	17	18	19	20	21	22	23	24	25	26	27	28	29	30	31	32	33	34	35	36	37	38	39	40
合计																																							

谨声明：本表是根据国家税收法律法规及相关规定填报的，是真实的、可靠的、完整的。

扣缴义务人（签章）：　　年　月　日

经办人签字： 经办人身份证件号码： 代理机构签章： 代理机构统一社会信用代码：	受理人： 受理税务机关（章）： 受理日期：　年　月　日

国家税务总局监制

填表比较简单，不再举例，填表说明参考《国家税务总局关于修订个人所得税申报表的公告》（国家税务总局公告 2019 年第 7 号）附件。

5. 其他税费纳税申报

除上述常见税费外，我国还有消费税、资源税、车船税、耕地占用税、契税、土地增值税、烟叶税等其他税费，这些税费一般企业极少用到，在此不再举例。若在工作中用到可以参考《全国县级税务机关纳税服务规范》及《国家税务总局关于修订财产行为税部分税种申报表的通知》（税总发〔2015〕114 号）两个文件，并关注最新政策的变化。

温馨提醒

本书主要讲解一般纳税人的财税实操，对比较简单的小规模纳税人财税实操并未讲解，学会了一般纳税人的财税实操，小规模纳税人的财税实操自然可以无师自通，没必要专门再进行学习了。

（1）在财税处理上，小规模纳税人不能抵扣进项税额，一般情况下，只需要一个科目——“应交税费——应交增值税”核算应该缴纳和实际缴纳的增值税即可。

（2）在税收优惠上，2019 年 1 月 1 日至 2021 年 12 月 31 日期间：

①小规模纳税人发生增值税应税销售行为，合计月销售额未超过 10 万元（以 1 个季度为 1 个纳税期的，季度销售额未超过 30 万元，下同）的，免征增值税。

小规模纳税人发生增值税应税销售行为，合计月销售额超过 10 万元，但扣除本期发生的销售不动产的销售额后未超过 10 万元的，其销售货物、劳务、服务、无形资产取得的销售额免征增值税。

适用增值税差额征税政策的小规模纳税人，以差额后的销售额确定是否可以享受本公告规定的免征增值税政策。

《增值税纳税申报表（小规模纳税人适用）》中的“免税销售额”相关栏次，填写差额后的销售额。

按固定期限纳税的小规模纳税人可以选择以 1 个月或 1 个季度为纳税期限，一经选择，一个会计年度内不得变更。

②由省、自治区、直辖市人民政府根据本地区实际情况，以及宏观调控需要确定，对增值税小规模纳税人可以在 50%的税额幅度内减征资源税、城市维护建设税、房产税、城镇土地使用税、印花税（不含证券交易印花税）、耕地占用税和教育费附加、地方教育附加。

③对小型微利企业年应纳税所得额不超过 100 万元的部分，减按 25%计入应纳税所得额，按 20%的税率缴纳企业所得税；对年应纳税所得额超过 100 万元但不超过 300 万元的部分，减按 50%计入应纳税所得额，按 20%的税率缴纳企业所得税。

上述小型微利企业是指从事国家非限制和禁止行业，且同时符合年度应纳税所得额不超过 300 万元、从业人数不超过 300 人、资产总额不超过 5 000 万元等三个条件的企业。

对于绝大多数小规模纳税人来说，一般是能够符合小型微利企业条件的，可以享受上述企业所得税优惠。极少数小规模纳税人不符合小型微利企业条件的，不可以享受上述企业所得税优惠。

(3) 在纳税申报上。

增值税小规模纳税人企业所得税、增值税、地方税种和相关附加纳税申报表填写较为简单，不再举例。

企业所得税申报可以参考本书中企业所得税申报部分。

增值税纳税申报可以参考《增值税纳税实务与节税技巧》一书和“丰收税务”服务号中的相关内容。

地方税种和相关附加纳税申报表及填表说明见《国家税务总局关于增值税小规模纳税人地方税种和相关附加减征政策有关征管问题的公告》（国家税务总局公告 2019 年第 5 号）、《国家税务总局关于调整部分政府性基金有关征管事项的公告》（国家税务总局公告 2019 年第 24 号）等文件附件。

附　录

附录1　雨泽公司会计科目及其核算内容表

雨泽公司会计科目及其核算内容表见附表1-1。

附表1-1　雨泽公司会计科目及其核算内容表

会计科目	核算内容
库存现金	企业的库存现金。
银行存款	企业存入银行或其他金融机构的各种款项。
其他货币资金	企业除库存现金、银行存款以外的各种货币资金，主要包括银行汇票存款、银行本票存款、信用卡存款、信用证保证金存款、外埠存款等。
应收票据	企业因销售商品、提供劳务等而收到的商业汇票，包括银行承兑汇票和商业承兑汇票。
应收账款	企业因销售商品、提供劳务等经营活动，应向购买方或接受劳务单位收取的款项，主要包括企业销售商品或提供劳务等应向有关债务人收取的价款及代购买方垫付的包装费、运杂费等。
预付账款	企业按照合同规定预付的款项。预付款项情况不多的，也可以不设置本科目，将预付的款项直接记入“应付账款”科目。
其他应收款	其他应收款是指企业除应收票据、应收账款、预付账款等以外的其他各种应收及暂付款项。其主要内容包括： （1）应收的各种赔款、罚款，如因企业财产等遭受意外损失而应向有关保险公司收取的赔款等； （2）应收的出租包装物租金； （3）应向职工收取的各种垫付款项，如为职工垫付的水电费、应由职工负担的医药费、房租费等； （4）存出保证金，如租入包装物支付的押金； （5）其他各种应收、暂付款项。
坏账准备	企业应收款项的坏账准备。
原材料	企业在生产过程中经过加工改变其形态或性质并构成产品主要实体的各种材料。具体包括原料及主要材料、辅助材料、外购半成品（外购件）、修理用备件（备品备件）、包装材料、燃料等。

续表

会计科目	核算内容
库存商品	企业已完成全部生产过程并已验收入库、合乎标准规格和技术条件，可以按照合同规定的条件送交订货单位，或可以作为商品对外销售的产品以及外购或委托加工完成验收入库用于销售的各种商品。库存商品具体包括库存产成品、外购商品、存放在门市部准备出售的商品、发出展览的商品、寄存在外的商品、接受来料加工制造的代制品和为外单位加工修理的代修品等。
固定资产	企业持有的固定资产原价。固定资产是同时具有以下特征的有形资产： (1) 为生产商品、提供劳务、出租或经营管理而持有的； (2) 使用寿命超过一个会计年度。
累计折旧	企业固定资产的累计折旧。
固定资产清理	企业因出售、报废、毁损、对外投资、非货币性资产交换、债务重组等原因转出的固定资产价值以及在清理过程中发生的费用等。
无形资产	企业持有的无形资产成本，包括专利权、非专利技术、商标权、著作权、土地使用权、特许权等。
累计摊销	企业对使用寿命有限的无形资产计提的累计摊销。使用寿命不确定的无形资产不应摊销。使用寿命有限的无形资产，其残值应当视为零。
待处理财产损溢	企业在清查财产过程中查明的各种财产盘盈、盘亏和毁损的价值。物资在运输途中发生的非正常短缺与损耗，也通过本科目核算。
递延所得税资产	企业确认的可抵扣暂时性差异产生的递延所得税资产。
短期借款	企业向银行或其他金融机构等借入的期限在 1 年以下（含 1 年）的各种借款。
应付票据	企业购买材料、商品和接受劳务供应等开出、承兑的商业汇票，包括银行承兑汇票和商业承兑汇票。
应付账款	企业因购买材料、商品和接受劳务等经营活动应支付的款项。
预收账款	企业按照合同规定向购买方预收的款项。
应付职工薪酬	企业根据有关规定应付给职工的各种薪酬，包括职工工资、奖金、津贴和补贴，职工福利费，医疗、养老、失业、工伤、生育等社会保险费，住房公积金，工会经费，职工教育经费，非货币性福利等因职工提供服务而产生的义务。
应交税费	企业根据税法规定应交纳的各种税费包括：增值税、消费税、城市维护建设税、资源税、所得税、土地增值税、房产税、车船税、土地使用税、教育费附加、矿产资源补偿费等。企业缴纳的印花税、耕地占用税等不需要预计应交数的税金，不通过"应交税费"科目核算。
其他应付款	企业除应付票据、应付账款、预收账款、应付职工薪酬、应交税费、应付利息、应付股利等经营活动以外的其他各项应付、暂收的款项，如应付租入包装租金、存入保证金等。

续表

会计科目	核算内容
递延所得税负债	企业确认的应纳税暂时性差异产生的所得税负债。
实收资本（或股本）	企业接受投资者投入的实收资本。股份有限公司应通过“股本”科目核算。
资本公积	企业收到投资者的超出其在企业注册资本（或股本）中所占份额的投资，以及直接计入所有者权益的利得和损失等。
盈余公积	企业按规定从净利润中提取的企业积累资金。公司制企业的盈余公积包括法定盈余公积和任意盈余公积。
本年利润	企业当期实现的净利润（或发生的净亏损）。
利润分配	企业利润的分配（或亏损的弥补）和历年分配（或弥补）后的余额。该科目应分别“提取法定盈余公积”“提取任意盈余公积”“应付现金股利或利润”“盈余公积补亏”“未分配利润”等进行明细核算。企业未分配利润通过“利润分配——未分配利润”明细科目进行核算。
生产成本	企业进行工业性生产发生的各项生产成本，包括生产各种产品（产成品、自制半成品）、自制材料、自制工具、自制设备等。
制造费用	企业生产车间（部门）为生产产品和提供劳务而发生的各项间接费用。
主营业务收入	企业确认的销售商品、提供劳务等主营业务的收入。
其他业务收入	企业确认的除主营业务活动以外的其他经营活动实现的收入，包括销售材料、出租包装物和商品、出租固定资产、出租无形资产等实现的收入。
资产处置收益	企业出售划分为持有待售的非流动资产（金融工具、长期股权投资和投资性房地产除外）或处置组（子公司和业务除外）时确认的处置利得或损失，以及处置未划分为持有待售的固定资产、在建工程、生产性生物资产及无形资产而产生的处置利得或损失。债务重组中因处置非流动资产产生的利得或损失和非货币性资产交换产生的利得或损失也包括在本项目内。
营业外收入	企业发生的营业利润以外的收益，主要包括债务重组利得、与企业日常活动无关的政府补助、盘盈利得、捐赠利得（企业接受股东或股东的子公司直接或间接的捐赠，经济实质属于股东对企业的资本性投入的除外）等。
主营业务成本	企业确认销售商品、提供劳务等主营业务收入时应结转的成本。
其他业务成本	企业确认的除主营业务活动以外的其他经营活动所发生的支出，包括销售材料的成本、出租固定资产的折旧额、出租无形资产的摊销额、出租包装物的成本或摊销额等。
税金及附加	企业经营活动发生的消费税、城市维护建设税、资源税和教育费附加、房产税、车船税、土地使用税、印花税等相关税费。
销售费用	企业在销售商品和材料、提供劳务过程中发生的各项费用，包括企业在销售商品过程中发生的包装费、保险费、展览费和广告费商品维修费、预计产品质量保证损失、运输费、装卸费等费用，以及企业发生的为销售本企业商品而专设的销售机构的职工薪酬、业务费、折旧费、固定资产修理费等费用。

续表

会计科目	核算内容
管理费用	企业为组织和管理企业生产经营所发生的管理费用，包括企业在筹建期间内发生的开办费、董事会和行政管理部门在企业的经营管理中发生的或者应由企业统一负担的公司经费（包括行政管理部门职工工资及福利费、物料消耗、低值易耗品摊销、办公费和差旅费等）、工会经费、董事会费（包括董事会成员津贴、会议费和差旅费等）、聘请中介机构费、咨询费（含顾问费）、诉讼费、业务招待费、房产税、车船税、土地使用税、印花税、技术转让费、矿产资源补偿费、研究费用、排污费等。
财务费用	企业为筹集生产经营所需资金等而发生的筹资费用，包括利息支出（减息收入）、汇兑损益以及相关的手续费、企业发生或收到的现金折扣等。
资产减值损失	企业计提各项资产减值准备所形成的损失。
营业外支出	反映企业发生的除营业利润以外的支出，主要包括债务重组损失、公益性捐赠支出、非常损失、盘亏损失、非流动资产毁损报废损失等。
所得税费用	企业确认的应从当期利润总额中扣除的所得税费用。

说明：这些会计科目都是中小企业日常所用科目，对于大部分中小企业极少用到的科目此处未列。

附录 2　快速准确编制会计报表的秘诀

说是秘诀，其实并不神秘，非常好学、好用。然而，在笔者的身边，却极少有会计人员想到这种办法，可以说 100 个会计人员中能有一两个想到就很不错了，可见我们的会计人员着实缺乏创新思维。还有个别的会计人员虽然想到了，却不知道怎么把想法变成现实。

每当去企业服务，看到有人在按计算器的时候，看到他们在纸上画 T 形账的时候，看到他们为了几分钱几块钱的差额借贷不平苦苦对账的时候，我心里很是替他们着急。每每此时，我都会积极将自己做会计报表的经验传授给他们，他们才恍然大悟：原来还有这么简单、快速、准确的方法！运用此法，再也不必按计算器了，再也不必画 T 形账了，再也不会出现借贷不平的情况了，再也不用为编制报表而加班记账了。

在这里，我就将这个秘诀告诉读者，那就是利用办公软件 Excel 来编制报表，即把每个表作为工作表放到同一个 Excel 文件中，在表间设置好公式，只需录入基础数据，会计报表就会自动生成。用这种方法的好处是：不用登记明细账、总账就能做出准确的会计报表。当然，要记得及时补记明细账和总账。这样就大大提高了效率，不用加班加点为出报表而记账了。

当然，使用财务软件的企业是没有必要使用这种方法的，但是现在大部分中小企业还是手工记账，因此，此法仍是大部分会计人员提高工作效率的利器。

有的会计人员可能会认为自己的 Excel 操作水平很差，这里可以告诉大家，这种方法非常简单，用不了多少 Excel 知识，甚至 Excel 零基础都可以学会！

当然，对那些 Excel 水平相当高的会计人员来说，甚至可以设计出输入凭证，以及明细账、多栏账、总账、会计报表都能自动生成的电子表格，想达到这一高度，设计者不但需要具备高超的 Excel 专业技能，还需掌握一定的财务专业知识，同时具备这两项技能者更是少之又少，显然对于广大会计人员来说并不现实，因此，这里不做介绍。其实对大部分会计来说，只需掌握本书介绍的简单秘诀就足矣。

下面我们来介绍这个秘诀。

秘诀思路：将科目登记汇总表、科目本期发生额和余额表、明细账基础数据表、资产负债表、利润表、现金流量表六个工作表设置于同一个工作簿（命名为“会计报表编制模板”）中，设置好表间表内公式，只需录入基础数据，会计报表即可自动生成。

第一步：按企业常用科目顺序编制科目登记汇总表。

编制科目登记汇总表时，要考虑企业可能用到的所有会计科目，并且按照会计科目表的顺序编制。而我们在这里仅为了说明快速准确编制会计报表的方法，没有必要列出所有会计科目，因此，我们假设甲公司仅用到附表 2-1 中的会计科目。

附表 2-1 科目登记汇总表

编制单位：甲公司 年 月 日 单位：元

库存现金			银行存款			交易性金融资产		
号码	借方	贷方	号码	借方	贷方	号码	借方	贷方
小计			小计			小计		
应收账款			坏账准备			原材料		
号码	借方	贷方	号码	借方	贷方	号码	借方	贷方
小计			小计			小计		
库存商品			周转材料			固定资产		
号码	借方	贷方	号码	借方	贷方	号码	借方	贷方
小计			小计			小计		
累计折旧			应付账款			应付职工薪酬		
号码	借方	贷方	号码	借方	贷方	号码	借方	贷方
小计			小计			小计		
应交税费			实收资本			本年利润		
号码	借方	贷方	号码	借方	贷方	号码	借方	贷方
小计			小计			小计		
利润分配			生产成本			制造费用		
号码	借方	贷方	号码	借方	贷方	号码	借方	贷方
小计			小计			小计		

续表

主营业务收入			主营业务成本			税金及附加		
号码	借方	贷方	号码	借方	贷方	号码	借方	贷方
小计			小计			小计		
销售费用			管理费用			所得税费用		
号码	借方	贷方	号码	借方	贷方	号码	借方	贷方
小计			小计			小计		

说明：1. 此表格使用Excel编制（下同），号码填写“凭证号码”，小计为“会计科目本期发生额小计”（有颜色区域），设置好公式并锁定。然后再将所有小计借方合计起来作为“借方发生额合计”，将所有小计贷方合计起来作为“贷方发生额合计”，再设置公式“借方发生额合计－贷方发生额合计”作为平衡检查，设置颜色并锁定。这样根据记账凭证逐份录入此表中，可以随时通过设置的平衡检查表格检查录入凭证是否正确，再也不用担心记账借贷不平问题！

2. 在做凭证时，一定要记住：除最后结转损益类科目到本年利润的会计凭证之外，其他会计凭证在登记时，成本、费用类科目在借方登记（减少时，借记负数），收入类科目在贷方登记（减少时，贷记负数）。

3. 行数不够可以直接插入行，公式会跟着进行正确的设置，大家可以放心使用。

第二步：按科目登记汇总表中科目顺序编制科目本期发生额和余额表，见附表2-2。

附表2-2　　科目本期发生额和余额表

编制单位：甲公司　　　　年　月　　　　单位：元

账户名称（会计科目）	期初余额		本期发生额		期末余额	
	借方	贷方	借方	贷方	借方	贷方
库存现金						
银行存款						
交易性金融资产						
应收账款						
坏账准备						
原材料						
库存商品						
周转材料						
固定资产						
累计折旧						
应付账款						

续表

账户名称（会计科目）	期初余额		本期发生额		期末余额	
	借方	贷方	借方	贷方	借方	贷方
应付职工薪酬						
应交税费						
实收资本						
本年利润						
利润分配						
生产成本						
制造费用						
主营业务收入						
主营业务成本						
税金及附加						
销售费用						
管理费用						
所得税费用						
合计						

说明：1. 对这个表的期末余额栏设置公式：期末余额（借方）＝期初余额（借方）＋本期发生额（借方）－本期发生额（贷方），期末余额（贷方）＝期初余额（贷方）＋本期发生额（贷方）－本期发生额（借方）；每个科目的本期发生额借方（贷方）＝科目登记汇总表中相应科目的小计借方（贷方）。将设置好公式的区域设置颜色并锁定。

2. 初次使用此方法时，关于期初余额的录入一定要记住：资产、成本科目在借方录入（为贷方的，应以负数录入），负债、权益科目在贷方录入（为借方的，应以负数录入），损益类科目一般无余额。

3. 以后每月期初余额不必录入，可以将上月的期末余额直接使用“选择性粘贴——数值”粘贴过来。

第三步：对资产负债表（附表 2-3）、利润表（附表 2-4）和“科目本期发生额和余额表”设置公式。

附表 2-3　　资产负债表

会企 01 表

编制单位：甲公司　　年　月　日　　单位：元

资产	期末余额	年初余额	负债和所有者权益（或股东权益）	期末余额	年初余额
流动资产：			流动负债：		
货币资金			短期借款		
以公允价值计量且其变动计入当期损益的金融资产			以公允价值计量且其变动计入当期损益的金融负债		
衍生金融资产			衍生金融负债		
应收票据			应付票据		

续表

资产	期末余额	年初余额	负债和所有者权益（或股东权益）	期末余额	年初余额
应收账款			应付账款		
预付款项			预收款项		
其他应收款			应付职工薪酬		
存货			应交税费		
持有待售资产			其他应付款		
一年内到期的非流动资产			持有待售负债		
其他流动资产			一年内到期的非流动负债		
流动资产合计			其他流动负债		
非流动资产：			流动负债合计		
可供出售金融资产			非流动负债：		
持有至到期投资			长期借款		
长期应收款			应付债券		
长期股权投资			其中：优先股		
投资性房地产			永续债		
固定资产			长期应付款		
在建工程			预计负债		
生产性生物资产			递延收益		
油气资产			递延所得税负债		
无形资产			其他非流动负债		
开发支出			非流动负债合计		
商誉			负债合计		
长期待摊费用			所有者权益（或股东权益）：		
递延所得税资产			实收资本（或股本）		
其他非流动资产			其他权益工具		
非流动资产合计			其中：优先股		
			永续债		
			资本公积		
			减：库存股		
			其他综合收益		
			专项储备		
			盈余公积		
			未分配利润		
			所有者权益（或股东权益）合计		
资产总计			负债和所有者权益（或股东权益）总计		

附表 2-4　　　　　　　　　　　　**利润表**

会企 02 表

编制单位：甲公司　　　　　　　　　　年　月　　　　　　　　　　单位：元

项目	本期金额	上期金额（略）
一、营业收入		
减：营业成本		
税金及附加		
销售费用		
管理费用		
研发费用		
财务费用		
其中：利息费用		
利息收入		
加：其他收益		
投资收益（损失以“一”号填列）		
其中：对联营企业和合营企业的投资收益		
公允价值变动收益（损失以“一”号填列）		
资产减值损失		
资产处置收益（损失以“一”号填列）		
二、营业利润（亏损以“一”号填列）		
加：营业外收入		
减：营业外支出		
三、利润总额（亏损总额以“一”号填列）		
减：所得税费用		
四、净利润（净亏损以“一”号填列）		
（一）持续经营净利润（净亏损以“一”号填列）		
（二）终止经营净利润（净亏损以“一”号填列）		
五、其他综合收益的税后净额		
（一）不能重分类进损益的其他综合收益		
1. 重新计量设定受益计划变动额		
2. 权益法下不能转损益的其他综合收益		
……		
（二）将重分类进损益的其他综合收益		
1. 权益法下可转损益的其他综合收益		
2. 可供出售金融资产公允价值变动损益		
3. 持有至到期投资重分类为可供出售金融资产损益		
4. 现金流量套期损益的有效部分		
5. 外币财务报表折算差额		
……		

续表

项目	本期金额	上期金额（略）
六、综合收益总额		
七、每股收益：		
（一）基本每股收益		
（二）稀释每股收益		

说明：1. 将甲公司资产负债表的期末余额与科目本期发生额和余额表的期末余额之间设置公式。例如：

资产负债表的“货币资金”=科目本期发生额和余额表中的“库存现金”+“银行存款”（甲公司没有“其他货币资金”）；

资产负债表的“存货”=科目本期发生额和余额表中的“原材料”+“库存商品”+“周转材料”+“生产成本”（甲公司没有其他存货项目）；

资产负债表的“固定资产”=科目本期发生额和余额表中的“固定资产”－“累计折旧”（甲公司未计提减值准备）；

资产负债表的“实收资本”=科目本期发生额和余额表中的“实收资本”。

2. 将利润表的本月金额与科目本期发生额和余额表的本期发生额之间设置公式。例如：

利润表的“营业收入”=“科目本期发生额和余额表”中的“主营业务收入”（甲公司没有“其他业务收入”）；

利润表的“销售费用”=科目本期发生额和余额表中的“销售费用”。

3. 将资产负债表、利润表的表内公式设置好。将设置公式的单元格区域设置颜色并锁定。

第四步：设置明细账基础数据表，并设置现金流量表与资产负债表、利润表、明细账基础数据表三个表的表间公式。

现金流量表的编制不但要使用资产负债表和利润表两大主表，还要用到明细账等基础数据，但是我们还是有办法设置公式的。这就需要我们设置一个明细账基础数据表，此表包含企业常见的与现金流量表有关的项目，在具体的某个中小企业实际会计业务中，这些项目比理论上的项目少得多，所以设置起来并不复杂。甲公司设置的明细账基础数据表见附表 2-5，编制的现金流量表见附表 2-6。

附表 2-5　　明细账基础数据表

编制单位：甲公司　　　　年　月　日　　　　单位：元

序号	项目	金额
1	本期销项税额发生额	
2	本期收到非现金资产抵债减少的应收账款	
3	本期发生的现金折扣	
4	其他与销售商品、提供劳务有关的特殊调整业务	
5	进项税额	
6	本期以非现金资产抵债减少的应付账款	
7	本期取得的现金折扣	
8	本期毁损的外购商品成本	

续表

序号	项目	金额
9	当期列入生产成本、制造费用的职工薪酬、折旧费和固定资产修理费等除材料以外的其他费用	
10	其他与购买商品、接受劳务有关的特殊调整业务	

说明：其他项目略，读者可以根据自己公司的具体业务增加。

附表 2-6　　　　现金流量表

会企 03 表

编制单位：甲公司　　　　年　月　　　　单位：元

项目	本期金额	上期金额
一、经营活动产生的现金流量：		
销售商品、提供劳务收到的现金		
收到的税费返还		
收到的其他与经营活动有关的现金		
经营活动现金流入小计		
购买商品、接受劳务支付的现金		
支付给职工以及为职工支付的现金		
支付的各项税费		
支付的其他与经营活动有关的现金		
经营活动现金流出小计		
经营活动产生的现金流量净额		
二、投资活动产生的现金流量：		
收回投资收到的现金		
取得投资收益收到的现金		
处置固定资产、无形资产和其他长期资产所收回的现金净额		
处置子公司及其他营业单位收到的现金净额		
收到的其他与投资活动有关的现金		
投资活动现金流入小计		
购建固定资产、无形资产和其他长期资产所支付的现金		
投资支付的现金		
取得子公司及其他营业单位支付的现金净额		
支付的其他与投资活动有关的现金		
投资活动现金流出小计		
投资活动产生的现金流量净额		
三、筹资活动产生的现金流量：		
吸收投资收到的现金		
取得借款收到的现金		
收到的其他与筹资活动有关的现金		
筹资活动现金流入小计		
偿还债务所支付的现金		
分配股利、利润或偿付利息所支付的现金		
支付的其他与筹资活动有关的现金		

续表

项目	本期金额	上期金额
筹资活动现金流出小计		
筹资活动产生的现金流量净额		
四、汇率变动对现金及现金等价物的影响		
五、现金及现金等价物净增加额		
加：期初现金及现金等价物余额		
六、期末现金及现金等价物余额		

说明：1. “明细账基础数据表”项目可由企业根据自身实际情况设置。比如，甲公司估计将来不会有应收票据发生，那么本期票据贴现利息（不附追索权）和收到的带息票据的利息这两个项目就不必设置；再比如，甲公司没有税收优惠项目，那么本期实际收到的税费返还这个项目就不必设置。

2. 设置现金流量表与“资产负债表”“利润表”“明细账基础数据表”三个表的表间公式。例如：

现金流量表的第1行“销售商品、提供劳务收到的现金”＝“利润表”中的“营业收入”本年金额＋“明细账基础数据表”中的序号1项目＋“资产负债表”中的“应收票据、应收账款、预收账款”（期初余额－期末余额）－“明细账基础数据表”中的序号2项目－“明细账基础数据表”中的序号3项目±“明细账基础数据表”中的序号4项目。

3. 设置现金流量表的表内公式。设置好公式后锁定。

至此，包含六个工作表的工作簿成功设置完成，保存下来作为模板，取名为“会计报表编制模板”。

第五步：会计报表编制模板的使用。

这种方法使用起来相当方便，每个月使用时复制，将上个月的科目本期发生额和余额表中的期末余额复制到本月的期初余额中。

在其他凭证做完之后、损益科目结转凭证之前，先把其他凭证数据填入科目登记汇总表，然后根据科目本期发生额和余额表中损益类科目汇总数做结转损益科目的凭证，再把最后这份结转凭证填入科目登记汇总表。至此，凭证数据全部填入科目登记汇总表，与此同时，资产负债表已经自动生成！利润表本月金额也自动生成！利润表本年金额那就很简单了，2秒钟不到就能搞定。

自动生成的资产负债表和利润表，一般准确无误，但是，我们还需要注意两种情况是否有必要调整：一是“应收账款、预收账款和应付账款、预付账款”项目明细中是否存在负数需要调整，二是长期资产（负债）中是否存在一年内到期的非流动资产（负债）需要调整。

接下来，再填写明细账基础数据表（虽然明细账尚未记账，但是这些项目通常涉及的当月凭证并不多，甚至没有发生业务，数据很好取得），现金流量表也就出来了。

资产负债表、利润表、现金流量表三大主表编制完成后，一个月的会计处理就可以说接近尾声了。至于总账和明细账就啥时候有空啥时候记了（往来账、材料账要及时记，因为有对账要求），总账可以比照科目本期发生额和余额表抄写，明细账可以有空的时候慢慢记。如此，月末月初的工作效率大大提高，不用急着加班记账赶制报表，从此再也不为借贷不平烦恼了。

这个秘诀的具体应用效果与效率，我们可在“第五章 雨泽公司 20×2 年会计报表”中体会，用魔术师刘谦的话就是“见证奇迹的时刻到了”。

附录 3 辅导期一般纳税人增值税纳税申报的特殊处理

本书正文部分均以正式一般纳税人为例，这里再对辅导期一般纳税人的特殊之处进行讲解。

对于辅导期一般纳税人来说，增值税纳税申报与正式一般纳税人存在不同之处，主要体现在《增值税纳税申报表（主表）》（有预缴税款时）及《增值税纳税申报表附列资料（二）》的填写和账务处理上。

1. 辅导期一般纳税人特殊财务处理

（1）辅导期纳税人应当在“应交税费”科目下增设“待抵扣进项税额”明细科目，核算尚未交叉稽核比对的专用发票抵扣联、海关进口增值税专用缴款书以及运输费用结算单据（简称增值税抵扣凭证）注明或者计算的进项税额。

辅导期纳税人取得增值税抵扣凭证后，借记“应交税费——待抵扣进项税额”明细科目，贷记相关科目。交叉稽核比对无误后，借记“应交税费——应交增值税（进项税额）”科目，贷记“应交税费——待抵扣进项税额”科目。经核实不得抵扣的进项税额，红字借记“应交税费——待抵扣进项税额”，红字贷记相关科目。

（2）辅导期一般纳税人增购发票预缴的增值税，借记“应交税费——应交增值税（已交税金）”明细科目，贷记“银行存款”科目，预缴的税款填在《增值税纳税申报表（主表）》第 28 行“分次预缴税额”栏。预缴的税款可在本期增值税应纳税额中抵减，抵减后预缴增值税仍有余额的，可抵减下期再次领购专用发票时应当预缴的增值税。如果本月抵减后预缴增值税仍有余额的，第 32 行“期末未缴税额”肯定为负数，次月转入第 25 行“期初未缴税额”继续抵减。

2. 辅导期纳税人填写《增值税纳税申报表附列资料（二)》的相关要求

（1）第 2 栏填写当月取得认证相符且当月收到《稽核比对结果通知书》及其明细清单注明的稽核相符专用发票、协查结果中允许抵扣的专用发票的份数、金额、税额。

（2）第 3 栏填写前期取得认证相符且当月收到《稽核比对结果通知书》及其明细清单注明的稽核相符专用发票、协查结果中允许抵扣的专用发票的份数、金额、税额。

（3）第 5 栏填写税务机关告知的《稽核比对结果通知书》及其明细清单注明的本期稽核相符的海关进口增值税专用缴款书、协查结果中允许抵扣的海关进口增值税专用缴款书的份数、金额、税额。

（4）第 25 栏填写认证相符但未收到稽核比对结果的增值税专用发票月初余额数。

（5）第 26 栏填写本月已认证相符但未收到稽核比对结果的专用发票数据。

（6）第 27 栏填写已认证相符但未收到稽核比对结果的专用发票月末余额数。

3. 辅导期一般纳税人增值税纳税申报举例

我们通过 L 市明泽有限公司 20×2 年 9 月、10 月、11 月连续三个月的辅导期纳税申报来讲解辅导期纳税申报的特殊之处。

20×2 年 9 月为 L 市明泽有限公司辅导期第一个月，企业认证专用发票 5 份，金额 700 000 元，税额 70 000 元，当月（9 月）不允许抵扣，需在下月（10 月）取得稽核结果通知书后才可以抵扣。20×2 年 9 月《增值税纳税申报表附列资料（二)》见附表 3-1。

附表 3-1 **增值税纳税申报表附列资料（二）**

（本期进项税额明细）

税款所属时间：20×2 年 9 月 1 日至　20×2 年 9 月 30 日

纳税人名称：（公章）　L 市明泽有限公司　　　　　　　　　　金额单位：元至角分

一、申报抵扣的进项税额				
项目	栏次	份数	金额	税额
（一）认证相符的增值税专用发票	1=2+3			
其中：本期认证相符且本期申报抵扣	2			
前期认证相符且本期申报抵扣	3			
（二）其他扣税凭证	4=5+6+7+8a+8b			
其中：海关进口增值税专用缴款书	5			
农产品收购发票或者销售发票	6			
代扣代缴税收缴款凭证	7		—	
加计扣除农产品进项税额	8a	—	—	
其他	8b			
（三）本期用于购建不动产的扣税凭证	9			
（四）本期用于抵扣的旅客运输服务扣税凭证	10	—	—	
（五）外贸企业进项税额抵扣证明	11	—	—	
当期申报抵扣进项税额合计	12=1+4+11			

二、进项税额转出额		
项目	栏次	税额
本期进项税额转出额	13＝14 至 23 之和	
其中：免税项目用	14	
集体福利、个人消费	15	
非正常损失	16	
简易计税方法征税项目用	17	
免抵退税办法不得抵扣的进项税额	18	
纳税检查调减进项税额	19	
红字专用发票信息表注明的进项税额	20	
上期留抵税额抵减欠税	21	
上期留抵税额退税	22	
其他应作进项税额转出的情形	23	

续表

三、待抵扣进项税额				
项目	栏次	份数	金额	税额
（一）认证相符的增值税专用发票	24	—	—	—
期初已认证相符但未申报抵扣	25			
本期认证相符且本期未申报抵扣	26	5	700 000	70 000
期末已认证相符但未申报抵扣	27	5	700 000	70 000
其中：按照税法规定不允许抵扣	28			
（二）其他扣税凭证	29 = 30 至 33 之和			
其中：海关进口增值税专用缴款书	30			
农产品收购发票或者销售发票	31			
代扣代缴税收缴款凭证	32		—	
其他	33			
	34			
四、其他				
项目	栏次	份数	金额	税额
本期认证相符的增值税专用发票	35	5	700 000	70 000
代扣代缴税额	36	—	—	

20×2 年 10 月，认证发票 4 份，金额 880 000 元，税额 88 000 元，当月（10 月）不允许抵扣，需在下月（11 月）取得稽核结果通知书后才可以抵扣。同时，取得 9 月进项凭证稽核结果通知书，见附表 3-2，允许 9 月份认证的增值税专用发票税额 70 000 元在 11 月申报 10 月增值税时进行抵扣，填写的 20×2 年 10 月《增值税纳税申报表附列资料（二）》见附表 3-3。

附表 3-2　　20×2 年 9 月进项凭证稽核结果通知书

稽核结果通知书

L 市明泽有限公司：

你单位提交的进项凭证经稽核系统比对，比对相符的进项凭证（具体见明细清单）：增值税专用发票金额 700 000 元，税额 70 000 元；海关完税凭证税额 0 元；税务机关代开增值税专用发票金额 0 元，税额 0 元。对于清单中符合增值税进项税额抵扣政策规定的凭证，你单位应于 20×2 年 11 月申报抵扣进项税额，否则不予抵扣。

税务机关签章

20×2-10-26

附表 3-3

增值税纳税申报表附列资料（二）

（本期进项税额明细）

税款所属时间：20×2 年 10 月 1 日至 20×2 年 10 月 31 日

纳税人名称：（公章）L 市明泽有限公司　　　　金额单位：元至角分

一、申报抵扣的进项税额				
项目	栏次	份数	金额	税额
（一）认证相符的增值税专用发票	1=2+3	5	700 000	70 000
其中：本期认证相符且本期申报抵扣	2			
前期认证相符且本期申报抵扣	3	5	700 000	70 000
（二）其他扣税凭证	4=5+6+7+8a+8b			
其中：海关进口增值税专用缴款书	5			
农产品收购发票或者销售发票	6			
代扣代缴税收缴款凭证	7		—	
加计扣除农产品进项税额	8a	—	—	
其他	8b			
（三）本期用于购建不动产的扣税凭证	9			
（四）本期用于抵扣的旅客运输服务扣税凭证	10	—	—	
（五）外贸企业进项税额抵扣证明	11	—	—	
当期申报抵扣进项税额合计	12=1+4+11	5	700 000	70 000

二、进项税额转出额		
项目	栏次	税额
本期进项税额转出额	13 = 14 至 23 之和	
其中：免税项目用	14	
集体福利、个人消费	15	
非正常损失	16	
简易计税方法征税项目用	17	
免抵退税办法不得抵扣的进项税额	18	
纳税检查调减进项税额	19	
红字专用发票信息表注明的进项税额	20	
上期留抵税额抵减欠税	21	

续表

上期留抵税额退税	22			
其他应作进项税额转出的情形	23			
三、待抵扣进项税额				
项目	栏次	份数	金额	税额
（一）认证相符的增值税专用发票	24	—	—	—
期初已认证相符但未申报抵扣	25	5	700 000	70 000
本期认证相符且本期未申报抵扣	26	4	880 000	88 000
期末已认证相符但未申报抵扣	27	4	880 000	88 000
其中：按照税法规定不允许抵扣	28			
（二）其他扣税凭证	29 = 30 至 33 之和			
其中：海关进口增值税专用缴款书	30			
农产品收购发票或者销售发票	31			
代扣代缴税收缴款凭证	32		—	
其他	33			
	34			
四、其他				
项目	栏次	份数	金额	税额
本期认证相符的增值税专用发票	35	4	880 000	88 000
代扣代缴税额	36	—	—	

20×2 年 11 月，认证发票 2 份，金额 870 000 元，税额 87 000 元，当月（11 月）不允许抵扣，需在下月（12 月）取得稽核结果通知书后才可以抵扣。同时，取得 10 月进项凭证稽核结果通知书，见附表 3-4，允许 10 月份认证的增值税专用发票税额 88 000 元在 12 月申报 11 月增值税时进行抵扣，填写的 20×2 年 11 月《增值税纳税申报表附列资料（二）》见附表 3-5。11 月份期初多缴税额 4 000 元，当期预缴税款 7 000 元，其他数据填写同正式一般纳税人（假设为已知条件），填写的 20×2 年 11 月《增值税纳税申报表（主表）》见附表 3-6。

附表 3-4　　20×2 年 10 月进项凭证稽核结果通知书

稽核结果通知书

L 市明泽有限公司：

你单位提交的进项凭证经稽核系统比对，比对相符的进项凭证（具体见明细清单）：增值税专用发票金额 880 000 元，税额 88 000 元；海关完税凭证税额 0 元；税务机关代开增值税专用发票金额 0 元，税额 0 元。对于清单中符合增值税进项税额抵扣政策规定的凭证，你单位应于 20×2 年 12 月申报抵扣进项税额，否则不予抵扣。

税务机关签章

20×2-11-29

附表 3-5　　增值税纳税申报表附列资料（二）

（本期进项税额明细）

税款所属时间：20×2 年 11 月 1 日至 20×2 年 11 月 30 日

纳税人名称：（公章）L 市明泽有限公司　　金额单位：元至角分

一、申报抵扣的进项税额

项目	栏次	份数	金额	税额
（一）认证相符的增值税专用发票	1＝2＋3	4	880 000	88 000
其中：本期认证相符且本期申报抵扣	2			
前期认证相符且本期申报抵扣	3	4	880 000	88 000
（二）其他扣税凭证	4＝5＋6＋7＋8a＋8b			
其中：海关进口增值税专用缴款书	5			
农产品收购发票或者销售发票	6			
代扣代缴税收缴款凭证	7		—	
加计扣除农产品进项税额	8a	—	—	
其他	8b			
（三）本期用于购建不动产的扣税凭证	9			
（四）本期用于抵扣的旅客运输服务扣税凭证		10	—	—
（五）外贸企业进项税额抵扣证明	11	—	—	
当期申报抵扣进项税额合计	12＝1＋4＋11	4	880 000	88 000

二、进项税额转出额

项目	栏次	税额
本期进项税额转出额	13 ＝ 14 至 23 之和	

续表

其中：免税项目用	14			
集体福利、个人消费	15			
非正常损失	16			
简易计税方法征税项目用	17			
免抵退税办法不得抵扣的进项税额	18			
纳税检查调减进项税额	19			
红字专用发票信息表注明的进项税额	20			
上期留抵税额抵减欠税	21			
上期留抵税额退税	22			
其他应作进项税额转出的情形	23			
三、待抵扣进项税额				
项目	栏次	份数	金额	税额
（一）认证相符的增值税专用发票	24	—	—	—
期初已认证相符但未申报抵扣	25	4	880 000	88 000
本期认证相符且本期未申报抵扣	26	2	870 000	87 000
期末已认证相符但未申报抵扣	27	2	870 000	87 000
其中：按照税法规定不允许抵扣	28			
（二）其他扣税凭证	29 ＝ 30 至 33 之和			
其中：海关进口增值税专用缴款书	30			
农产品收购发票或者销售发票	31			
代扣代缴税收缴款凭证	32		—	
其他	33			
	34			
四、其他				
项目	栏次	份数	金额	税额
本期认证相符的增值税专用发票	35	2	870 000	87 000
代扣代缴税额	36	—	—	

附表 3-6

增值税纳税申报表

（一般纳税人适用）

根据国家税收法律法规及增值税相关规定制定本表。纳税人不论有无销售额，均应按税务机关核定的纳税期限填写本表，并向当地税务机关申报。

税款所属时间：自 20×2 年 11 月 1 日至 20×2 年 11 月 30 日　　填表日期：20×2 年 12 月 2 日　　金额单位：元至角分

纳税人识别号	910370000000000099			所属行业	××业		
纳税人名称	L 市明泽有限公司（公章）	法定代表人姓名	明泽	注册地址	L 市××区××路 9 号	生产经营地址	L 市××区××路 9 号
开户银行及账号	370000008009900000×			登记注册类型	有限责任公司	电话号码	6660009
项目		栏次		一般项目		即征即退项目	
				本月数	本年累计（略）	本月数	本年累计
销售额	（一）按适用税率计税销售额	1		1 000 000			
	其中：应税货物销售额	2		1 000 000			
	应税劳务销售额	3					
	纳税检查调整的销售额	4					
	（二）按简易办法计税销售额	5					
	其中：纳税检查调整的销售额	6					
	（三）免、抵、退办法出口销售额	7				—	—
	（四）免税销售额	8				—	—
	其中：免税货物销售额	9				—	—
	免税劳务销售额	10				—	—

续表

项目		栏次	一般项目		即征即退项目	
			本月数	本年累计（略）	本月数	本年累计
税款计算	销项税额	11	100 000			
	进项税额	12	88 000			
	上期留抵税额	13				—
	进项税额转出	14				
	免、抵、退应退税额	15			—	—
	按适用税率计算的纳税检查应补缴税额	16			—	—
	应抵扣税额合计	17=12+13−14−15+16	88 000			—
	实际抵扣税额	18（如 17＜11，则为 17，否则为 11）	88 000			
	应纳税额	19=11−18	12 000			
	期末留抵税额	20=17−18				—
	简易计税办法计算的应纳税额	21				
	按简易计税办法计算的纳税检查应补缴税额	22			—	—
	应纳税额减征额	23				
	应纳税额合计	24=19+21−23	12 000			

续表

项目		栏次	一般项目		即征即退项目	
			本月数	本年累计（略）	本月数	本年累计
税款缴纳	期初未缴税额（多缴为负数）	25	－4 000			
	实收出口开具专用缴款书退税额	26			—	—
	本期已缴税额	27＝28＋29＋30＋31	7 000			
	①分次预缴税额	28	7 000	—		—
	②出口开具专用缴款书预缴税额	29		—	—	—
	③本期缴纳上期应纳税额	30				
	④本期缴纳欠缴税额	31				
	期末未缴税额（多缴为负数）	32＝24＋25＋26－27	1 000			
	其中：欠缴税额（≥0）	33＝25＋26－27		—		—
	本期应补（退）税额	34＝24－28－29	1 000	—		—
	即征即退实际退税额	35	—	—		
	期初未缴查补税额	36			—	—
	本期入库查补税额	37			—	—
	期末未缴查补税额	38＝16＋22＋36－37			—	—
授权声明	如果你已委托代理人申报，请填写下列资料： 为代理一切税务事宜，现授权 （地址） 为本纳税人的代理申报人，任何与本申报表有关的往来文件都可寄与此人。 授权人签字：		申报人声明	本纳税申报表是根据国家税收法律法规及相关规定填报的，我确定它是真实的、可靠的、完整的。 声明人签字：		

主管税务机关： 接收人： 接收日期：

附录 4　免费财务软件下载方式

在实际工作中，笔者发现很多学员一直在用一款永久免费的财务软件，在此推荐给读者朋友，大家可以用此财务软件练习本书中的经济业务财务处理。读者可以扫描下方二维码注册使用：